발터 벤야민: 화재경보

「역사의 개념에 대하여」 읽기

「역사의 개념에 대하여」 읽기

발터벤야민

화재경보

미카엘 뢰비 지음 | 양창렬 옮김

나난장
nanjang

Mikalojus Konstantinas Čiurlionis, *Pavasario motyvas*, tempera ant popieriaus (36.5×31.5 cm) (앞면/3쪽): *Kibirkštys (III)*, tempera ant popieriaus (31.3×36.2 cm)(옆면/5쪽), Nacionalinis Mikalo -jaus Konstantino Čiurlionio dailės muziejus, Kaunas, 1907/1906.

형제, 페테르 뢰비를 추억하며

일러두기

1. 발터 벤야민의 「역사의 개념에 대하여」(1940)의 번역은 반성완과 최성만의 번역을 참조하되 미카엘 뢰비가 참조한 프랑스어판, 혹은 뢰비 자신이 직접 수정한 프랑스어 번역에 맞게 수정했다. 반성완과 최성만의 번역은 다음에 수록되어 있다.

   • 반성완 옮김, 「역사철학 테제」, 『발터 벤야민의 문예이론』, 민음사, 1983, 343~356쪽.
   • 최성만 옮김, 「역사의 개념에 대하여」, 『역사의 개념에 대하여/폭력비판을 위하여/초현실주의 외』(발터 벤야민 선집 5), 도서출판 길, 2008, 327~350쪽.

2. 벤야민은 「역사의 개념에 대하여」를 본인이 직접 프랑스어로 번역했는데, 그 와중에 독일어판에는 없는 표현이 추가되기도 했다. 우리는 그 문헌학적 의미를 고려해 벤야민의 프랑스어 번역을 본서의 부록으로 수록했다. 프랑스어판 테제의 번호는 1, 2, 3, 4, 5, 6, 7, 9, 10, 12, 15, 17, 19번(=GS로는 18번)이다. 벤야민의 프랑스어 번역은 다음에 수록되어 있다(WuN에 수록된 판본은 GS에 수록된 판본에 비해 관사와 전치사 몇 개만 바뀌었을 뿐 내용은 대동소이하다).

   • [GS: 구(舊)전집] Gesammelte Schriften, Bd.I-3, Hrsg. Rolf Tiedemann und Hermann Schweppenhäuser, Frankfurt am Main: Suhrkamp, 1974, pp.1260~1266.
   • [WuN: 비평판 신(新)전집] Werke und Nachlaß: Kritische Gesamtausgabe, Bd.19, Hrsg. Gérard Raulet, Frankfurt am Main/Berlin: Suhrkamp, 2010, pp.59~68.

3. 본문이나 각주에 있는 '[ ]' 안의 내용은 별다른 언급이 없는 한 옮긴이가 읽는이들의 이해를 돕기 위해 원문에 없던 내용이나 표현을 덧붙인 것이다.

4. 본문에서 글쓴이가 이탤릭체로 강조한 부분은 **견출명조체**로 표기했다.

5. 각주에는 '지은이 주'와 '옮긴이 주'가 있다. 지은이 주는 괄호 안에 숫자(1, 2, 3……)로 표시했고, 옮긴이 주는 별표(*, **, ***……)로 표시했다.

6. 단행본·전집·정기간행물·팸플릿·영상물·음반물·공연물에는 겹낫표(『 』)를, 그리고 논문·논설·기고문·단편·미술 등에는 홑낫표(「 」)를 사용했다.

차 례

감사의 글

이 책은 2001년 5월, 프랑스대학출판사에서 '이론적 실천' 총서로 처음 출간됐다. 이번에 레클라출판사에서 다시 출간하면서 몇 군데 내용을 바꾸거나 분명하게 고치고, 역사철학 테제의 독일어 원문과 찾아보기를 추가했다. 에티엔 발리바르, 기 프티드망주, 엔조 트라베르소, 엘레니 바리카스 같은 친구들의 비판, 의견, 제안에 많은 도움을 받았다. 그들에게 대단히 감사한다.*

미카엘 뢰비

* '이론적 실천'(Pratiques théoriques) 총서는 에티엔 발리바르와 도미니크 르쿠르가 담당한 총서이다. 본서가 이 총서의 하나로 출간됐을 당시의 「감사의 글」에는 다음의 문장이 마지막에 들어 있었다. "널리 인정된 관용구처럼, 이 책의 결점, 오류, 그밖에 취약점의 책임은 모두 나에게 있다."

1장

서론: 발터 벤야민의 역사철학에서의 낭만주의, 메시아주의, 맑스주의

발터 벤야민은 여느 작가와 다르다. 단편적이고 미완성이며 때로 신비주의적이고 자주 시대착오적인, 그런데도 늘 현재적인 벤야민의 저작은 20세기의 지적·정치적 파노라마에서 독특한, 심지어 독보적인 자리를 차지한다.

한나 아렌트가 주장하곤 했듯이 벤야민은 철학자가 아니라 무엇보다 문학 평론가, '문필가'였을까?[1] 나는 오히려 게르숌 숄렘의 말대로 벤야민이 예술이나 문학에 관해 쓸 때에도 철학자였다고 생각한다.[2] 테오도르 W. 아도르노의 관점은 숄렘의 이런 관점과 비슷하

---

1) Hannah Arendt, "Walter Benjamin," *Vies politiques*, Paris: Gallimard, 1974, p.248. [홍원표 옮김, 「발터 벤야민」, 『어두운 시대의 사람들』(개정판), 인간사랑, 2010, 229~230쪽. 다음의 언급도 참조하라. "벤야민은 …… 지속적으로 (생계에) 위협을 받으면서도 자유기고 작가라는 직함으로 문필가의 자유로운 삶을 영위했다"(같은 글, 258쪽, 강조는 인용자).]

2) "벤야민은 철학자였다. 그는 활동하던 매 단계, 모든 영역에서 철학자였다. 겉보기에 그는 주로 문학과 예술 관련 주제에 대해 썼고, 가끔 문학과 정치의 경계에 있는 주제들에 대해서도 썼으며, 드물게 순수 철학의 주제로 관례상 간주

다. 아도르노는 아렌트에게 보낸 (미공개) 서한에서 다음과 같이 설명한 바 있다. "제 지적 생애에서 벤야민이 갖는 의미를 정의하는 것이 무엇일지 분명해보입니다. 그의 사유의 본령은 철학적 사유일 것입니다. 저는 그 친구의 저작을 ⋯⋯ 다른 관점에서 생각해본 적이 없습니다. 물론 그의 저술과 ⋯⋯ 여느 전통 철학 개념의 거리를 모르는 것은 아닙니다만."3)

벤야민의 수용은, 특히 프랑스에서는, 그의 저작의 미학적 측면에 우선적으로 집중됐다. 벤야민을 특히 문화사가로 간주하려는 몇몇 성향과 더불어서 말이다.4) 그런데 벤야민의 저작의 미학적 측면을 무시하지는 않더라도 그의 사유의 훨씬 더 광범위한 차원을 인정해야 한다. 벤야민의 사유는 다름 아닌 인간사에 대한 새로운 이해를 겨냥한다. 예술이나 문학에 관한 [벤야민의] 저술들은 그것들을 안에서 조명하는 이런 전체적 시각과 관련해서만 이해될 수 있다. 벤야민

되거나 인정된 물음들에 대해 썼다. 하지만 이 모든 영역에서 그를 추동한 것은 철학자의 경험이다." Gershom Scholem, *Walter Benjamin und sein Engel*, Frankfurt am Main: Suhrkamp, 1983, pp.14~15; *Benjamin et son ange*, trad. Philippe Ivernel, Paris, Rivages, 1995, p.33.

3) Gary Smith, "Thinking through Benjamin: An Introductory Essay," *Benjamin: Philosophy, Aesthetics, History*, ed. Gary Smith, Chicago: The University of Chicago Press, 1989. pp.viii~ix. 재인용. 편지 작성일에 대한 언급은 없지만 맥락을 보면 1967년에 작성됐음에 틀림없다.

4) 예외로는 다음과 같은 책들이 있다. Daniel Bensaïd, *Walter Benjamin, Sentinelle messianique à la gauche du possible*, Paris: Plon, 1990; Stéphane Mosès, *L'Ange de l'histoire: Rosenzweig, Benjamin, Scholem*, Paris: Seuil, 1992. [rééd. Paris: Gallimard, 2006]; Jeanne-Marie Gagnebin, *Histoire et narration chez Walter Benjamin*, Paris: L'Harmattan, 1994; Arno Münster, *Progrès et catastrophe, Walter Benjamin et l'histoire*, Paris: Kimé, 1996.

의 성찰은 하나의 전체를 구성하며, 그 안에서 예술, 역사, 문화, 정치, 문학, 신학은 분리 불가능하다.

우리는 역사상의 여러 철학들을 진보적이냐 보수적이냐, 혁명적이냐 과거의 향수에 젖어 있느냐에 따라 다르게 분류하곤 한다. 벤야민은 이런 분류를 벗어난다. 벤야민은 진보의 철학에 대한 혁명적 비판가이자 '진보주의'를 공격하는 맑스주의자이며, 과거의 향수에 젖어 있으면서도 미래를 꿈꾸는 자이자 유물론의 낭만주의적 지지자이다. 벤야민은 그 단어의 모든 의미에서 '분류 불가능하다.' 아도르노는 옳게도 벤야민을 "모든 사조에서 멀리 떨어진" 사상가로 정의하곤 했다.5) 사실 벤야민의 저작은 현대 철학의 주요 경향 주변부에 위치한 일종의 빙퇴석氷堆石처럼 보인다.

따라서 오늘날 사상의 무대(아니면 시장이라고 말해야 할까?)에서 헤게모니를 다투는 모더니즘과 포스트모더니즘이라는 두 주요 진영 중 한쪽으로 벤야민을 영입하려는 시도는 헛된 일이다.

위르겐 하버마스는 주저하는 것 같다. 하버마스는 1966년 논문에서 벤야민의 반-진화주의가 역사적 유물론에 배치된다고 규탄했다. 그 뒤 『근대성의 철학적 담론』에서는 "역사적 유물론의 사회-진화론적 평탄화"에 맞서는 벤야민의 논쟁이 "근대의 [미래 개방적] 시간 의식의 퇴화"를 공격하는 것이며, 이 의식을 "되살리는" 것을 목표로 한다고 주장한다. 하지만 하버마스는 자신의 "근대성의 철학적 담론" 안에 '지금' l'à-présent 같은 벤야민의 주요 개념들을 통합하지는 못

---

5) Theodor W. Adorno, "À l'écart de tous les courants," *Le Monde*, 31 mai 1969.

했다. '지금'은 역사의 **연속체**를 중단하는 진정한 순간을 가리키는데, 하버마스에게 그것은 초현실주의적 경험과 유대 신비주의라는 테마의 "혼합물"에서 영감을 받은 것이 역력해 보였기 때문이다.6)

벤야민을 미완성 상태의 포스트모던 저자로 둔갑시키는 것도 마찬가지로 불가능한 과제일 것이다. 서구 근대성에 대한 대서사의 정당성을 벗겨내고, 진보의 담론을 해체하며, 역사의 불연속성을 변론한 벤야민의 작업은 현대 사회를 향한 포스트모더니스트들의 경망스러운 시선과 접점을 가질 수 없는 거리에 위치해 있다. 포스트모더니스트들은 현대 사회를, 대서사들이 마침내 만기를 다해 "유연"하고 "경쟁적"인 "언어게임들"에 의해 대체된 세계로 묘사한다.7)

벤야민의 역사 개념은 포스트모던하지 않다. 왜냐하면 무엇보다 벤야민의 역사 개념은 (그런 것이 가능하다고 가정하더라도) "모든 서사 너머"에 있기는커녕 해방의 서사의 비정통적 형태를 이루고 있기 때문이다. 메시아적·맑스주의적 원천들에서 영감을 받은 벤야민의 역사 개념은 과거에 대한 향수를 현재를 비판하는 혁명적 방법으로 활용한다.8) 따라서 벤야민의 사유는 (하버마스적 의미에서) '모던'하

---

6) Jürgen Habermas, "L'actualité de Walter Benjamin. La critique: Prise de conscience ou préservation," *Revue d'esthétique*, no.1, 1981, p.112; *Le discours philosophique de la modernité*, Paris: Gallimard, 1988, pp.12~18. [이진우 옮김, 『현대성의 철학적 담론』, 문예출판사, 1994, 30~35쪽. '지금'(l'à-présent) 혹은 '현재 시간'(le temps actuel)은 벤야민이 말하는 Jetztzeit에 대응하는 프랑스어이다.]

7) Jean-François Lyotard, *La condition postmoderne*, Paris: Galilée, 1979, pp.23 ~34. [이현복 옮김, 『포스트모던적 조건』, 서광사, 1992, 33~50쪽.]

8) 벤야민에 관심을 가진 어느 포스트모던한 대학 교수는 과거의 상실 내지 미완성이 미래에 복구되어야 한다는 벤야민의 생각이 "현재를 경쟁적(agonistique)

지도 (리오타르적 의미에서) '포스트모던'하지도 않다. 오히려 벤야민의 사유는 전前자본주의적인 문화적·역사적 참조 대상들에 영감을 받은, (자본주의적/산업적) **근대성에 대한 근대적 비판**이다.

벤야민의 저작을 해석하려는 시도들 가운데 특히 이론의 여지가 있어 보이는 것이 하나 있다. 벤야민을 마르틴 하이데거와 동일한 철학 진영 안에 위치시킬 수 있다고 믿는 것이다. 아렌트는 1960년대에 쓴 감동적인 시론에서 불행히도 이런 혼동에 한몫했다. 아렌트는 거기서 명백한 사실을 거스르며 이렇게 주장했다. "그 사실을 깨닫지 못했지만, 벤야민은 자신의 맑스주의자 친구들의 섬세한 변증법보다는 …… 사실상 [하이데거와] 공통점이 더 많았다."9) 그런데 벤야민은 『존재와 시간』의 저자가 제3제국에 대한 지지를 표명하기 전부터 이미 그를 향한 적대감을 숨기지 않았다. 1930년 1월 20일 숄렘에게 보낸 편지에서는 "우리가 역사를 고찰하는 매우 상이한 두 가지 방식의 충돌"을 문제 삼았고, 얼마 지나지 않은 4월 25일에는 베르톨트 브레히트와 함께 "하이데거를 박살내고자" 하는 비판적 독해 기획을 짜고 있다고 자신의 친구[숄렘]에게 말한다.10) 『파사젠베

으로 볼 수 있는 모든 개념화를 가로막고," 따라서 포스트모던한 방식과 배치된다는 것을 인정한다. 다음의 글을 참조하라. Andrew Benjamin, "Tradition and Experience: Walter Benjamin's 'On Some Motifs in Baudelaire'," *The Problems of Modernity: Adorno and Benjamin*, ed. Andrew Benjamin, London: Routledge, 1989, pp.137~139.

9) Arendt, "Walter Benjamin," p.300. [「발터 벤야민」, 292쪽.]

10) Walter Benjamin, *Correspondance*, t.1, trad. Guy Petitdemange, Paris: Aubier-Montaigne, 1979, pp.28, 35; *Briefe*, Bd.2, Hrsg. Gershom Scholem und Theodor W. Adorno, Frankfurt am Main: Suhrkamp, 1966, pp.506, 514. [조

르크』[파사주 프로젝트]에서 벤야민은 자신의 주요 비판점 중 하나를 언급한다. "하이데거는 현상학을 위해 역사를 추상적으로, '역사성'Geschichtlichkeit을 통해 구원하려고 시도했지만 허사로 끝났다."11) 1938년 모스크바에서 출간된 스탈린주의 출판물『인터내셔널 문학』이, 요한 볼프강 폰 괴테의『친화력』에 관해 쓴 논문(1922년)의 구절을 빌미로 자신을 "하이데거의 신봉자"로 묘사하자,* 벤야민은 그레텔 아도르노에게 보낸 편지(1938년 7월 20일)에서 이렇게 논평하지 않을 수 없었다. "이런 글은 상당히 참담합니다."12)

물론 두 저자의 역사적 시간 개념을 비교하고 인접성(종말론이라는 테마, 하이데거의 '진정한 시간성' 개념, 과거의 열림)을 탐지할 수는

형준 옮김,『아케이드 프로젝트 2』, 새물결, 2006, 2125쪽. 1930년 4월 25일자 편지는 번역되어 있지 않다.]

11) Walter Benjamin, *Paris, capitale du XIXe siècle: Le livre des passages*, trad. Jean Lacoste, Paris: Cerf, 2000, p.479; "Das Passagen-Werk: Aufzeichnungen und Materialien"(1927~40), *Gesammelte Schriften*, Hrsg. Rolf Tiedemann und Hermann Schweppenhäuser, Bd.V-1, Frankfurt am Main: Suhrkamp, 1982, p.577. [조형준 옮김,『아케이드 프로젝트 1』, 새물결, 2005, 1055쪽. 이하 독일어판『전집』에서의 인용은 'GS, 권수, 쪽수'만 표기.]

* "벤야민은『인터내셔널 문학』에 자신의 논문「괴테의 친화력」에 대한 알프레트 쿠렐라의 공격이 실린 것을 발견했다. 벤야민의 책 일부를 게재한『카이에 드 쉬드』특별호에 대한 서평에서 쿠렐라는 벤야민의 논문에 대해 '괴테의 기본적 태도를 낭만적으로 해석하고, 원시적 관정의 권위 혹은 괴테의 생애에 깃든 형이상학적 불안이 그의 위대함의 원천이었다고 설명하면서 하이데거에게 모든 영광을 돌린 시도'라고 평가했다. …… 쿠렐라가 벤야민을 하이데거와 한통속으로 취급하면서, 벤야민은 간접적으로 나치 이데올로기를 가진 자로 책망을 받게 된 것이다." 에르트무트 비치슬라, 윤미애 옮김,『벤야민과 브레히트: 예술과 정치의 실험실』, 문학동네, 2015, 166쪽.

12) Walter Benjamin, *Correspondance*, t.2, trad. Guy Petitdemange, Paris: Aubier-Montaigne, 1979, p.258; *Briefe*, Bd.2, p.771.

있다. 뤼시앵 골드만처럼 죄르지 루카치의 『역사와 계급의식』(1923) 이 『존재와 시간』(1927)의 숨겨진 원천이라고 여긴다면,[13] 벤야민과 하이데거 모두 똑같은 저작에서 영감을 받았다고 가정할 수도 있다. 일군의 공통 물음에서 출발하기는 하지만 두 사상가는 완전히 갈라진다. 벤야민이 하이데거의 '신봉자'가 아니었음은 분명해 보인다. 벤야민이 그 점을 단호히 부정하기도 했거니와 시간성에 대한 벤야민의 비판적 개념화가 이미 대부분 1915~25년에, 즉 『존재와 시간』이 출간되기도 전에 정의된 바 있다는 정당한 이유가 있다.

⚜

벤야민의 「역사의 개념에 대하여」(1940)는 20세기의 가장 중요한 철학적·정치적 텍스트 가운데 하나이다. 혁명적 사상에서 그것은 어쩌면 칼 맑스의 「포이어바흐에 관한 테제」 이후 가장 의미심장한 문서일 것이다. 수수께끼 같고 암시적이며 게다가 알쏭달쏭한 텍스트. 그 신비한 텍스트는 이미지, 알레고리, 계시로 뒤덮여 있고, 기이한 역설들이 곳곳에 있으며, 번뜩이는 직관들이 가로지른다.

이 문서를 해석하는 데 성공하려면 그것을 벤야민이 쓴 일련의 저작 안에 위치시키는 것이 필수불가결해 보인다. 벤야민의 사유의 운동 안에서 이 1940년의 텍스트를 준비하거나 예고하는 계기들을 탐지하려고 시도해보자.

벤야민의 역사철학은 매우 상이한 세 가지 원천을 참조한다. 독일 낭만주의, 유대 메시아주의, 맑스주의. 벤야민의 역사철학은 (겉보기

---

13) Lucien Goldmann, *Lukács et Heidegger*, Paris: Denoël/Gonthier, 1973.

에) 양립 불가능한 이 세 관점을 절충해 조합하거나 '종합'하는 것이 아니다.* 벤야민의 역사철학은 위 세 관점에서 출발해 극도로 독창적인 새로운 개념을 발명해낸 것이다. 우리는 벤야민의 방식을 이런저런 '영향'으로 설명할 수 없다. 상이한 사상 조류들, 그가 인용하는 다양한 저자들, 그의 친구들이 쓴 저술들은 벤야민이 고유한 건축물을 세울 때 사용한 무수한 재료들이며, 연금술적 융해 작업을 완수해 현자의 황금을 제조해낼 때 사용한 원소들이다.

'역사철학'이라는 표현은 오류를 범할 위험이 있다. 벤야민에게는 철학 체계가 없다. 벤야민의 성찰은 하나같이 시론이나 단편의 형식을 띤다. 그것은 그저 단순한 인용에 속하지 않는다. 원래의 맥락에서 뽑혀진 구절들이 벤야민 고유의 방식에 도움이 되도록 배치되기 때문이다. 이 "시적 사유"(아렌트)를 체계화하려는 그 어떤 시도도 문제적이거나 불확실하다. 아래의 짤막한 언급들은 연구의 몇 가지 경로를 제안할 뿐이다.

⚜

벤야민 관련 2차 문헌에서 자주 발견되는, 대칭을 이루는 두 오류가

---

* 베르톨트 브레히트에게 영향 받지 않도록 조심하라고 조언한 그레텔 아도르노에게 벤야민은 이렇게 답장했다. "당신은 제 삶과 사유가 극단적 입장들 안에서 움직이고 있음을 결코 모르지 않을 것입니다. 제 사유가 움직이는 이런 식의 진폭, 또는 합치 불가능해 보이는 사물들과 사상들을 하나로 모으는 자유는 위험이 닥칠 때 비로소 그 진정한 모습을 드러냅니다." 이 구절은 벤야민이 말년의 저술들에서 신학과 맑스주의, 메시아주의와 역사적 유물론 같이 '양립 불가능'한 생각들을 연결했던 방식을 이해할 수 있게 해준다고 뢰비는 지적한다. Michael Löwy, "Gretel Adorno, Walter Benjamin, Briefweschel 1939-1940," *Archives de sciences sociales des religions*, no.136, octobre-décembre 2006.

있다. 내 생각에, 그것들은 반드시 피해야 한다. 첫 번째는 (그 용어의 임상적 의미에서) '인식론적 절단'의 수술을 통해 '관념론적'이고 신학적인 청년기 저작과 '유물론적'이고 혁명적인 성숙기 저작을 분리하려는 것이다. 반대로 두 번째는 벤야민의 저작을 하나의 균질한 전체로 간주해 1920년대 중엽 맑스주의를 발견함으로써 야기된 주요 격변을 전혀 고려하지 않으려는 것이다. 벤야민의 사유의 운동을 이해하려면 몇 가지 핵심 테마들의 연속성과 동시에 그의 지적·정치적 궤적을 수놓는 다양한 전환점과 단절점을 고려해야 한다.[14]

벤야민이 청년기에 주로 몰두한 낭만주의의 계기를 출발점으로 삼아보자. 이 일의 전모를 포착하려면 낭만주의가 단지 19세기 초의 문학적·예술적 유파만이 아님을 상기해야 한다. 낭만주의는 장-자크 루소와 노발리스에서부터 초현실주의자들(또한 그 너머)까지 이어지는 사실상 하나의 세계관이자 사유 스타일이며 문화생활 영역 전반에서 표현되는 감성 구조이다. 낭만주의적 Weltanschauung[세계관]이란 근대(자본주의) 문명을 전근대적인(전자본주의적인) 가치를 내걸고 문화적으로 비판하는 것이라고 정의할 수 있다. 좌시할 수 없는 타락으로 감지된 측면들(생명의 양화量化와 기계화, 사회적 관계의 사물화, 공동체의 와해, '세상의 탈주술화')을 대상으로 하는 비판 혹은 항

---

14) 스테판 모제스가 벤야민의 지적 여정에 존재하는 예외적 연속성을 주장한 것은 옳다. 모제스는 진화보다는 지층화에 대해 말해야 한다고 적고 있다. 모제스는 맑스주의적 전환의 중요성도 인정한다. 그 전환으로부터, 순전히 미학적으로 역사를 바라보는 관점의 추상적이고 무책임한 성격에 대한 새로운 불신이 표명된다. Stéphane Mosès, *L'Ange de l'histoire: Rosenzweig, Benjamin, Scholem*, Paris: Seuil, 1992, pp.145~146.

의인 것이다. 과거를 향한 회고적 시각을 갖는다고 해서 낭만주의가 복고적이라는 뜻은 아니다. 반동과 혁명은 낭만주의적 세계관의 여러 가능한 형상들이다. 혁명적 낭만주의의 목적은 과거로의 **회귀**가 아니라 과거로 **우회**함으로써 유토피아적 미래에 도달하는 것이다.15)

19세기 말 독일에서 (때로는 '신낭만주의'라고도 지칭된) 낭만주의는 문학에서나 인문과학에서나 지배적인 문화 형태의 하나였다. 낭만주의는 **세상을 재주술화**하는 다수의 시도들로 표현되는데, 여기서 '종교적인 것의 귀환'은 특별한 지위를 차지한다. 벤야민이 낭만주의와 맺는 관계는 초기 낭만주의Frühromantik(특히 [프리드리히] 슐레겔과 노발리스)에 대한 관심이나 E. T. A. 호프만, 프란츠 폰 바아더, 프란츠 요제프 몰리토, 요한 야콥 바호펜 같은 후기 낭만주의자들에 대한 관심, 혹은 샤를 보들레르와 초현실주의자들에 대한 관심으로만 표현되는 것은 아니다. 벤야민과 낭만주의의 관계는 벤야민의 미학적, 신학적, 역사철학적 생각들 전체로 표현된다. 게다가 이 세 영역은 벤야민에게 매우 밀접히 연결되어 있기에 분리해내기 어려우며, 분리하려 하면 그의 사유의 독특성을 이루는 것을 깨트리게 된다.

(1913년 출간된) 벤야민의 초기 논문들 중 하나의 제목이 다름 아닌 「낭만주의」이다. 벤야민은 "낭만적 미의 의지, 낭만적 진리의 의지, 낭만적 행위의 의지"가 근대 문화의 "넘어설 수 없는" 성취라고 공표하며 새로운 낭만주의의 탄생을 촉구한다. 이른바 이 시작始作의

---

15) 낭만주의 개념에 관한 더 상세한 논의를 위해서는 내가 로버트 세이어와 공저한 책을 참조하라. Michael Löwy et Robert Sayre, *Révolte et mélancolie: Le romantisme à contre-courant de la modernité*, Paris: Payot, 1992.

텍스트는 예술, 인식, 실천으로 파악된 낭만주의 전통에 대한 벤야민의 깊은 애착과 갱신의 욕망을 동시에 증언한다.[16]

같은 시기의 다른 이야기(「현재의 종교성에 관한 대화」)도 청년 벤야민이 이 문화에 매혹됐음을 보여준다. "우리에게는 낭만주의가 있었다. 우리는 자연적인 것이 지닌 밤의 측면에 대한 강력한 통찰을 낭만주의에 빚졌다. …… 하지만 우리는 마치 낭만주의가 존재한 적이 없던 듯이 살고 있다." 이 텍스트도 (레프 톨스토이, 프리드리히 니체, 아우구스트 스트린드베리가 그 선지자들로 불리는) 새로운 종교와 새로운 사회주의에 대한 신낭만주의적 열망을 떠올린다. 이 "사회적 종교"는 사회적인 것을 "전깃불 같은 문명^{Zivilisation}의 문제"로 환원해버리는 당대의 개념화에 대립할 것이다. 여기서 대화는 근대성에 대한 낭만주의적 비판의 여러 계기들을 차용한다. 인간은 "일하는 기계"로 변했고, 노동은 단순 기술로 전락했으며, 사람들은 사회 메커니즘에 절망스럽게 굴복했고, 과거의 "영웅적-혁명적 노력"은 진화와 진보의 (게걸음과 유사한) 안쓰러운 걸음으로 대체됐다.[17]

이 마지막 언급은 벤야민이 낭만주의 전통에 부여한 어조 변화를, 즉 진보 이데올로기에 대한 공격은 복고적 보수주의가 아니라 혁명의 이름으로 행해지고 있음을 이미 보여준다. 이 전복적 어투는 「대

---

16) Walter Benjamin, "Romantisme"(1913), *Romantisme et critique de la civilisa-tion*, textes choisis et présentés par Michael Löwy, Paris: Payot, 2010, p.51; "Romantik," *GS*, II-1, p.46.

17) Walter Benjamin, "Dialogue sur la religiosité du présent"(1913), *Romantisme et critique de la civilisation*, ibid., p.25; "Dialog über die Religiosität der Gegen-wart," *GS*, II-1, pp.18~20, 25.

학생들의 삶」(1914)이라는 연설에서 재발견된다. 이 중요 문서는 평생 벤야민을 떠나지 않는 모든 생각을 단 하나의 광선 속에 모으는 것 같다. 벤야민에 따르면, 사회에서 제기되는 진정한 물음은 "과학적 성격을 띤 제한된 전문적 문제들이 아니라 플라톤과 스피노자, 낭만주의자들과 니체의 형이상학적 물음들"이다. 이 "형이상학적" 물음들 중 역사적 시간성의 물음이 핵심이다. 그 시론을 여는 언급들에는 벤야민의 메시아적 역사철학의 놀라운 단초가 들어 있다.

무한한 시간을 믿는 어느 역사 개념은 인간과 시대가 진보의 길로 전진하는 더 빠르거나 느린 템포만을 식별한다. 그래서 현재에 설정된 요청의 성격이 일관성도 없고 불명확하며 엄밀하지 않게 된다. 반대로 여기서 우리는, 사상가들이 유토피아의 이미지들을 제시하면서 늘 그렇게 했던 것처럼, 역사를 하나의 초점에 집약하는 특정한 상황에 비추어 고찰할 것이다. 최종 상황의 요소들은 진보주의의 무정형한 경향으로 나타나지 않는다. 엄청난 위기에 처해 있으며 고도로 비난받고 조롱받는 창조들과 생각들로서, 그 요소들은 심오한 방식으로 모든 현재 속에 구현되어 있다. …… 이 상황은 …… 메시아의 왕국이나 1789년의 의미에서 혁명 이념처럼 그것의 형이상학적 구조 속에서만 파악될 수 있다.[18]

---

18) Walter Benjamin, "La vie des étudiants"(1915), Œuvres, t.1, trad. Maurice de Gandillac, revue par Rainer Rochlitz, Paris: Gallimard, 2000, pp.125~126. [이하 프랑스어판 『저작집』에서의 인용은 'Œuvres, 권수, 쪽수'만 표기]; "Das Leben der Studenten," GS, II-1, p.75. [이 텍스트는 자유학생연맹의 베를린 지부장으로 선출된 벤야민이 1914년 5월 4일 행한 취임 연설, 그리고 그 뒤 (취임 연설을 수정해) 6월 14일 바이마르 총회에서 행한 연설에 근거하고 있다.]

"진보주의의 무정형한 경향"에 맞서는 메시아적이고 혁명적인 유토피아의 이미지. 이것은 벤야민이 평생 계속하게 되는 토론의 용어들을 축도해서 제시한 것이다. 벤야민에 따르면, **메시아주의**는 시간과 역사에 관한 낭만주의적 개념의 중심에 있다. 자신의 박사학위 논문 『독일 낭만주의의 예술비평 개념』(1919)의 서론에서 벤야민은 낭만주의의 역사적 본령은 "낭만주의적 메시아주의에서 구해야만 한다"고 주장한다. 벤야민은 이 차원을 특히 슐레겔과 노발리스의 저술들에서 발견한다. 그 중에서 청년 슐레겔이 쓴 다음의 놀라운 구절을 인용한다. "신의 나라를 실현하고자 하는 혁명적 소망이야말로 …… 근대 역사의 발단이다." 여기서 역사적 시간성의 "형이상학적" 물음을 다시 보게 된다. 벤야민은 무한한 시간의 질적 개념[질적인 시간적 무한성]qualitative zeitliche Unendlichkeit(이 개념은 "낭만주의적 메시아주의에서 귀결"되며, 인류의 생명 전체는 어떤 무한한 **실현** 과정이지, 단순한 생성 과정이 아니다)에 근대 진보 이데올로기의 특징인 무한히 **공허한** 시간[시간의 공허한 무한성]leeren Unendlichkeit der Zeit을 대립시킨다. 우리는 주석가들의 주의를 끌지 못했던 이 구절과 1940년에 쓴 「역사의 개념에 대하여」 테제들 사이에 존재하는 놀라운 유사성을 인정하지 않을 수 없다.19)

메시아의 왕국과 혁명이라는 두 "유토피아의 이미지" 사이의 관계는 무엇일까? 1921~22년에 쓴 것으로 보이는 텍스트(벤야민의 살

---

19) Walter Benjamin, *Der Begriff der Kunstkritik in der deutschen Romantik* (1919), Frankfurt am Main: Suhrkamp, 1973, pp.65~66, 70, 72. [심철민 옮김, 『독일 낭만주의의 예술비평 개념』, 도서출판b, 2013, 12, 149쪽.]

아생전에는 출간되지 않은 텍스트인)「신학적·정치적 단편」에서 벤야민은 이 물음에 직접 답하지는 않으면서 이 물음을 논의한다. 처음에는 역사적 생성의 영역과 메시아의 영역을 확연히 구별하는 것 같다. "어떤 역사적 현실도 그 자체로부터 메시아주의와 연관되기를 바랄 수 없다." 하지만 곧 이어서 겉보기에 뛰어넘을 수 없어 보이는 이 심연 위에 변증법적 다리를 건설한다. 이 취약한 인도교는 프란츠 로젠츠바이크가 쓴『구원의 별』(1921)의 몇몇 구절들에 직접 영감을 받은 것 같다. 벤야민은 그 책에 감탄해 마지않았다. 벤야민이 "자유로운 인류의 행복 추구"(로젠츠바이크의 "해방의 걸작들"이라는 표현과 비교해보자)라고 정의한 세속적인 것의 동학은 "메시아의 왕국의 도래를 촉진"할 수 있다. 벤야민의 정식은 로젠츠바이크의 정식보다는 덜 명시적이다. 로젠츠바이크에게 해방 행위는 "신의 왕국의 도래의 필수 조건"이다. 그렇지만 두 사람은 인간이 벌이는 해방적이고 역사적이며 "세속적인" 투쟁들과 메시아의 약속의 완수 사이에 매개를 세우려는 동일한 행보를 보여준다.[20]

메시아적이고 유토피아적이며 낭만주의적인 이 발효가 어떻게 역사적 유물론과 절합될 수 있을까? 1924년부터, 그러니까 루카치의『역사와 계급의식』을 읽고, 아샤 라치스*를 통해 공산주의를 발견

20) Walter Benjamin, "Fragment théologico-politique"(1921~22), *Œuvres*, I, [trad. Maurice de Gandillac, revue par Pierre Rusch,] p.264; "Theologisch-politisches Fragment," *GS*, II-1, pp.203~204. [최성만 옮김,「신학적·정치적 단편」,『역사의 개념에 대하여/폭력비판을 위하여/초현실주의 외』, 도서출판 길, 2008, 129~130쪽.] 또한 다음을 참조하라. Franz Rosenzweig, *L'Étoile de la Rédemption*, Paris: Seuil, 1982, p.339.

하기 시작했을 때부터 맑스주의는 점차 벤야민의 역사 개념에서 핵심 요소가 된다. 1929년에도 여전히 벤야민은 루카치의 시론을 생생하면서 현재적인 드문 책들 가운데 하나로 참조한다. "맑스주의 문헌 중 가장 빈틈없는 저서. 그 책의 독자성은 확신에 근거하고 있다. 그 책은 확신을 갖고서 철학의 비판적 상황 속에서 계급투쟁의 비판적 상황을 파악했고, 만기된 구체적 혁명에서 절대적 전제를, 더구나 이론적 인식의 절대적 성취와 최종 결정권을 파악했다."[21)

이 텍스트는 벤야민이 맑스주의의 어떤 측면에 가장 관심을 보였는지 보여준다. 이 측면은 훗날 **계급투쟁**이라는 역사적 과정에 대한 벤야민의 시각을 명확히 해주게 된다. 하지만 역사적 유물론이 낭만주의와 메시아주의에서 영감을 받은 '반진보주의적' 직관을 대체

---

* 아샤 라치스는 벤야민에게 '급진적 공산주의가 현실적으로 타당하다는 통찰'을 준 리가 출신의 '러시아 여류 혁명가'이다. 벤야민은 1924년 카프리 섬에서 그녀를 처음 만나 사랑에 빠진 뒤, 1926~27년 그녀가 이주한 모스크바를 방문해 『모스크바 일기』를 남겼고, 『일방통행로』(1928)를 그녀에게 헌사했으며, 1928~29년 아내 도라와의 이혼을 감수하며 베를린에서 동거하기도 했다. 하지만 그녀는 벤야민의 정부(情婦)이기 이전에 아이들을 위한 프롤레타리아 연극의 작가요, 이후 발미에라 드라마 극장을 설립한 연출가였다.
　사실 벤야민은 「폭력비판을 위하여」에서 '볼셰비키주의자들과 생디칼리스트들'의 의회 비판을 거론하며 처음 공산주의를 참조한다. Walter Benjamin, "Zur Kritik der Gewalt"(1921), GS, I-2, p.191; 최성만 옮김, 「폭력비판을 위하여」, 『역사의 개념에 대하여/폭력비판을 위하여/초현실주의 외』, 도서출판 길, 2008, 98쪽. 이 구절로부터 뢰비는 공산주의와 아나키즘의 연결이 이후 벤야민의 정치적 진화의 중요한 측면이 된다고 본다. Michael Löwy, "Walter Benjamin and Marxism," Monthly Review, vol.46, no.9, February 1995.

21) Walter Benjamin, "Des livres qui sont restés vivants"(1929), Romantisme et critique de la civilisation, ibid., p.127; "Bücher, Die Lebendig Geblieben Sind," GS, III, p.171.

하게 되지는 않는다. 역사적 유물론은 반진보주의적 직관과 절합됨으로써 당대의 지배적인 '공식' 맑스주의와 확연히 구별되는 비판적 성질을 획득하게 된다. 진보 이데올로기를 향한 비판적 입장 때문에 벤야민은 사실상 양차 대전 사이 맑스주의 사상과 유럽 좌파 내에서 독특하고 유일무이한 위치를 차지한다.[22]

이 절합은 1923년부터 1926년 사이에 쓰인『일방통행로』에서 처음으로 표현된다. 여기서 "화재경보기"라는 소제목 아래 진보의 위협들에 대한 역사적 예감이 등장한다. 만일 프롤레타리아트에 의한 부르주아지의 전복이 "경제와 기술의 진화에서 대략적으로 계산할 수 있는 어느 시점에 이르기까지 이뤄지지 않을 경우(인플레이션과 가스전이 그 신호이다), 모든 것이 끝장이다. 불이 다이너마이트에 이르기 전에 타고 있는 심지를 자르지 않으면 안 된다."[23]

속류 진화론적 맑스주의(그것은 물론 맑스와 프리드리히 엥겔스 자신의 몇몇 저술들도 가리킬 수 있다)와 반대로, 벤야민은 혁명을 경제적이고 기술적인 진보(혹은 "생산력과 생산관계의 모순")의 '자연적'

---

22) 아르노 뮌스터가 쓴 다음의 뛰어난 책을 참조하라. Arno Münster, *Progrès et catastrophe, Walter Benjamin et l'histoire: Réflexions sur l'itinéraire philosophique d'un marxisme "mélancolique"*, Paris: Éditions Kimé, 1996, p.64. 벤야민이 죽고 나서 이 태도를 나름의 방식으로 (뉘앙스와 유보를 갖고) 다시 취한 것은 프랑크푸르트 학파의 비판 이론이다.

23) Walter Benjamin, *Sens unique*, Paris: Lettres nouvelles/Maurice Nadeau, 1978, pp.205~206. [최성만 외 옮김,『일방통행로/사유이미지』, 도서출판 길, 2007, 124쪽.] 이 텍스트와 벤야민이 인용하지는 않아도 알고는 있었을 맑스주의 혁명가 로자 룩셈부르크의 생각들 사이에는 현저한 친화성이 있다.『사회민주주의의 위기』(1916)라는 소책자에서 룩셈부르크는 "사회주의냐 야만이냐"라는 유명한 슬로건을 정식화했으며, 선형적인 진보에 대한 착각 그리고 유럽 좌파가 가졌던 미래에 대한 확신과 단절한다.

이고 '불가피한' 결과로 인식하는 것이 아니라 파국으로 이끄는 역사적 진화의 중단으로 인식한다. 이 파국의 위험을 지각했기 때문에 벤야민은 (1929년 초현실주의에 관해 쓴 논문에서) 비관론을 표방한다. 숙명론적 포기와 무관한 혁명적 비관론을. 그것은 칼 슈미트, 오스발트 슈펭글러, 아르투르 묄러 판 덴 부르크의 보수적이고 반동적이며 전前파시즘적인 독일식 문화비관주의Kulturpessimismus와는 더더욱 관계가 없다. 벤야민의 비관론은 억압받는 계급의 해방에 봉사한다. 벤야민의 관심사는 엘리트들이나 국가의 '쇠퇴'가 아니라 자본주의로 촉진된 기술적·경제적 진보가 인류에게 미치는 위협들이다.

벤야민이 보기에 부르주아 정당들과 사회민주주의의 **낙관론**보다 더 가소로운 것은 없다. 그들의 정치 강령은 "봄을 노래하는 열악한 시"에 불과하다. 선형적 진보 이데올로기에 영향 받은 이 "양심 없는 낙관론," 이 "딜레탕트들의 낙관론"에 맞서, 벤야민은 초현실주의와 공산주의가 효과적으로 수렴할 수 있는 지점을 비관론에서 발견한다.[24] 그 비관론은 관조적 감정이 아니라 능동적이고 "조직된" 실천적 비관론인바, 그것이 전적으로 가능한 모든 수단을 동원해 최악의 도래를 막겠다는 목표를 지향한다는 것은 두말할 것도 없다.

공산주의자들에게 적용된 비관론 개념이 무엇을 참조할 수 있느냐고 자문할 수 있다. 1928년에 공산주의자들의 교의는 소비에트

---

24) Walter Benjamin, "Le surréalisme: Le dernier instantané de l'intelligence européenne"(1929), Œuvres, II, p.132; "Der Sürrealismus: Die letzte Momentaufnahme der europäischen Intelligenz," GS, II-2, p.308. [최성만 옮김, 「초현실주의」, 『역사의 개념에 대하여/폭력비판을 위하여/초현실주의 외』, 도서출판 길, 2008, 164쪽.]

사회주의 건설의 승리와 자본주의의 임박한 몰락을 축하하고 있었으니, 그것은 정확히 낙관론적 착각의 훌륭한 예가 아닌가? 사실 벤야민은 "비관론의 조직"이라는 개념을 자신이 "탁월하다"고 평가한 저작, 즉 피에르 나빌이라는 공산주의 반대파가 쓴 『혁명과 지식인』(1926)에서 차용했다. 초현실주의 그룹의 멤버(잡지 『초현실주의 혁명』의 편집자 가운데 한 명)였던 나빌은 당시 프랑스공산당 안에 정치적으로 참여하기로 선택했고, 이 선택을 이 친구들과 공유하고 싶어 했다. 그런데 나빌에게 "맑스의 혁명적 방법의 원천"을 구성하는 비관론은 "공모의 시대의 무능과 낙담을 벗어나는" 유일한 수단이었다. 나빌은 (자신이 "기괴하게 졸아든 뇌"라는 귀여운 수식어를 붙였던) 허버트 스펜서나 아나톨 프랑스의 "조잡한 낙관론"을 거부(나빌은 프랑스의 "비천한 농담들"을 아주 싫어했다)하면서 "비관론을 조직해야 한다"고, "비관론의 조직"은 우리의 몰락을 막을 수 있는 유일한 슬로건이라고 결론짓는다.[25]

비관론에 대한 이 열정적 변론이 당시 프랑스 공산주의의 정치문화를 대표하는 것과 거리가 멀다는 사실을 덧붙여 밝힐 필요는 없겠다. 사실 나빌은 당에서 곧 제명됐다(1928년). 나빌의 반-낙관론의 논리는 그 자신을 트로츠키주의 좌파라는 공산주의 반대파의 대열로 인도했고, 그는 나중에 그 대열의 주요 지도자 중 한 명이 된다.

벤야민의 저작에서 비관론적인 역사철학은 유럽의 미래에 대한 시각에서 특히 첨예하게 표현된다. "전방위적인 비관론. 절대적으로

---

25) Pierre Naville, *La révolution et les intellectuels* (1926), Paris: Gallimard, 1965, pp.76~77, 110~117.

그렇다. 문학의 운명을 불신하고 자유의 운명을 불신하고, 유럽의 인류의 운명을 불신하며, 무엇보다 계급 간의, 민족 간의, 개인 간의 모든 소통을 불신, 불신, 불신하기이다. 그리고 I. G. 나염회사와 공군력의 평화적인 완성에 대해서만 전폭적으로 신뢰하기이다."26)

이 비판적 시각 덕분에 벤야민은 유럽을 기다리던 파국들을, "무한 신뢰"라는 아이러니한 문장에 완벽하게 요약되어 있는 파국들을 (직관적으로, 하지만 신기하게도 냉철하게) 알아차릴 수 있었다. 물론 누구보다 비판적이었던 벤야민조차도 독일 공군이 유럽의 도시와 민간인을 파괴하리라고는 예견하지 못했다. I. G. 나염회사가 기껏해야 12년 뒤에 집단학살을 "합리화"하기 위해 치클론 B 가스를 제조해 유명해지게 될 것도 예견하지 못했다. 그 회사의 공장들이 수만 명의 집중수용소 노동자를 고용하게 될 것도 예견하지 못했다. 그렇지만 그 시절의 모든 맑스주의 사상가들과 지도자들 가운데 유일하게 벤야민만이 위기에 처한 산업/부르주아 문명이 낳을 수 있는 끔찍한 재난들을 예감했다.27)

이와 같은 비관론은 벤야민에게, 오귀스트 블랑키 혹은 샤를 페기에게서처럼, 일종의 "혁명적 멜랑콜리"로 나타난다. 되풀이되는 재난에 대한 느낌, 패배자들의 영원회귀에 관한 공포를 표현하는 멜랑콜리.28) 그런 혁명적 멜랑콜리는 어떻게 억압받는 자들의 대의를 위한

---

26) Benjamin, "Le surréalisme," p.132; "Der Sürrealismus," p.308. [「초현실주의」, 164~165쪽.]

27) 쇼아의 예견자로서의 벤야민에 관해서는 엔조 트라베르소의 중요한 책을 보라. Enzo Traverso, *L'histoire déchirée: Auschwitz et les intellectuels*, Paris: Cerf, 1998.

참여와 양립할 수 있을까? 벤야민의 '프롤레타리아적' 선택은 '대중'의 행동에 관한 임의의 낙관론이나 사회주의의 찬란한 미래에 대한 신뢰에 전혀 영향 받지 않았다. 그 선택은 본질적으로 해방 투쟁의 가능성에 관한 (파스칼적 의미에서) 하나의 **내기**이다.

1929년의 논문은 초현실주의에 관한 벤야민의 관심을 증언한다. 벤야민은 초현실주의를 혁명적 낭만주의의 근대적 발현으로 파악한다. 어쩌면 벤야민과 앙드레 브르통에 공통된 행보를 일종의 '고딕적 맑스주의'로 정의할 수도 있을 것이다. 형이상학적 유물론의 경향을 띠고 진화론적 진보 이데올로기에 오염된 지배적 판본과는 구분되는 맑스주의 말이다.[29] '고딕적'이라는 형용사는 그것의 낭만주의적 말

---

28) 다니엘 벤사이드는 이 점에 대해 다음의 책에서 훌륭한 대목을 써냈다. Daniel Bensaïd, *Le pari mélancolique*, Paris: Fayard, 1997, pp.244~258. 브라질의 철학자 레안드로 콘더의 책에는 벤야민의 '멜랑콜리한 맑스주의'에 관한 아주 정치한 분석이 들어 있다. Leandro Konder, *Walter Benjamin, o marxismo da melancolia*, Rio de Janeiro: Editora Campus, 1989.

29) Margaret Cohen, *Profane Illumination: Walter Benjamin and the Paris of Surrealist Revolution*, Berkeley: University of California Press, 1993, pp.1~2. [뢰비는 「발터 벤야민과 초현실주의」라는 논문에서 이렇게 덧붙인다. "내 생각에 이 저자(마거릿 코헨)는 벤야민과 초현실주의자들에 공통된 맑스주의를 '사회 과정의 비이성적 측면에 매혹된 맑스주의 계보, 어떻게 하면 비이성적인 것으로 기존 사회를 도착에 빠트릴지 어떻게 하면 사회 변화를 실행하는 데 비이성적인 것을 이용할지 꿈꾸는 계보'라고 정의할 때 잘못된 길에 접어들고 있다. '비이성적'이라는 개념은 벤야민이나 앙드레 브르통의 저술에 등장하지 않는 것 같다. 이 용어는 계몽 시대 철학을 계승한 이성주의적 세계관, 벤야민과 브르통이 (헤겔의 Aufhebung의 의미에서) 지양하고자 했던 시각을 참조한다. 반대로 고딕적 맑스주의가 효과를 가지는 것은, 이 형용사가 낭만주의적 의미에서 경이의 마법에 대한 매혹과 전근대 사회·문화에 대한 '마술에 걸린' 측면을 가리킬 때이다. 18세기 영국의 범죄 소설과 19세기 독일의 몇몇 소설들은 브르통과 벤야민의 저작 한가운데에서 발견되는 '고딕적' 참조 대상들이다." Michael Löwy, "Watler Benjamin

뜻으로 이해되어야 한다. 즉, 마법과 경이에 대한 매혹, 전근대 사회와 문화의 "마술에 걸린" 측면들에 대한 매혹 말이다. 18세기 영국의 범죄 소설과 19세기 독일의 몇몇 낭만주의자들은 브르통과 벤야민의 저작 한가운데에서 볼 수 있는 '고딕적' 참조 대상들이다.

따라서 두 사람에게 공통된 고딕적 맑스주의란 과거 문화의 마술적 차원에, 봉기의 '어두운' 순간에, 섬광처럼 혁명적 행동의 하늘을 찢는 조명에 민감한 역사적 유물론일 것이다. '고딕적'이라는 단어는 또한 중세 세속 문화의 몇몇 주요 순간들을 문자 그대로 긍정적으로 참조하는 것이다. 브르통이나 벤야민이 중세 프로방스의 궁정풍 사랑을 찬미한 것은 우연이 아니다. 벤야민이 보기에 궁정풍 사랑은 범속한 각성profane Erleuchtung의 가장 순수한 발현이다.[30]

1933~35년의 짧은 '실험' 기간, 즉 제2차 5개년 계획의 시대 동안, 벤야민의 몇몇 맑스주의적 텍스트는 소비에트식 '생산력주의'와 가까워 보이며, 기술적 진보의 약속을 그리 비판하지 않고 지지하는 듯 보인다.[31] 이 시절에도 벤야민은 1935년 바호펜에 관해 쓴 논문

y el surrelalismo: Historia de un encantamiento revolucionario," *Acta Poetica*, vol. 28, no.1/2, primavera-otono 2007, p.77.]

30) Michael Löwy, "Walter Benjamin et le surréalisme: Histoire d'un enchantement révolutionnaire," *L'Étoile du matin: Surréalisme et marxisme*, Paris: Éditions Syllepse, 2000.

31) 특히 「경험과 빈곤」(1933), 「생산자로서의 작가」(1934), 그리고 어느 정도에서만 「기술복제 시대의 예술 작품」(1935)이 그렇다. ["하지만 이 문서들이 다소 모호하다는 사실을 덧붙일 필요가 있다. 「경험과 빈곤」에서 벤야민은 근대 사회에서 전통 문화의 종언을 유익하게 판을 엎어버리는 것이라며 축하한다. 하지만 '차갑고 냉철한 재료인 유리와 강철'로 대표되는 새로운 문명을 정의하기 위해 사용된 개념은 무시무시하게도 '새로운 야만성'인 것이다. 또한 예술 작품에 관한

이 보증하듯이 낭만주의적 문제틀에 대한 관심을 잃지 않았다. 사실 이 무렵 벤야민의 사유는 꽤 모순적이다. 벤야민은 매우 빨리 한 극단에서 다른 극단으로 넘어갈 때가 종종 있다. 예술 작품에 관한 유명한 논문이 그렇듯이, 하나의 텍스트 내에서도 그럴 때가 있다. 이 저술들에서는 맑스주의적 성찰의 항구적 요소(유물론적 관심사)와 몇몇 추론들을 그 최종 귀결까지 밀어붙이는 '실험적' 경향이 동시에 나타난다. 벤야민은 진보 이데올로기의 소비에트적 이형異形에 유혹된 것 같다. 물론 그 이형을 자기 나름의 방식으로 재해석할 것을 무릅쓰고서 말이다. 벤야민의 저작에 대한 몇몇 맑스주의적 독해들은 정확히 이 텍스트들, 정통적이지는 않더라도 '고전적인' 역사적 유물론에 가장 근접한 텍스트들을 특권화한다. 나는 반대로 선택하는데, 이는 나의 고유한 관심과 철학적·정치적 선택에 따른 것인 동시에, [벤야민이 자신의 '맑스주의적' 텍스트들이 아니라] 다른 글들에서 주요 영감을 끌어낸 1940년 테제들의 발생의 관점을 따른 것이다.

1936년부터는 이 일종의 '진보주의적 괄호'가 다시 닫히며, 벤야민은 낭만주의적 계기를 자본주의적 소외 형태에 대한 맑스주의 고

논문에 대해 게르숌 숄렘은 아우라의 상실을 애도하는 전반부와 영화를 고유하게 혁명적인 매체로 칭송하는 후반부 사이의 깊은 긴장을 지적한 바 있다. 이 논문들은 보통 벤야민이 쓴 가장 '맑스주의적인' 글들로 간주되곤 한다. 하지만 내 생각에 이 논문들은 공산주의 및 사회민주주의 운동의 가장 '정통적인' 이론가들이 받아들인 주류 맑스주의 견해에 가장 가까운 것일 뿐이다. 벤야민이 1925년부터 1933년까지 쓴, 그리고 나중에 1936년부터 1940년까지 쓴 시론들 역시 맑스주의적이다. 하지만 그 시론들은 독창적이고 '비정통적인' 역사적 유물론에 속하며, 그 비진화론적이고 비진보적인 역사관 때문에 지배적인 경전들과 갈등 관계에 놓인다." Löwy, "Walter Benjamin and Marxism," 27쪽의 옮긴이주를 참조.]

유의sui generis 비판 속에 통합하게 된다. 예컨대 벤야민은 호프만에 관해 쓴 1930년의 논문에서 제안한 전형적으로 낭만적인 생각을, 보들레르에 관해 쓴 1936~38년의 글들에서 다시 취한다.32) 즉, 프롤레타리아트를 자동기계로 변화시키는 데 대한 맑스주의적 분석의 맥락에서 생명과 자동기계 간의 근본적 대립을 집어넣는 것이다. 기계와 실랑이하는 노동자들의 반복적이고 무의미하며 기계적인 제스처들(여기서 벤야민은 맑스의 『자본』의 몇몇 구절을 직접 참조한다)은 에드거 앨런 포와 호프만이 묘사한 군중 속 행인들의 자동기계 같은 제스처들과 비슷하다. 전자이든 후자이든 도시 산업 문명의 희생자들은 문화적·역사적 전통에 대한 기억에 바탕을 둔 진정한 경험Erfahrung을 더 이상 알지 못한다. 그들은 직접적인 체험Erlebnis, 특히 자신들에게 "자신의 기억을 완전히 말소해버린" 자동기계들의 반응적 태도를 촉발하는 Chockerlebnis[충격 체험]밖에 알지 못한다.33)

---

32) 이 강연에서 벤야민은 E. T. A. 호프만, 오스카 파니짜, 에드거 앨런 포, 알프레트 쿠빈의 환상적 콩트들에서 발견되는 생명과 자동기계 사이의 "단호하게 종교적인" 이원론을 강조한다. 독일 낭만주의의 위대한 이야기꾼의 콩트들은, 자동적인 것과 사탄적인 것 사이의 은밀한 동일성에 대한 느낌에 영감을 받으며, 일상적 인간의 삶을 "내부의 사탄에 지배되는 비천한 인위적 메커니즘의 산물"로 파악한다. Walter Benjamin, "E. T. A. Hoffmann et Oskar Panizza"(1930), *Romantisme et critique de la civilisation*, ibid., p.137; "E. T. A. Hoffmann und Oskar Panizza," *GS*, II-2, p.644. [이것은 1930년 3월 26일 벤야민이 프랑크푸르트의 남서독 라디오방송국에서 행한 라디오 강연이다.]

33) Benjamin, *Le livre des passages*, p.801; "Das Passagen-Werk," *GS*, V-2, p.966. [『아케이드 프로젝트 2』, 1803~1804쪽]; *Charles Baudelaire: Un poète lyrique à l'apogée du captialisme*, trad. Jean Lacoste, Paris: Payot, 1983, pp.151, 180~184; "Über einige Motive bei Baudelaire," *GS*, I-2, pp.614, 632~637. [김영옥·황현산 옮김, 「보들레르의 몇 가지 모티프에 관하여」, 『보들레르의 작품에 나

자본주의적 근대성에 맞서는 낭만주의적 항의는 현실적이든 신비적이든 늘 이상화된 과거의 이름으로 행해진다. 맑스주의자 벤야민이 부르주아 문명과 진보의 착각을 비판할 때 참조 대상으로 쓰이는 과거는 무엇일까? 청년기의 신학적 저술들에서 잃어버린 낙원이 자주 문제가 된다면, 1930년대에는 바로 원시적 공산주의가 그 역할을 맡는다. 게오르크 루트비히 폰 마우러와 바호펜의 낭만주의적 인간학과 루이스 H. 모건의 작업들을 주의 깊게 읽은 독자였던 맑스와 엥겔스가 그랬던 것처럼 말이다.

벤야민이 1935년 바호펜에 관해 쓴 서평은 맑스주의와 낭만주의에 입각해 새로운 역사철학을 구축하는 그의 방식을 이해하기 위한 가장 중요한 열쇠 중 하나이다. 벤야민은 이렇게 적는다. "낭만주의적 원천을 참조하는" 바호펜의 저작은 "역사의 벽두에 존재하던 공산주의 사회를 불러냄"으로써 맑스주의자들과 (엘리제 르클뤼 같은) 아나키스트들을 매혹시켰다. 보수주의적 해석(루트비히 클라게스)과 파시스트적 해석(알프레트 보이믈러)을 논박하면서 벤야민은 바호펜이 "르클뤼가 표방했던 아나키스트적 이상에 시대를 가로질러 자양분을 제공했던 원천들을 미답의 심층 속에서 탐색했다"고 강조한다. 엥겔스와 폴 라파르그도 모계 사회에 관한 바호펜의 작업에 관심을 가졌다. 그런 모계 사회에서는 고도의 민주주의와 공민적 평등, 그리고 "권위 개념에 대한 (진정한) 전복"을 함축하는 원시 공산주의의 형태들이 존재했었을 수 있다.[34]

_____

타난 제2제정기의 파리/보들레르의 몇 가지 모티프에 관하여 외』, 도서출판 길, 2010, 190, 218~225쪽.]

이와 유사한 생각들이 보들레르에 관한 시론들에서도 스케치된다. 벤야민은 시인이 거론한 '이전 삶'을 원시적이고 에덴적인 시대에 대한 참조로 해석한다. 그 시대에는 진정한 경험이 여전히 존재했다. 그리고 그 시대에는 숭배 의례와 축하 행사를 통해 개인적 과거와 집단적 과거의 융해가 가능했다. 그것이 바로 보들레르가 말하는 '만물 조응'의 작용을 촉진하고, 근대의 붕괴에 대한 거부에 영감을 주는 Erfahrung[경험]이다. "본질적인 것은 만물 조응이 제의적 요소들을 자체 내에 포함하는 경험의 개념을 확고하게 해준다는 사실이다. 이 제의적 요소들을 자기의 것으로 만듦으로써 보들레르는 비로소 자신이 근대인으로서 증인이 된 그 붕괴의 의미가 도대체 무엇인지를 제대로 측정할 수 있었다." 바로 이 '제의적 요소들'은 바호펜이 연구했던 사회들과 유비적인 먼 과거를 가리킨다. "'만물 조응'은 회억回憶의 자료들이다. 그것은 역사의 자료들이 아니라, 전사前史의 자료들이다. 기념 축제일들을 중요하고 의미 있게 만들어주는 것은 '이전 삶'과의 조우이다." 롤프 티데만은 벤야민에게 "만물 조응의 관념은 잃어버린 낙원이 그것을 통해 미래에 투사되어 등장하는 유토피아"라고 매우 적절하게 지적한다.35)

34) Walter Benjamin, "Johann Jakob Bachofen"(1935), *Écrits français*, éd. Jean-Maurice Monnoyer, Paris: Gallimard, 1991, pp.96~110; "Johann Jakob Bacho-fen," *GS*, II-1, pp.220~233. 벤야민은 에리히 프롬이 제안한 프로이트-맑스주의적 바호펜 해석에 영향을 받았다.

35) Benjamin, *Charles Baudelaire*, pp.155, 188~191; "Über einige Motive bei Baudelaire," pp.637~639. [「보들레르의 몇 가지 모티프에 관하여」, 226~229쪽]; Rolf Tiedemann, "Nachwort," in Walter Benjamin, *Charles Baudelaire*, Frankfurt am Main: Suhrkamp, 1980, pp.205~206.

특히 1936~40년의 여러 텍스트에서 벤야민은 자신의 역사관을 발전시키게 되는데, 이때 독일·유럽 좌파 사상 내에서 헤게모니를 쥔 "진보의 착각들"과 한층 급진적 방식으로 갈라선다. 1937년에 (이미 미국으로 망명한) 프랑크푸르트 학파의 잡지 『사회연구지』에 게재한 긴 시론에서 벤야민은 역사가이자 수집가인 에두아르트 푹스의 저작을 다루는데, 여기에는 때때로 1940년의 테제들을 한 단어 한 단어 미리 보여주는 전체 구절이 담겨 있다. 이 글에서 벤야민은 실증주의, 다윈 식의 진화론, 진보에 대한 숭배가 혼합된 사회민주주의적 맑스주의를 공격한다. "실증주의는 기술의 발전 속에서 자연과학의 진보만을 인식할 수 있었을 뿐 사회의 퇴보는 인식하지 못했다. …… 기술이 이런 한계를 넘어서서 발전시킨 에너지들은 파괴적이다. 그 에너지들은 우선 첫째로 전쟁의 기술과 전쟁 준비를 위한 저널리즘적인 예비 작업을 촉진하게 된다." 벤야민은 편협한 실증주의의 가장 두드러지는 예로 이탈리아의 사회학자 엔리코 페리를 언급한다. 페리는 "사회민주주의의 원칙들뿐만 아니라 그 전술까지도 자연 법칙으로 환원"했고, 노동자 운동 내의 무정부주의적 경향들을 "지질학과 생물학에 대한 지식이 부족"한 탓으로 돌렸다.[36]

벤야민의 목표는 맑스주의와 부르주아 역사철학 사이 대립을 깊이 파고들어 급진화하고, 그 대립의 혁명적 잠재력을 자극하며, 그 비

---

36) Walter Benjamin, "Eduard Fuchs, collectionneur et historien"(1937), Œuvres, III, [trad. Reiner Rochlitz,] pp.200~201; "Eduard Fuchs, der Sammler und der Historiker," GS, II-2, pp.474~475, 487. [최성만 옮김, 「수집가이자 역사가 에두아르트 푹스」, 『역사의 개념에 대하여/폭력비판을 위하여/초현실주의 외』, 도서출판 길, 2008, 272~273, 293쪽.]

판적 내용을 증대시키는 데 있다. 그런 의도로 벤야민은 『파사젠베르크』의 야심을 단호하게 정의한다. "진보 이념을 자체 내에서 무효화해온annihiliert 역사적 유물론의 제시를 이 작업의 방법론적 목표 중의 하나로 봐도 좋을 것이다. 바로 여기에 역사적 유물론이 자신의 원천으로 삼은 부르주아적 사유 습관과 명확하게 분리되는 충분한 이유가 있다."[37] 그런 프로그램에는 어떤 '수정주의'도 포함되지 않았다. 오히려 칼 코르슈가 그 자신의 책(벤야민의 주요 참조 대상 중 하나)에서 하려고 시도했듯이, 맑스 자체로의 회귀가 포함된다.

벤야민은 이런 맑스주의 독해가 낭만주의의 산업 문명 비판에 뿌리박고 있음을 의식하고 있었다. 그리고 벤야민은 맑스 자신도 이 원천에서 영감을 얻었다고 확신했다. 벤야민은 맑스주의의 기원에 관한 이런 이단적 해석의 받침대를 코르슈의 『칼 맑스』(1938)에서 찾는다. "코르슈가 다음과 같이 말한 것은 매우 일리가 있다. 그리고 이 문장을 읽으면 [조제프] 드 메스트르와 [루이 드] 보날이 떠오를지도 모르겠다. '이처럼 근대 노동자 운동의 이론 속에도 프랑스 대혁명이 종료된 직후 처음에는 프랑스 최초의 반혁명 이론가에 의해, 이후에는 독일 낭만파에 의해 천명되고 특히 헤겔을 통해 맑스에게 강한 영향을 미친 '각성'의 부분이 어느 정도 들어가 있다.'"[38]

벤야민의 맑스주의가 특히 1936~37년부터 소비에트 식의 '변유' diamat[변증법적 유물론]와 공통점이 별로 없었다는 것은 분명하다. 이

---

37) Benjamin, *Le livre des passages*, p.477; "Das Passagen-Werk," p.574. [『아케이드 프로젝트 1』, 1051쪽.]

38) Benjamin, *Le livre des passages*, p.681; "Das Passagen-Werk," p.820. [『아케이드 프로젝트 2』, 1535쪽.]

오시프 스탈린은 곧(1938년) 매우 공식적인 『소련 볼셰비키 공산당사』의 한 장에서 '변증법적 유물론'을 경전화하게 된다. 이미 철학적 참조 대상으로 코르슈라는, 1920년대 독일공산당에서 제명된('평의회파'와 친한) 비정통적 맑스주의자를 선택한 것, 그리고 사회민주주의뿐 아니라 스탈린 식 공산주의의 이론적 경전들에 철저히 반대한 것이 이런 이단 성향을 지시해준다.

벤야민이 낭만주의 문제와 꼭 연결된 것은 아니지만 스탈린주의로부터 독립적이었음을 보여주는 다른 예는 레온 트로츠키에 관심을 가졌다는 점이다. 1932년 그레텔에게 보낸 편지에서 벤야민은 이 적군과 창설자의 자서전에 관해 "수년 동안 그렇게 긴장하며 숨이 멎을 만큼" 빠져든 적이 없었다고 적었다. 1932년 이비자에서 벤야민과 친분을 쌓은 장 셀즈는 벤야민이 "대놓고 반스탈린주의적 맑스주의"의 지지자였고, "트로츠키에 경탄해 마지않았다"고 증언한다.[39] 1933~35년 벤야민은 (아마도 독일에서 아돌프 히틀러의 파시즘이 거둔 승리에 대한 반응으로서) 소비에트 모델에 그리 비판적이지 않게 동조한 듯하다. 그리고 모스크바 재판 초기에는 특히 당황스러움을 표시했다. 1936년 8월 31일 벤야민은 "무슨 말을 해야 할지 모르겠네"라고 막스 호르크하이머에게 적어 보냈다.[40] 그렇지만

---

39) Benjamin, *Correspondance*, t.2, p.68; *Briefe*, Bd.2, p.553. 또한 다음을 참조하라. Jean Selz, "Walter Benjamin à Ibiza," *Lettres nouvelles*, 2, 1954; *Écrits français*, pp.367~379. 재수록. 이 주제에 관해서는 트라베르소의 시론을 참조하라. Enzo Traverso, "Walter Benjamin et Léon Trotsky," *Quatrième Internationale*, no.37-38, 1990.

40) Rolf Tiedemann, *Dialektik im Stillstand, Versuche zum Spätwerk Walter Benja-mins*, Frankfurt am Main: Suhrkamp, 1983, p.121. 재인용.

1937~38년부터 벤야민은 공산주의의 스탈린 식 이형에 명확히 거리를 두기 시작한다.

이 시기에 브레히트에 관해 쓴 노트는 이 진화가 부분적으로 하인리히 블뤼허(아렌트의 남편)의 영향 아래 이뤄졌음을 증언한다. 블뤼허는 하인리히 브란들러가 이끄는 독일공산당-반대파의 지지자였다.[41] 그 노트에서 벤야민은 "게페우[국가정치부, 즉 소련 비밀경찰]의 공작들," [즉] "공산당의 가장 악질적인 자들과 나치의 가장 뻔뻔한 자들이 공유하는 행동 방식"을 문제 삼는다. 벤야민은 브레히트가 『도시인을 위한 독본』(1930)의 몇몇 시에서 "게페우의 공작이 노동 운동에 초래한 위험하고 심각한 혼란을 문학적으로 미화"했다고 비판한다. 그리고 브레히트의 이 텍스트에 관한 자신의 주해가 "경건한 모조품"fromme Fälschung이 됐다고 문제 삼는다.[42]

---

41) 하인리히 브란들러는 독일공산당 지도부였지만 1928년에 제명되어 반스탈린적인 독일공산당-반대파(Kommunistische Partei-Opposition)를 창립한 인물로서, 그 역시 1939~40년에 프랑스로 망명했다.

42) Walter Benjamin, "Note sur Brecht"(1938/1939), *Écrits autobiographiques*, Paris: Christian Bourgois, 1990, pp.367~368; "Notiz über Brecht," *GS*, VI, p.540. "블뤼허가" 브레히트의 시와 자신의 논평을 비판한 것은 "옳았다"고, 벤야민은 인정한다. [비치슬라, 『벤야민과 브레히트』, 305~306쪽을 참조하라. 『도시인을 위한 독본』은 총 10개의 연작 시편으로 이뤄져 있다. 그 중에서 특히 블뤼허가 비판한 벤야민의 논평은 세 번째 시편에 대한 논평이다. 첫 번째 시편의 내용은 기차를 타고 대도시에 도착한 '촌사람'이 듣게 되는 (이제 부모, 친구, 동료 모두와 연을 끊으라는) 충고인데, 세 번째 시편에서 결국 '도시인'이 된 이 '촌사람'(화자)은 자기의 아버지가 사라져야 한다고, 심지어 자기의 아버지를 죽이겠다고 노래한다. 벤야민의 논평 자체는 전해지지 않고 있지만, 벤야민은 이런 대도시 사람들의 가학적 성향과 아돌프 히틀러의 등장을 연결 지어 논평한 듯하다. 왜냐하면 벤야민이 기록한 블뤼허의 비판을 보건대, 블뤼허는 여기서 브레히트가 노래하는 것은 "수탈자들에 대한 수탈"인데, 그 수탈은 프롤레타리아트를 위해서

스탈린의 [비밀]경찰의 공작과 나치의 공작을 서슴없이 비교하는 이 가차 없는 결산에도 불구하고 마지막 희망이 남아 있다. 소련은 반파시스트들의 동맹국으로 남아 있는 것이다. 1938년 8월 3일 호르크하이머에게 보낸 편지에서 벤야민은 "많은 유보와 함께" "적어도 당장은" 소비에트 체제(벤야민은 그 체제를 "공포 정치를 수반한 개인 독재"로 솔직하게 묘사한다)를 "미래의 전쟁에서 우리에게 이익이 될 대행인"으로 여길 수 있다는 희망을 표시한다. 그리고 이렇게 덧붙인다. 소비에트 체제는 "희생으로 값을 치러야 하는 이상 상상 가능한 가장 많은 비용이 드는" 대행인, "특히 우리 생산자와 관련된 이익을 침식하는" 대행인이라고. 이 표현은 필시 노동자 해방과 사회주의를 참조한 것이다.[43]

몰로토프-리벤트로프 조약*은 이와 같은 마지막 착각에 호된 타격을 가하게 된다. 「역사의 개념에 대하여」의 테제들은 바로 이런 새로운 맥락에서 작성됐다.

『일방통행로』의 '화재경보기'라는 장은 벤야민이 쓴 가장 인상적인 텍스트 가운데 하나이다. 하지만 어떤 의미에서 벤야민의 저작 전체가

가 아니라 더 강한 수탈자들, 즉 당시 표현주의자들이 즐겨 찬양하던 모호한 '젊은이들'(=신진 정치 세력=나치)을 위해서 이뤄진다고 주장하기 때문이다.]

43) Tiedemann, *Dialektik im Stillstand*, p.122. 재인용.

* Le Pacte Molotov-Ribbentrop. 1939년 8월 23일에 체결된 독일과 소련 간의 상호 불가침 조약. 당시 이 조약 체결의 담당자였던 양국의 외무장관, 즉 소련의 뱌체슬라프 몰로토프(Vyacheslav Molotov, 1890~1986)와 독일의 요아힘 폰 리벤트로프(Joachim von Ribbentrop, 1893~1946)의 이름을 따 '몰로토프-리벤트로프 조약'이라고도 불린다(혹은 독일-소련 불가침 조약). 당시 '공산주의의 종주국'이라 자임하던 소련이 반공산주의를 표방한 나치 정권과 맺은 조약이라 전 세계 공산주의자들을 충격에 빠뜨렸다.

자신의 동시대인들에게 보내는 일종의 '화재경보'라고 간주될 수 있다. 즉, 경종을 울림으로써, 동시대인들을 위협하는 임박한 위험에 대해, 지평선 위로 모습을 드러내는 새로운 파국에 대해 주의를 끌어당기려고 애쓰는 화재경보 말이다. 1940년의 테제들은 이런 행보와 이런 걱정의 압축적이고 응축된 표현이다.[44)]]

---

44) 우리가 이 책의 표지 그림으로 선택한 리투아니아의 화가 미칼로유스 콘스탄티나스 추를료니스(Mikalojus Konstantinas Čiurlionis, 1875~1911)의 작품 [『봄의 모티프』(본서 6쪽의 도판설명 참조)]은 '변증법적 이미지'의 형태로 위의 생각을 요약한다. 이 작품에는 뭉게구름이 피어나는 파란 하늘 앞에 종탑하나가 그려져 있다. 종들은 요란하게 울리고 있다. 하지만 그 소리를 듣는이는 하나도 없는 것 같다. 이 그림 전체는 1907년에 그려졌지만 이상하게도 강제수용소의 망루를 생각하게 만든다. [본문 42쪽부터 시작되는 괄호 안의 구절(「역사의 개념에 대하여」의 테제들은 ……)과 이 각주는 제2판에서 삭제됐다. 제2판에서 이 표지 그림이 사라진 것과 관련 있어 보인다. 그러나 이 책의 '제목'이 뜻하는 바를 보여주는 핵심 구절이므로 그대로 살려둔다.]

포르-부의 묘지 이곳에 있는 발터 벤야민의 묘비에는 「역사의 개념에 대하여」 중에서 테제 7번의 한 구절 ("동시에 야만의 기록이 아닌 문화의 기록이란 결코 없다")이 독일어와 카탈루냐어로 적혀 있다.

2장

발터 벤야민의 「역사의 개념에 대하여」 읽기

발터 벤야민의 텍스트를 (한 글자씩, 한 구절씩) '탈무드적'으로 분석하기에 앞서, 역사철학 테제를 읽기 위한 입문격으로 짧게 몇 가지 언급을 해볼까 한다. 「역사의 개념에 대하여」는 1940년 초, 즉 이 문서의 저자가 비시 정권 아래의 프랑스에서 탈출하려고 시도하기 직전에 작성됐다. 당시 [비시 정권] 당국은 유대계이면서/이거나 맑스주의자인 독일 난민들을 게슈타포에 넘기고 있었다. 알다시피 탈출 시도는 실패했다. 스페인 국경(포르-부)에서 프랑코 정권의 경찰에게 가로막힌 벤야민은 1940년 9월 [26일에] 자살을 선택했다.

이 문서에 대한 첫 번째 참조점은 1940년 2월 22일 벤야민이 막스 호르크하이머에게 보낸 편지에 등장한다. 프랑스어로 작성된 이 편지에서 벤야민은 친구에게 그 텍스트의 목표를 이렇게 설명한다. "우리가 보는 방식과 (좌파의 역사 개념에 출몰하는) 실증주의의 잔재들 사이에 돌이킬 수 없는 분열을 수립하기."[1] 이처럼 실증주의는 벤

---

1) "나는 역사 개념에 관한 여러 개의 테제들을 막 완성한 참이네. 한편으로, 이 테제들은 「[수집가이자 역사가 에두아르트] 푹스」의 1장에서 대강 구상된 시각

야민의 눈에 자신이 비판하려는 경향들(보수적 역사주의, 사회-민주주의적 진화주의, 속류 맑스주의)의 공통분모로 등장한다.[2]

이 문서는 출판을 위한 것은 아니었음을 명시할 필요가 있다. 벤야민은 이 문서를 몇몇 절친한 벗들(한나 아렌트, 테오도르 W. 아도르노)에게만 주거나 보냈다. 하지만 벤야민은 그레텔 아도르노에게 보낸 편지(1940년 4월의 편지)에서 이렇게 주장했다. 이 문서를 출판할 생각이 조금도 없다고. 출판된다면 "광적인 오해가 엄청 생겨날 것"이라고.[3] 벤야민의 예언적 염려는 완전히 실현됐다. 역사철학 테제에 관한 연구들 대부분이 때로는 광적으로, 때로는 회의적으로, 어쨌든 텍스트의 사정을 포착할 수 없는, 몰이해에 빠졌다.

들에 결합된다네. 다른 한편으로, 이 테제들은 보들레르에 관한 두 번째 시론을 위한 이론적 뼈대 노릇을 할 테지. 이 테제들은 우리가 보는 방식과 실증주의의 잔재들 사이에 돌이킬 수 없는 분열을 수립하게 될 역사의 한 측면을 지정하려는 첫 번째 시도일세. 내 생각에 실증주의의 잔재들은 그 자체로 우리에게 가장 가깝고 친숙한 역사 개념들의 잔재들을 뿌리 깊이 표절하네." *Gesammelte Schriften*, Bd.I-3, Hrsg. Rolf Tiedemann und Hermann Schweppenhäuser, Frankfurt am Main: Suhrkamp, 1982, p.1225. [조형준 옮김, 『아케이드 프로젝트 2』, 새물결, 2006, 2283쪽. 이하 독일어판 『전집』에서의 인용은 'GS, 권수, 쪽수'만 표기. 벤야민이 "파리의 파사주"(Pariser Passagen)라는 제목을 최초로 언급한 것은 1928년 1월 30일 게르숌 숄렘에게 보낸 편지에서였다. Walter Benjamin, *Briefe*, Bd.1, Hrsg. Gershom Scholem und Theodor W. Adorno, Frankfurt am Main: Suhrkamp, 1966, p.455.] 마지막 부분은 벤야민이 역사철학 테제에서 '속류 맑스주의'라고 지칭하게 될 것을 명료하게 참조하고 있다.

2) 사회민주주의 교의는 자주 신칸트주의에서 영향을 받았다. 이런 경향이 반드시 사회과학 영역에서 실증주의적 선택과 모순된 것은 아니었다. 에두아르트 베른슈타인의 저작이 그것을 잘 보여준 바 있다.

3) "Anmerkungen der Herausgeber," GS, I-3, p.1227. [최성만, 「옮긴이의 말」, 발터 벤야민, 『역사의 개념에 대하여/폭력비판을 위하여/초현실주의 외』, 도서출판 길, 2008, 58쪽. 재인용.]

테제들을 작성하도록 직접 자극한 것은 필시 몰로토프-리벤트로프 조약[이하 독일-소련 불가침 조약], 제2차 세계대전 발발과 나치 부대의 유럽 점령이었다. 그러나 그 테제들은 벤야민의 작업 전반을 관통하는 이념들의 요약, 궁극적이고 압축된 표현이기도 했다. 그레 텔에게 부친 마지막 편지들 중 한 통에서, 벤야민은 이렇게 적고 있다. "전쟁, 그리고 전쟁을 야기한 성좌 때문에 종이 위에 몇 가지 생각들을 적어봅니다. 대략 20년 동안 제 안에, 심지어 저로부터, 지키고 있었다고 말할 수 있는 그런 생각들입니다."[4] 벤야민은 '25년'이라고 적었을 수도 있을 것이다. 우리가 봤듯이, 대학생들의 삶에 관한 연설(1914년)에 1940년의 영적 유언장의 열쇠가 되는 이념들 중몇 가지가 이미 들어 있었으니 말이다.

따라서 이 문서를 그 자체의 역사적 맥락 안에 위치시킬 필요가 있다. 빅토르 세르주의 말을 빌리면, 이 문서는 "세기의 자정"에 있었다. 현대사의 이 참혹한 순간은 십중팔구 이 문서의 직접적인 배경을 이룬다. 그렇다고 이 문서를 명확한 정세의 산물로만 치부할 수는 없다. 즉, 이 문서는 그것을 낳았던 비극적 성좌를 훨씬 넘어서는 의미를 담고 있다. 이 문서가 오늘날에도 우리에게 말을 건넨다면, 여전히 관심·토론·논쟁을 촉발한다면, 그것은 이 문서가 정해진 역사적 순간의 프리즘을 통해 근대사 전체와 인류의 사회적 여정 속에서 20세기가 차지하는 자리에 관한 물음을 던지고 있기 때문이다.

테제들이 '구제'되고 출판된 역사에 대해서는 [독일어판] 『전집』 편집자들이 세심하게 재구성해 놓았다. 벤야민은 자필 원고를 아렌

---

4) Benjamin, *GS*, I-3, p.1226. [「옮긴이의 말」, 57~58쪽. 재인용.]

트에게 주었고, 아렌트는 그것을 아도르노에게 전달했다.* 이 원고는
1942년『발터 벤야민 회고집』이라는 꽤 비밀 문건 같이 등사된 팸플
릿에 처음으로 인쇄된다. 이 팸플릿은 미국에 망명한 프랑크푸르트
사회연구소에서 몇 백 부만 찍혔다.

역설적으로, 그 용어의 강한 의미에서 첫 출판은 프랑스어로 이
뤄졌다. 피에르 미삭이 번역했고『현대』에 게재됐는데, 어떤 반응도
끌어내지 못했다. 아도르노의 손길을 거쳐『신평론』에 독일어로 출
판됐을 때도 반향이 없기는 마찬가지였다. 아도르노가 편집해 처음
나온 벤야민 선집(『저작』)에 수록된 뒤에야 진정으로 그 텍스트에 대
한 수용 및 첫 번째 토론이 시작된다. 마침내 1974년에 테제, 이본,
노트(그리고 벤야민 자신이 한 프랑스어 번역)에 대한 비평 및 주석판
이 아도르노와 게르숌 숄렘의 도움을 받아 롤프 티데만과 헤르만 슈
베펜호이저가 편집한『전집』[I-2/3권]에 수록되어 출간된다.** 여기
에 조르조 아감벤이 발견해『전집』7-2권(1991년)에 통합된 마지막
사본을 덧붙여야겠다. 그것은 저자 보존용 원고Handexemplar라는 제목
이 붙어 있으며 특별히 테제 18번을 포함하고 있다.***

---

* 맨처음 한나 아렌트가 테오도르 W. 아도르노에게 전달한 것은 벤야민의 자필
원고가 아니라 다른 사본이었다. 본서의「옮긴이 후기」를 참조하라.

** Walter Benjamin, "Sur le concept d'histoire," trad. Pierre Missac, *Les Temps Mo
-dernes*, no.25, Octobre 1947, pp.623~634; "Über den Begriff der Geschichte,"
Die Neue Rundschau, no.61, Heft 4, 1950, pp.560~570; "Geschichtsphiloso-
phische Thesen," *Schriften*, Bd.1, Hrsg. Theodor W. Adorno und Gretel Adorno,
Frankfurt am Main: Suhrkamp, 1955, pp.494~506; "Über den Begriff der Ge
-schichte," *Gesammelte Schriften*, Bd.I-2, Hrsg. Rolf Tiedemann und Hermann
Schweppenhäuser, Frankfurt am Main: Suhrkamp, 1974, pp.691~704; "Sur le
concept d'histoire," *GS*, I-3, pp.1260~1266.

1950년대부터 시작된, 출판에 이은 토론에서, 역사철학 테제를 해석하는 세 가지 커다란 학파를 구별할 수 있다.

1. **유물론적 학파**: 벤야민은 맑스주의자이자 일관된 유물론자이다. 벤야민의 신학적 정식화는 유물론적 진리를, 은유로 덮고 있는 이국적인 형식으로 간주돼야 한다. 이것은 베르톨트 브레히트가 자신의 '일기'에서 이미 진술한 입장이다.[5]

2. **신학적 학파**: 벤야민은 무엇보다 유대교 신학자요 메시아를 신봉하는 사상가이다. 벤야민에게 맑스주의는 용어법, 곧 '역사적 유물론' 같은 개념들의 그릇된 활용일 뿐이다. 이것은 벤야민의 친구 숄렘의 관점이다.

3. **모순 학파**: 벤야민은 맑스주의와 유대 신학, 유물론과 메시아주의를 화해시키려고 시도한다. 모두가 알다시피 그 둘은 양립할 수

*** Walter Benjamin, "Nachträge zu den Anmerkungen," *Gesammelte Schriften*, Bd.VII-2, Hrsg. Rolf Tiedemann und Hermann Schweppenhäuser, Frankfurt am Main: Suhrkamp, 1991, pp.783~784. 이 원고는 1940년 초여름 벤야민이 프랑스국립도서관에서 일하던 조르주 바타이유에게 맡긴 초고이다. 조르조 아감벤이 1981년 바타이유의 미망인으로부터 받은 문서들 중에서 발견해 세상에 알려졌다. 테제의 배열에 관한 결정 등 저자(=벤야민)의 의도를 엿볼 수 있으며, 다른 사본들에는 없는 테제 18번을 담고 있어 문헌적 가치가 높다. 이 원고의 테제 18번은 다른 사본들의 테제 17번과 18번 사이에 위치할 만한 것으로 '17a'(XVIIa)로 표시되기도 한다.

5) "간단히 말하면, 그 소논문은 (은유와 유대주의[metaphorik und judaismen]에도 불구하고) 분명하고 간결하다. 그런 글을 최소한 오해라도 하지 않을 사람이 몇 안 된다는 사실을 생각하면 놀라울 따름이다." Bertolt Brecht, *Arbeitsjournal*, Bd.1, 1938-1942, Hrsg. Werner Hecht, Frankfurt am Main: Suhrkamp, 1973, p.294. [번역은 에르트무트 비치슬라, 윤미애 옮김, 『벤야민과 브레히트: 예술과 정치의 실험실』, 문학동네, 2015, 508쪽(「부록 2」) 참조.]

없다. 그리하여 벤야민의 시도는 실패한다. 이것은 위르겐 하버마스와 티데만의 독해 방법이다.

내가 보기에 이 세 학파는 맞기도 하고 틀리기도 하다. 나는 겸손하게 네 번째 접근을 제안해보고 싶다. 벤야민은 맑스주의자**이자** 신학자이다. 사실 이 두 개념화는 통상 모순된다. 하지만 역사철학 테제를 쓴 저자는 '통상적인' 사상가가 아니다. 벤야민은 이 두 개념화를 재해석하고, 변형하며, 정합적인 방식으로 절합할 수 있게 해주는 상호 조명 관계 속에 위치시킨다. 벤야민은 자신을 야누스와 즐겨 비교했다. 얼굴의 한쪽은 모스크바를 쳐다보고 다른 한쪽은 예루살렘을 향하는 야누스. 하지만 우리가 자주 잊어버리는 것이 있는데, 로마의 저 신[야누스]은 두 얼굴이 아니라 **단 하나의 머리**를 갖고 있다는 사실이다. 맑스주의와 메시아주의는 하나의 사고의 두 표현(벤야민이 즐겨 쓰는 용어 가운데 하나인 Ausdrücke)일 뿐이다. 혁신적이고 독창적이며 분류할 수 없는 사유. 그 사유는 1926년 5월 [29일] 숄렘에게 보낸 편지에서 벤야민이 정치적인 것이 종교적인 것으로, 그리고 그 역도 가능한 '역설적인 상호 역전가능성'paradoxen Umschlagen이라고 부른 것을 특징으로 갖는다.6) 벤야민의 역사철학에서 구원과 혁명 사이의 복잡 미묘한 관계를 더 잘 포착하기 위해서는 **친화력**(다시 말해 두 전개 방식이 어떤 구조적 유사성에 따라 서로 끌어당기면서 상호 강화되어 결국 일종의 연금술적 융합에 이르게 되는 것으로서, 요한 볼프강 폰 괴테의 소설, 『친화력』[1809]에서 두 영혼의 사랑의 만남 같은 것

---

6) Walter Benjamin, *Correspondance*, t.1, trad. Guy Petitdemange, Paris: Aubier-Montaigne, 1979, p.387; *Briefe*, Bd.1, p.425.

이 그 예이며, 벤야민은 이 소설에 청년 시절의 가장 중요한 시론 가운데 하나를 바쳤다[7])에 대해 말해야 할 수도 있겠다.

숄렘의 일면적 접근을 비판하긴 해야 하지만, 벤야민이 역사철학 테제를 작성하던 순간을 포함해 숄렘의 사유에 깊이 끌렸음을 과소평가해서는 안 된다. 내가 헤브라이대학교 도서관의 숄렘 문서고에서 열람할 수 있었던 (나중에야 출간된) 문서는 테제의 제목 자체가 숄렘의 수고로부터 영감을 받았음을 의심의 여지없이 보여준다. "1919년부터 1925년까지"라는 날짜가 적혀 있고 제목이 「정의 개념에 관한 테제들」인 그 수고를 벤야민은 필시 알고 있었다. 이 텍스트를 읽으면, 벤야민이 제목에서만 영감을 받은 것이 아니라 그 수고의 내용에서도 영향 받았음을 깨닫게 된다. 예를 들어 다음 구절을 보라. "영원한 현재로서 메시아적 시대와 실체적인, 거기에-있음Daseiendes의 정의는 상응한다entsprechen sich. 만일 정의가 거기에 있지 않다면, 메시아의 왕국은 **거기에** 없을 뿐 아니라 불가능할 것이다."[8]

---

7) Walter Benjamin, "'Les affinités électives' de Goethe"(1922), *Œuvres*, t.I, trad. Maurice de Gandillac, revue par Rainer Rochlitz, Paris: Gallimard, 2000, pp.274 ~395; "Goethes Wahlverwandtschaften," *GS*, I-1, pp.125~154. [최성만 옮김, 『괴테의 친화력』, 도서출판 길, 2012, 47~192쪽. 이하 프랑스어판 『전집』에서의 인용은 'Œuvres, 권수, 쪽수'만 표기.] 친화력 개념, 그리고 연금술에서 요한 볼프강 폰 괴테를 거쳐 막스 베버의 사회학에 이르는 그 개념의 도정에 대해서는 다음을 참조하라. Michael Löwy, *Rédemtion et utopie: Le Judaïsme libertaire en Europe centrale. Une étude d'affinité élective*, Paris: PUF, 1988; rééd., Paris: Éditions du Sandre, 2009.

8) Gershom Scholem, *Thesen über den Begriff der Gerechtigkeit*, 1919~1925, Archive Scholem, Université hébraïque de Jérusalem, p.3; "Sur Jonas et la notion de justice," *Sur Jonas, la lamentation et le judaïsme*, trad. (modifiée) Marc de Launay, Paris: Bayard, 2007, p.26.

아래의 노트와 주석의 목표는 벤야민의 역사철학 테제를 '판단하기'보다는 이해하려고 노력하는 데 있다. 그렇다고 해서 벤야민의 통찰력에 경의를 표하지 못할 것도 없고, 필요한 경우 논란의 여지가 있는 듯한 점을 비판하지 못할 것도 없다. 내가 제안한 해석은 철저함을 추구하지 않는다. 기껏해야 다른 여러 해석들이 불협화음, 모순, 애매함만을 보는 곳에 어떤 정합성이 있음을 강조하려 애쓸 뿐이다.

벤야민의 개념들은 형이상학적인 추상화가 아니라 구체적인 역사적 경험을 참조한다. 그래서 나는 벤야민 자신의 글에서 직간접으로 영감을 얻은 예들(고대 유대사뿐만 아니라 근대 유럽사)을 통해 벤야민의 주장을 예증하기로 했다. 동시대 라틴아메리카의 예들도 몇 개 추가했다. 처음에는 놀라울 수 있겠지만, 내가 보기에는 이렇게 하는 데에 벤야민의 역사 개념의 보편성과 현재성을 동시에 해명한다는 주요 쟁점이 걸려 있다. 내가 역사철학 테제를 발견한 것은 중앙아메리카에서 인민 봉기 운동이 전개되던 시기였다. 벤야민의 이 문서 덕분에 나는 당시의 사건들을 더 잘 이해할 수 있었고, 거꾸로 그 사건들은 새로운 빛으로 그 텍스트를 비춰줬다.

나는 1971년 드노엘/레레트르누벨 출판사에서 나온 벤야민 시론 선집『시와 혁명』에 수록된 모리스 드 강디약의 간결하고 우아한 번역을 출발점으로 삼았다. 물론 그 번역에는 부정확한 부분들이 꽤 있다. 수정이 필요할 경우 내가 직접 번역해서 넣었다. 벤야민 자신이 했던 불완전하지만 무한히 귀중한 [프랑스어] 번역도 자주 사용했다. 그 번역은 어떤 면에서 독일어 텍스트와 다르며, 따라서 일종의 이본을 이룬다. 마지막으로 이탈리아 연구자들의 예를 따라서, 나는 몇 년 전 아감벤이 발견한 사본에 '18'이라는 번호를 달고 실린 새로운 테제를 기존 목록에 추가했다.9) 이 테제는 이미 『전집』에 출간된 준비 노트에 '17a'라는 번호를 달고 나타난 바 있다. 아감벤이 찾아낸 저자 보존용 원고는 벤야민이 해당 문서의 최종판에 이 테제를 포함시키려 했음을 보여준다. 게다가 이 테제는 대단히 중요한 (이본이 아니라) 자율적인 텍스트이다. 나는 그 테제를 손수 번역한 뒤, 이미 사용되고 있는 그 뒤의 테제 번호들을 바꾸지 않기 위해서, 17a라는 번호를 붙여 여기에 실었다.

역사철학 테제의 해석과 관련해 나는 『전집』 I-3권에 수록된 준비 노트를 자주 참조했다. 그리고 그 준비 노트를 참조했을 경우 텍스트 뭉치에 괄호표시를 해서 표시했다.

이 서론을 닫으며 개인적인 이야기를 조금 하고 싶다. 나는 「역사의 개념에 대하여」에 수록된 테제들을 늦게 발견했다. 역설적이게도, 1979년 예루살렘에서 만났던 숄렘의 글들 덕분에 이 문서를 알게 됐다. 당시 나는 유대주의에 들어 있는 메시아주의와 유토피아의 관계에 관심을 갖기 시작했다. 그렇지만 그 텍스트는 1947년 이후 프랑스어로, 1950년 이후에는 독일어로 이미 접근 가능했다. 이런 뒤처짐을 무지, 맹목, 무시 탓으로 돌려야 할지 모르겠다. 어쨌든 내 지적 여정에서는 「역사의 개념에 대하여」에 수록된 테제들의 발견 이전과 이후가 있는 셈이다.

20여 년 전 읽은 이래, 그 글은 끊임없이 나에게 출몰해 나를 홀리고 의아심을 품게 만들고 감동시켰다.10) 나는 그 글을 읽고 다시

---

9) Walter Benjamin, *Sul concetto di storia*, a cura di Gianfranco Bonola e Michele Ranchetti, Torino: Einaudi, 1997.

읽고 또 읽고, 10여 차례 그렇게 읽었던 것 같다. 다시 읽을 때마다 매번 새로운 측면을 발견하고, 그 텍스트의 무한한 두께에 더 깊이 빠져들고, 마침내 이전까지 아직 난해하고 어두운 듯이 보였던 것을 이해하게 됐다는 느낌(또는 착각)을 가지면서 말이다. 고백하건대, 그 문서의 몇몇 구절에는 내가 이해하지 못한 음영 지대가 아직 남아 있다. 그렇지만 다른 구절들은 그 자체의 투명성, 내적 찬란함, 이의를 제기할 수 없는 명백함 덕분에 눈부시게 빛나는 듯이 보인다. 이 차이는 내 주석에서 테제들이 아주 불균등하게 다뤄지고 있다는 사실로 드러난다.

하지만 특히 그 '테제들'을 읽으면서 내가 가졌던 확실성은 흔들렸고, 내 가설은 싹 바뀌었으며, 내 (몇몇) 독단은 뒤집혔다. 간단히 말해 그 테제들을 읽음으로써 나는 근본적인 일련의 물음들(진보, 종교, 역사, 유토피아, 정치)에 관해 **다르게** 숙고해야 했다. 어떤 것도 이 주요한 마주침을 피해 무사히 빠져나오지 못했다.

나는 점차 깨달았다. 벤야민의 명제들이 지닌 보편적 사정을, 그리고 억압받은 계급의 역사뿐만 아니라 인류의 절반인 여성, 유대인, 집시, 아메리카 인디언, 쿠르드족, 흑인, 성소수자, 요컨대 모든 시대와 모든 대륙의 (아렌트가 이 용어에 부여한 의미에서의) 천민들의 역사를 '패배자의 관점에서' 이해하고자 하는 관심을 말이다.

---

10) 이 책의 초판은 2001년 프랑스대학출판사에서 출간됐다. 이번에 레클람출판사에서 재판을 내며 몇 군데 내용을 바꾸거나 분명하게 고쳤고, 인용한 책의 서지사항도 최근 번역판에 근거해 갱신했다. 유용하다고 생각해서 책 말미에 「역사의 개념에 관하여」의 독일어 원문도 실었다. [한국어판에는 벤야민이 직접 번역한 프랑스어판을 수록했다. 본서의 일러두기를 참조하라.]

그동안 나는 역사철학 테제를 해석하기 위해 무수한 노트를 했다. 스테판 모제스와 어빙 볼파르트 같은 저명한 전문가들의 강의 내지 컨퍼런스도 들었다. [파리에 위치한] 사회과학고등연구원 세미나에서 한 해 내내 역사철학 테제를 다루기도 했으며, 나중에는 브라질의 상파울루대학교 세미나에서도 그렇게 했다. 나는 '2차 문헌' 대부분을 읽었다. 하지만 확신하건대 다른 해석의 여지가 남아 있다. 내가 여기서 제안했듯이 말이다. 벤야민의 텍스트는 새로운 독해, 새로운 견해, 상이한 해석학적 접근, 미증유의 성찰을 촉발할 만한 자격을 갖춘 드문 종류의 글에 속한다고 확신한다. 무한히$^{ad\ infinitum}$. 혹은 오히려 수천 년 된 유대인들의 기도문인 쉐마 이스라엘*에서 말하듯이, 영원한 시간 동안$^{leolam\ va\ ed}$.

---

* shemah [y]israel. "이스라엘아, 들어라!"라는 뜻의 헤브라이어로, 신명기와 민수기 등에 나오는 구절이다. 유대인들이 매일 아침저녁으로 예배 때에 읊는 기도문으로 잘 알려져 있기도 하다.

테제 1번

알려진 어느 자동기계 이야기에 따르면, 이 기계는 체스 시합에서 상대가 어떤 수를 두든 응수해 그 시합을 이길 수 있다. 터키풍 옷차림을 하고 수연통水煙筒을 입에 문 한 인형이 넓은 책상 위에 놓인 체스판 앞에 앉아 있다. 거울 장치는 이 책상을 사방에서 훤히 들여다볼 수 있다는 착각을 불러일으킨다. 실제로는 체스의 명수인 꼽추 난쟁이가 그 안에 숨어서 인형의 손을 끈으로 조종한다. 사람들은 이 장치와 꼭 빼어 닮은 것을 철학에서 표상할 수 있다. 사람들이 '역사적 유물론'이라고 부르는 인형은 언제든지 승리하게 되어 있다. 오늘날 주지하다시피 왜소하고 흉측해졌으며 더욱이 더 이상 그 모습을 드러내서는 안 되는 신학의 시중을 받는다면, 그 인형은 어떤 상대와도 과감히 겨뤄볼 수 있다.

테제 1번은 곧바로 「역사의 개념에 대하여」 전체의 중심 테마 가운데 하나, 곧 유물론과 신학의 역설적인 연합을 공고한다. 이 조합을 설명하기 위해 벤야민은 아이러니한 알레고리 하나를 주조해낸다. 그 알레고리를 구성하는 요소들의 의미를 해독해보자.

먼저 자동기계. 그것은 "사람들이 '역사적 유물론'이라고 부르는" 인형 또는 꼭두각시이다. 따옴표의 사용과 문장의 표현법을 보건대 이 자동기계는 '진정한' 역사적 유물론이 아니라 **사람들이** 그렇게 부르는 것이다. '사람들'은 누구일까? 당대에 맑스주의의 주대변인, 그러니까 제2~3차 인터내셔널의 이데올로그들이다. 벤야민이 보기에 역사적 유물론은 사실상 그 이데올로그들의 손에서 역사를 사회주의

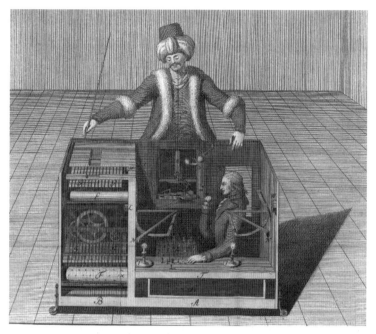

요한 네포무크 멜첼의 자동기계 체스 기사(1769) 멜첼 덕분에 유명해졌지만 원래의 발명자는 볼프강 폰 켐펠렌 남작이었고, 이 기계의 정식 명칭은 '체스를 두는 터키인'(Der Schachtürke)이었다.

의 승리로 '자동으로' 이끄는 일종의 기계처럼 지각되는 방법이 된다. 이 기계적 유물론에서 생산력 발전, 경제적 진보, '역사의 법칙'은 필연적으로 자본주의의 최종 위기와 프롤레타리아트의 승리(공산주의 판본) 또는 사회를 점차 전화시킬 개혁(사회민주주의 판본)으로 귀결된다. 그런데 이 자동기계, 이 마네킹, 이 기계인형은 시합에서 승리할 수 없다. '시합에서 승리하다'는 여기서 이중의 의미를 띤다.

a) 역사를 정확히 해석하다, 억압자들의 역사관에 맞서 싸우다.

b) 역사적인 적 자체, 즉 지배 계급(1940년에는 파시즘)을 무찌르다.

벤야민에게 이 두 의미는 이론과 실천의 끊을 수 없는 통일성으로 밀접하게 이어져 있다. 역사에 대한 올바른 해석 없이는 파시즘에 맞서 효과적으로 싸울 수 없지는 않더라도 어렵다. 독일, 오스트리아, 스페인, 프랑스에서 맑스주의 노동 운동이 파시즘에 패한 것이 증명하듯이, 영혼 없는 인형, 감각 없는 자동기계는 (인류의 미래가 내기로 걸린) '시합에서 승리할' 수 없다.

승리하기 위해서 역사적 유물론은 신학의 도움이 필요하다. 그것이 바로 기계 안에 숨은 작은 난쟁이다. 이 우화는 익히 알려져 있다시피 벤야민이 잘 알고 있던 (샤를 보들레르가 번역한) 에드거 앨런 포의 단편, 「멜첼의 체스 기사」(1836)에서 영감을 받은 것이다. 이 단편은 볼프강 폰 켐펠렌 남작이 빈[의 쇤브룬] 궁전에서 1769년에 소개한 자동기계 체스 기사에 관련된 것으로서, 이 자동기계는 우여곡절 끝에 비엔나 출신의 발명가이자 사업가인 요한 네포무크 멜첼이 조직한 투어의 일환으로 [1826년 2월 7일에] 미국에까지 가게 된다. 포는 이 자동기계를 "터키 풍 옷차림을 한" 형상으로서, "왼손에는 담뱃대를 들고," 기계인데도 불구하고 체스 시합에서 "항상 승리할 것"이라고 묘사한다. 포의 설명 가설들 가운데 하나는 장치에 미리 숨은 "난쟁이가 기계를 움직였다"는 것이다. 이런 포의 묘사와 벤야민의 테제 1번은 확실히 거의 한 단어도 빼지 않고 비슷하다.[11]

포의 텍스트와 벤야민의 테제의 관계는 일화 수준에 그치지 않는다. 「멜첼의 체스 기사」의 철학적 결론은 이렇다. "자동기계의 작

---

11) Edgar Allan Poe, "Le joueur d'échecs de Maelzel," *Histoires grotesques et sérieuses*, trad. Charles Baudelaire, Paris: Gallimard, 1978, pp.110~128.

동이 다른 사물이 아닌 정신에 의해 조절된다는 것은 완전히 틀림없다." 포가 이야기한 정신이 벤야민에게 신학, 즉 메시아적 정신이 된다. 그것이 없다면 역사적 유물론은 "시합에서 승리"하지 못하며, 혁명은 성공을 거두지 못한다.

티데만은 최근(게다가 매우 흥미로운) 저서에서 "신학적 난쟁이도 죽어버렸다. 죽은 장치의 부품이 됐기 때문이다. 자동기계 전체는 죽었고, 어쩌면 그것은 이미 테제 9번에 나오는 죽음과 잔해의 더미를 표상한다"[12]고 썼는데, 티데만이 틀린 것 같다. 난쟁이를 포함해 [자동기계] 전체가 죽고 잔해가 됐다면 상대에 맞서 어떻게 시합에서 승리할 수 있을까? 테제가 제안하는 것은 정확히 그 반대이다. 난쟁이가 생기를 주는 덕분에 전체는 활력을 얻고 활동적이게 된다.

작은 난쟁이 또는 꼽추 난쟁이는 영혼처럼, 생명 없는 구조물의 영적 지도자spiritus rector처럼, 낭만주의 문학의 전형적인 테마이다. 빅토르 위고의 『파리의 노트르담』(1831)에 등장하는 카지모도를 떠올려보자. "대성당은 그의 손 아래서 유순하고 고분고분한 여자 같아서 …… 마치 친밀한 수호신에 의해서인 듯이 카지모도에 의해서 소유당하고 충만해져 있었다. …… 이집트라면 그를 이 신전의 신으로 알았을 것이고, 중세는 그를 이 교회의 악마라고 믿고 있었지만, 그는 이 성당의 영혼이었던 것이다."* 벤야민은 이 테마에 매료됐다. 소설[동화] 「라스텔리 이야기하다」(1935)에서 벤야민은 저글링 명수의

---

12) Rolf Tiedemann, *Dialektik im Stillstand, Versuche zum Spätwerk Walter Benjamins*, Frankfurt am Main: Suhrkamp, 1983, p.118.

* 빅토르 위고 지음, 정기수 옮김, 『파리의 노트르담 1』, 민음사, 2005, 291, 293쪽.

공 안에 "슬쩍 숨은" 난쟁이를 연출한다. 난쟁이는 "공 안에 감춰진 용수철을 이용"하면서 "기적"을 이뤄냈다.[13)]

알레고리의 난쟁이에 해당하는 신학은 오늘날 역사적 유물론 안에서 신비스런 방식으로만 작동할 수 있다. 합리화된, 무신앙의 시대에 신학은 자신을 감춰야 하는 "쪼글쪼글하고 평판이 나쁜 노파"(벤야민의 프랑스어 번역)*이다. 신기하게도 벤야민은 이 규칙에 순응하지 않는 것 같다. 왜냐하면 벤야민의 역사철학 테제에서 신학은 똑똑히 눈에 띄기 때문이다. 이는 어쩌면 문서를 읽는 독자들에게 건네는 충고일 수도 있다. 신학을 활용하라, 하지만 그것을 보이진 말라. 혹은 그 텍스트가 출판용이 아니었으니만큼, 공중의 시선에 꼽추 난쟁이를 감출 필요가 없었을 수도 있다. 어쨌든 이 고찰은 벤야민이 역사철학 테제의 준비 자료에 집어넣은 『파사젠베르크』 관련 노트의 고찰과 유사하다. "내 사유가 신학에 대해 갖는 관계는 압지가 잉크에 대해 갖는 관계와 같다. 이 압지는 잉크를 흠뻑 빨아들인 상태이다. 하지만 그 사유가 압지와 같을 경우, 글로 쓰인 것은 아무것도 남아 있지 못할 것이다."[14)] '세속적인' 사유의 한가운데에 신학이 결정

---

13) Walter Benjamin, *Rastelli raconte……: Et autres récits*, trad. Philippe Jaccottet, Paris: Seuil, 1987, pp.126~127; "Rastelli erzählt……," *GS*, IV-2, p.778.

* 벤야민은 테제 1번의 마지막 문장을 프랑스어로 번역하면서 이렇게 고쳤다. "그 위협은 신학, 즉 아무도 짐작할 수 없는 곳에 숨는 것보다 확실히 더 잘하는 게 없는 이 쪼글쪼글하고 평판이 나쁜 노파의 시중을 확보한다면 어떤 상대도 두렵지 않을 것이다." 본서의 부록을 참조하라.

14) "Anmerkungen der Herausgeber," p.1235. [최성만 옮김, 「〈역사의 개념에 대하여〉 관련 노트들」, 『역사의 개념에 대하여/폭력비판을 위하여/초현실주의 외』, 도서출판 길, 2008, 361쪽.]

적으로, 하지만 비가시적으로 현존하는 이미지가 또 한 번 등장한 것이다. 게다가 이 이미지는 꽤 신기하다. 사실 이제는 구닥다리로 전락한 이 도구를 사용해본 사람들은 알겠지만, 잉크로 쓴 글의 흔적은 압지 표면 위에 여전히 남아 있다.

벤야민에게 '신학'은 무엇을 의미할까? 그것은 테제들을 검토해 감에 따라 더 명확해질 것이다. 하지만 신학이라는 용어는 근본적인 두 개념을 가리킨다. 회억,** 그리고 메시아의 구원^{Erlösung}. 아래에서 보겠지만 이 두 개념은 테제들이 구축하는 새로운 '역사의 개념'의 본질적 구성요소들이다.

그렇다면 신학과 유물론의 관계를 어떻게 해석해야 할까? 이 물음은 알레고리에서 현저히 역설적으로 제시된다. 먼저 신학적 난쟁이[=신학]는 자동기계[=인형=유물론]의 주인으로 등장한다. 난쟁이는 자동기계를 도구인 양 이용한다. 그런데 말미에는 난쟁이가 자동기계의 '시중을 든다'고 적혀 있다. 이 역전은 무슨 뜻일까? 한 가지 가능한 가설은 벤야민이 둘의 변증법적 상보성을 보이려 했다는 것이다. 신학과 역사적 유물론은 주인과 하인을 번갈아 가면서 맡고, 그 둘은 동시에 서로의 주인이자 하인이며, 서로를 필요로 한다.

신학이 유물론의 '시중을 든다'는 생각을 진지하게 받아들여야 한다. 이 정식은 철학이 신학의 시녀$^{ancilla\ theologiae}$라는 스콜라주의의 전

** Eingedenken. "기억하다, 명심하다, 잊지 않다"를 뜻하는 독일어 동사 einge-denk에서 파생된 명사로서 회상과 애도적 기억을 모두 뜻한다. 따라서 우리는 그것을 '회억'(回憶)이라고 옮긴다. 이 단어를 회억으로 옮긴 사례로는 다음을 참조하라. 김남시, 「과거를 어떻게 (대)할 것인가: 발터 벤야민의 회억 개념」, 『안과밖』(제37호/하반기), 2014, 243~272쪽.

통적 정의를 뒤집는 것이다. 벤야민에게 신학은 그 자체로 목적이 아니다. 신학은 영원한 진리에 대한 말로 표현할 수 없는 관조를 목표로 삼지 않는다. 그것의 어원 때문에 그렇게 생각할 수도 있겠지만, 신학은 신적 존재의 본성에 대한 성찰은 더더욱 아니다. 신학은 억압받은 자들의 투쟁에 봉사한다. 더 정확히 말하면 신학은 [역사적 유물론의] 에피고넨들에 의해 비참한 자동기계로 환원된 역사적 유물론의 폭발적이고 메시아적이며 혁명적인 힘을 복구하는 데 쓰여야한다. 이어지는 테제들에서 벤야민이 표방하는 역사적 유물론은 신학에 의한 이 소생, 이 영적 활성화의 결과물이다.

게르하르트 카이저에 따르면, 역사철학 테제에서 벤야민은 "맑스주의를 신학화한다. 진정한 역사적 유물론은 진정한 신학이다. 벤야민의 역사철학은 역사신학이다." 이런 유형의 해석은 하나를 다른 하나로 환원함으로써 두 구성요소 사이의 미묘한 평형을 파괴한다. 하나의 의미를 다른 의미로 바꾸는 그 어떤 일면적인 환원론도 신학과유물론 사이의 변증법과 그 상호 필요성을 설명해내지 못한다.

거꾸로 크리스타 그레프라스는 "역사철학 테제의 신학은 과거의전통을 현재의 경영자들의 손에서 뽑아내는 데 필요한 …… **보조 구성물**"이라고 생각한다. 이런 해석은 신학에 대해 지나치게 우연적이고 도구적인 시각을 제공할 위험이 있다. 신학은 1913년 초기 저작에서부터 벤야민의 사유의 본질적 차원이었는데 말이다.

마지막으로, 히인츠-디터 키트슈타이너는 인형과 난쟁이의 기능이 모종의 방식으로 구분된다고 여긴다. "역사적 유물론은 맑스주의자로서 현재와 맞서고, 회억의 신학자로서 과거와 맞선다." 그런데이런 분업은 벤야민의 어떤 이념에도 상응하지 않는다. 벤야민에게

맑스주의는 과거를 이해하는 데 필수적이며 신학은 현재와 미래의 행위를 하는 데 필수적이다.[15]

✤

신학과 맑스주의의 연합이라는 이념은 가장 많은 몰이해와 난감함을 낳은 벤야민의 테제 중 하나이다. 그런데 1940년에 한낱 직관이었던 이 이념은 몇 십 년도 채 지나지 않아서 극히 중요한 역사적 현상이 될 것이었다. 즉, 라틴아메리카의 해방 신학이 그것이다. 맑스주의와 신학을 체계적으로 절합하는 이 텍스트들(엄청난 철학적 교양을 갖춘 구스타보 구티에레스, 우고 아스만, 엔리케 두셀, 레오나르도 보프, 그리고 여타 수많은 저자들이 쓴 텍스트들)의 뭉치는 라틴아메리카의 역사를 변화시키는 데 한몫했다. 바다 공동체나 민중 사제들 사이에 현존하는 이 해방 신학에 감화된 수백만의 그리스도교인들이 니카라과의 산디니스타 혁명(1979년)에서, 중앙아메리카(엘살바도르, 과테말라)의 게릴라 운동의 비약적 발전에서, 브라질의 새로운 노동자·농민 운동(노동자당, 무토지농민운동)의 형성에서, 심지어 치아파스 원주민 투쟁의 개화에서 중요한 역할을 맡았다. 사실 지난 30여 년간

---

15) [본문에서 인용된] 게르하르트 카이저, 크리스타 그레프라스, 하인츠-디터 키트슈타이너의 논문들은 모두 다음의 책에 수록됐다. Gerhard Kaiser, "Walter Benjamins 《Geschichtsphilosophische Thesen》"; Krista Greffrath, "Der historischer Materialist als dialektischer Historiker: Zum Motiv der Rettung in Walter Benjamins Thesen 《Über den Begriff der Geschichte》"; Heinz-Dieter Kittsteiner, "Die 《Geschichtsphilosophischen Thesen》," *Materialen zu Benjamins Thesen "Über den Begriff der Geschichte"*: *Beiträge und Interpretationen*, Hrsg. Peter Bulthaup, Frankfurt am Main: Suhrkamp, 1975.

라틴아메리카의 사회적·정치적 반란 운동 대부분은 어느 정도 해방 신학과 관련 있다.16)

확실히 해방 신학은 벤야민이 스케치한 '혁명 신학'과 많은 점에서 매우 다르다. 게다가 라틴아메리카 신학자들은 벤야민을 몰랐다. 해방 신학에서는 신학이 경직된 인형이 됐고, 꼭 숨겨질 필요는 없는 맑스주의의 도입이 그 인형에 다시 생명을 불어넣었다. 게다가 이런 해방 신학에 관련된 것은 그리스도교 신학이지 유대교 신학이 아니다. 비록 메시아적/예언적 차원이 해방 신학에도 상당 부분 현존하고 있으며, 해방 신학자들이 초기 그리스도교가 지닌 '헤브라이적' 성격, 그리고 초기 그리스도교와 구약의 정신 사이의 연속성에 관해 자주 강조하기는 했지만 말이다. 마지막으로 최근 수십 년간의 라틴아메리카 상황은 양차 세계대전 사이 유럽의 상황과 매우 다르다. 그렇다고 하더라도 저 유대 지식인이 꿈꾼 신학과 맑스주의의 연합이 역사적 경험에 비춰볼 때 가능하고 유익할 뿐 아니라 혁명적 변화를 담지하고 있음이 밝혀지지 않은 것은 아니다.

---

16) 이 점에 관해서는 다음의 책을 참조하라. Michael Löwy, *La guerre des dieux: Religion et politique en Amérique latine*, Paris: Éditions du Félin, 1998. [김홍섭 옮김, 『신들의 전쟁: 라틴아메리카의 종교와 정치』, 그린비, 2012.]

테제 2번

"인간의 심성의 가장 두드러진 특징들 중 하나는 세세한 것에 대한 숱한 에고이즘과 함께 현재가 일반적으로 미래에 대해 아무런 부러움도 갖고 있지 않다는 점이다." 로체의 이런 성찰은 우리가 가진 행복의 이미지라는 것이 우리 자신의 삶의 경과가 이제 우리를 그쪽으로 밀어 넣었던 시간으로 온통 채색되어 있음을 깨닫게 한다. 우리에게 선망을 불러일으킬 수 있는 행복은 오직 우리가 숨 쉬었던 공기, 우리가 말 걸 수도 있었을 사람들, 우리 품에 안길 수도 있었을 여인들과 관련될 뿐이다. 달리 말해 행복의 이미지는 구원의 이미지와 떼려야 뗄 수 없다. 역사가 대상으로 삼는 과거의 이미지도 사정은 마찬가지이다. 과거는 그것을 구원으로 지시하는 은밀한 색인을 함께 간직하고 있다. 우리 주변에도 옛날에 고인들이 숨 쉬었던 약간의 공기가 맴돌고 있는 것은 아닐까? 우리 벗들의 목소리에는 지상에서 우리보다 앞서간 자들의 목소리가 이따금 메아리쳐 울려 퍼지고 있는 것은 아닐까? 오래 전 여인들의 아름다움은 우리 여자 친구들의 아름다움과 닮은 것은 아닐까? 과거 세대들과 우리 세대 사이에는 암묵적 합의가 있다. 우리는 이 지상에서 기다려졌던 사람들이다. 우리에게는 앞서 간 모든 세대와 마찬가지로 **희미한** 메시아적 힘이 주어져 있고, 과거는 이 힘을 요구하고 있는 것이다. 이런 요구를 완전히 무시할 수 없는 게 당연하다. 역사적 유물론을 주창하는 자는 누구든 그에 대해 알고 있다.[17]

---

17) "우리 주변에도"에서 "아름다움과 닮은 것은 아닐까?"까지의 구절은 기존의 프랑스어판[모리스 드 강디약의 1971년판]에는 누락되어 있으나 『전집』에 수

테제 2번은 이 문서의 주요 신학 개념 중 하나인 Erlösung을 도입한
다. 그 단어는 rédemption[구원]으로도, 강디약처럼 'délivrance'[석방]
로도 옮길 수 있다.[18] 벤야민은 그 개념을 우선 개인의 영역에 위치
시킨다. 개인적 행복은 제 자신의 과거의 구원, 즉 그럴 수 있었으
나 그러지 못한 것의 완수를 함축한다. 『파사젠베르크』[N 13a, 1]에
서 발견되는 이 테제의 이본에 따르면 행복Glück은 과거의 버림받음
Verlassenheit과 절망Trostlosigkeit에 대한 복구를 함축한다.* 과거의 구원

록된 독일어 원본에는 나온다. 우리는 벤야민 본인의 프랑스어 번역을 [일
부] 차용했다. 위 테제의 마지막 구절도 벤야민의 번역이다. [강디약은 마지
막 구절(Der historische Materialist weiß darum)을 "L'historien matérialiste en a
conscience"라고 옮겼으나, 벤야민은 그것을 "L'historien matérialiste en sait quel
-que chose"로 옮겼다. 뢰비는 벤야민의 번역을 따랐다.]

18) Erlösung은 벤야민이 십중팔구 프란츠 로젠츠바이크의 『구원의 별』(1921)에
서 차용한 용어이다. 이 용어는 신학적 구제(salut[救濟])의 의미와 정치적 석
방/해방의 의미 모두를 떼려야 뗄 수 없이 갖고 있다. 이 용어와 등가적인 헤
브라이어 ge'ulah도 마찬가지이다.

* "생각해볼 만한 말. '인간의 심성이 지니는 가장 두드러진 특징들 중에는
…… 세세한 것에서 보이는 수많은 이기심 이외에도 어떤 현재든 일반적으
로 미래에 대해 아무런 부러움도 갖고 있지 않다는 점이 속한다.' 이처럼 아
무런 부러움이 없다는 것은 우리가 품고 있는 행복의 관념이 우리가 살았던
삶의 시간으로 깊이 채색되어 있다는 점을 암시한다. 우리는 우리가 호흡해
온 공기 속에서만, 더불어 살아온 사람들 속에서만 행복이라는 것을 생각할
수 있다. 다시 말해 행복의 관념 속에는 ― 이것이 위의 희한한 정황이 우리
에게 가르쳐주고 있는 것인데 ― 구원(Erlösung)의 관념이 공명하고 있다. 이
런 행복은 암담함(Trostlosigkeit)과 고독(Verlassenheit)에 기반을 두고 있으며,
그것들은 바로 우리 자신의 암담함과 고독이었다. 즉 우리의 삶은 역사적 시
간 전체를 응축시키기에 충분한 힘을 가진 근육이다. 또는 다시 다른 표현을
빌리자면, 역사적 시간에 대한 진정한 개념은 철저하게 구원의 이미지에 바
탕을 두고 있다(인용은 헤르만 로체, 『소우주』, III, 라이프치히, 1864, p.49)"(『파
사젠베르크』, N13a, 1). 최성만, 「발터 벤야민의 몇 가지 신학적 모티프에 관하

이란 각 개인과 각 세대의 행복의 이미지에 비춰볼 때 이 완수, 이 복구와 다른 것이 아니다.[19)]

테제 2번은 역사의 영역 위에서 개인의 구원으로부터 집단적 복구로 시나브로 넘어간다. 이 논변을 이해하려면 헤르만 로체(1817~1881)의 인용구를 여럿 담고 있는 『파사젠베르크』를 참조해야 한다. 로체는 벤야민이 역사철학 테제에서 내놓은 성찰들에 중요한 참조점이 됐던 저자임에 틀림없다.

독일 철학자 로체는 오늘날 완전히 잊혔지만 고트프리트 빌헬름 라이프니츠의 모나드론에 친숙한 관념론적 형이상학 사조에 속한다. 로체의 책 『소우주』(1856~64)는 멜랑콜리가 깃든 윤리적이고 종교적인 역사철학을 표현하며, 이는 1930년대 말 벤야민의 주의를 끌었다. 테제를 작성하기 몇 달 전인 1939년 1월 24일, 호르크하이머에게 보낸 편지에서 벤야민은 "역사에서 진보 개념을 활용하는 것에 제한을 가할" 필요에 관한 자신의 숙고(이런 숙고는 이미 1937년 에

여」, 『인문학연구』, 제44집, 2012, 20쪽. 재인용. 로체의 인용구인 "neben so vieler Selbstsucht im Einzelnen"에서 im Einzelnen을 반성완과 최성만은 각각 "개별적 사물들에 대한," "세세한 것에서"로 옮기고 있다. 뢰비도 dans le détail로 옮겼기 때문에 우리도 그대로 따랐다. 그렇지만 그 표현은 '개별 인간에게서 (보이는)'를 뜻할 수도 있다. 영어판, 프랑스어판, 일본어판 역자들 (그리고 프랑스어 번역을 손수 한 벤야민 자신)이 그렇게 읽는다. Trostlosigkeit 는 낙담, 절망, 암울함 등을 가리키고, Verlassenheit는 (신에게서) 버림받아 느끼는 완전한 고독감을 가리키는 표현이다.

19) Walter Benjamin, *Paris, capitale du XIXe siècle: Le livre des passages*, trad. Jean Lacoste, Paris: Cerf, 2000, pp.497~498; "Das Passagen-Werk: Aufzeich -nungen und Materialien"(1927~40), *GS*, V-1, pp.599~600. [조형준 옮김, 『아케이드 프로젝트 1』, 새물결, 2005, 1088~1089쪽.]

두아르트 푹스에 관한 논문에 소묘된 바 있다)의 기대치 않은 버팀목을 로체에서 찾아냈다고 인정한다.[20]

『파사젠베르크』[N 13, 3]에서 벤야민이 인용한 『소우주』의 발췌문들에 따르면, 고통을 겪은 영혼들이 행복과 완전함/완수^{Vollkommenheit}에 대한 권리를 갖지 못하면 진보는 있을 수 없다. 그래서 로체는 지난 시대의 요구들^{Ansprüche}을 무시하는 역사 개념, 그리고 지난 세대의 고통이 돌이킬 수 없이 사라졌다고 여기는 역사 개념을 거부한다. 진보는 지난 세대를 위해서도 신비한 방식으로^{geheimnisvolle} 완수되어야 한다고 로체는 주장한다.[21]

이 생각은 테제 2번에 거의 그대로 다시 나온다. 테제 2번은 무엇보다 과거의 희생자들을 역사적으로 회억하는 것으로서 구원을 이해한다. 벤야민은 여기서 로체의 책 말고도, 호르크하이머의 몇몇 언급들에서 필시 영감을 받았다. 호르크하이머는 1934년 『사회연구지』에 게재한 앙리 베르그손에 관한 논문에서 이렇게 말한다. "죽어간 사람들에게 벌어진 일은 어떤 장래도 치유하지 못한다. 영원한 지복을 얻을 수 있기 위해 그들이 불리는 일도 없다. …… 이 도저한 무관심 속에서, 자행된 부정의를 폐지하고/넘어설^{aufgehoben} 수 있는 높은 장소이자 그것에 만족하지 못하는 유일한 심급이 될 수 있는 것은 인간의 의식뿐이다. …… 영원에 대한 믿음이 붕괴되어야 하는 지금, 역사기술^{Historie}은 그 자신도 사라져갈 행인에 불과한 현재의 인류가 과거로

20) "Anmerkungen der Herausgeber," p.1225.
21) Benjamin, Le livre des passages, pp.497~498; "Das Passagen-Werk," pp.599~600. [『아케이드 프로젝트 1』, 1087~1088쪽.]

부터의 고발Anklagen에 제공할 수 있는 유일한 상고 재판정Gehör이다."
역사 의식에 힘입어 과거의 부정의를 지양Aufhebung한다는 이런 생각
은 벤야민의 의도에 딱 들어맞는다. 벤야민은 거기에 호르크하이머
가 더 이상 받아들일 수 없는 신학적 차원을 부여한다.22)

1937년 3월 16일, 벤야민에게 보낸 편지에서 호르크하이머는 이
문제틀로 되돌아온다. 하지만 역사를 '미종결성'Unabgeschlossenheit으로
보는 개념에 들어 있는 '관념론적' 성격을 비판하려고 그렇게 한다.
"과거의 부정의는 일어났으며 종결됐지요. 살해당한 자들은 정녕 살
해당한 것입니다. …… 역사의 미종결성을 진지하게 받아들인다면
우리는 최후의 심판을 믿어야만 합니다." 벤야민은 이 편지를 대단
히 중요하다고 여겼고, 『파사젠베르크』[N 8, 1]에 기입해뒀다. 하지
만 서신교환자의 엄격히 과학적이며 유물론적인 자세를 공유하지는
않는다. 벤야민은 회억에 구원이라는 신학적 성질을 할당한다. 벤야
민이 보기에 회억은 완전히 끝난 듯이 보이는 과거 희생자들의 고통
을 "미종결된 것으로 바꿀" 수 있다. "이것은 신학이다. 하지만 회억
속에서 우리는 역사를 근본적으로 비신학적으로 파악하는 것을 금지
하는 경험을 하게 되는데, 그것은 우리가 곧바로 신학적 용어들로 역
사를 쓰려고 시도해서는 안 되는 것과 마찬가지이다."23) 회억은 유

22) Max Horkheimer, *Kritische Theorie*, vol.1, Frankfurt am Main: S. Fischer, 1968, pp.198~199.

23) Benjamin, *Le livre des passages*, p.489; "Das Passagen-Werk," p.589. [『아케이드 프로젝트 1』, 1073쪽.] 제라르 롤레는 테제 2번을 해독하는 데 로체의 글을 고려한 드문 저자들 중 하나이다. 롤레의 해석은 흥미롭지만, 벤야민의 사유를 이원론으로 바라본다. 롤레는 벤야민의 궁극적 전제를 "축의 변화: 메시아적 시간을 세속적 시간으로 발본적으로 대체하기"로 본다. Gérard Raulet,

물론 안에 숨었지만 너무 '직접' 모습을 드러내서는 안 되는 신학이라는 난쟁이가 수행해야 할 과제 가운데 하나이다.

이 논의가 호르크하이머의 개념화(특히 그의 첫 저서 『황혼』에서 제시된 개념화)에 벤야민이 진 빚을 가려서는 안 된다. '하인리히 레기우스'라는 가명을 사용해 1934년에 출판한 (아마도 자신이 쓴 가장 혁명적인) 이 저작에서 호르크하이머는 이렇게 적었다. "사람이 가장 낮은 수준에 있을 때, 그러니까 다른 인간이 자신에게 주는 영원한 고통에 노출됐을 때, 그는 석방의 꿈인 것처럼 어떤 존재가 일어나기를, 어떤 존재가 빛 속에서 일어나 자신에게 진리와 정의를 가져다 줄 것이라는 생각을 품는다. 이런 일이 자신이 살아 있는 동안 일어나길 바랄 필요도 없고, 자신을 죽을 만큼 괴롭히는 자들이 살아 있는 동안 일어나길 바랄 필요도 없다. 하지만 어느 날 언제가 됐든 그래도 모든 것은 복구될 것이다. …… 어둠 속에서 오해받은 채 죽어가는 것은 가혹한 일이다. 이 어둠을 밝히는 것, 이는 역사 연구의 영예이다."24) [여기서] 벤야민의 테제들과의 친화성이 돋보인다.

의식 속에서 지난 부정의를 회억하고 관조하는 것, 또는 역사적으로 탐구하는 것은 벤야민의 성에 차지 않는다. 구원이 일어나려면 패배당한 세대의 고통 및 비탄을 복구(헤브라이어로 티쿤tikkun)25)하

Le caractère destructeur: Esthétique, théologie et politique chez Walter Benjamin, Paris: Aubier, 1997, p.207. 우리는 두 축 사이의 '대체'가 아니라 **조응**이 관건이라고 생각한다. 이에 대해서는 뒤에서 다시 다루겠다.

24) Max Horkheimer, *Crépuscules : Notes en Allemagne (1926-1931)*, trad. Sabine Cornille et Philippe Ivernel, Paris: Payot, 1994, p.159; *Notizen 1950 bis 1969 und Dämmerung*, Frankfurt am Main: S. Fischer, 1974, pp.353~354.

고 그 세대가 투쟁 대상으로 삼았으나 도달하지는 못했던 목표를 완수할 필요가 있다.

테제들 전체에 걸쳐 그렇듯이, 여기서 구원은 신학적 방식으로도, 세속적 방식으로도 이해될 수 있다. 속세의 용어로, 구원이란 억압받은 자들의 해방을 뜻한다. 우리는 이것이 다음 테제들에서 명시됨을 볼 것이다. 『파사젠베르크』(하지만 또한 칼 맑스의 역사 저작)에 뚜렷이 등장하는 1848년 6월의 패배자들은 우리에게 그들의 고통에 대한 회억을 기대할 뿐 아니라 과거의 부정의에 대한 복구와 그들의 사회적 유토피아의 완수를 기대한다. 비밀 협약으로 우리와 그들은 이어져 있으며, 우리는 그들의 요청을 쉽게 물리칠 수 없다. 역사적 유물론에, 다시 말해 역사를 억압받는 자들과 억압하는 자들 사이의 영구한 투쟁으로 보는 관념에 충실히 머물고자 한다면 말이다.

메시아적/혁명적 구원은 지난 세대가 우리에게 귀속시킨 과제이다. 하늘이 보낸 메시아는 없다. 우리 자신이 메시아요, 모든 세대는 메시아적 권능의 단편을 소유하고 있다. 각 세대는 그 단편을 발휘하려고 애써야 한다.

인간에게 '메시아적 힘'을 부여하는 것은 정통 유대주의의 관점에서 보면 이단적인 가설이다. 하지만 이 가설은 마르틴 부버 같이 중유럽의 다른 유대 사상가들에서도 나타난다.[26] 부버에게 관건인 것

---

25) 우리는 테제 3번을 주해할 때 이 카발라적 용어로 돌아갈 것이다.

26) 마르틴 부버에 따르면, 하시디즘에서 신은 인간 존재의 참여 없는 구원을 바라지 않는다. 인간 세대에게는 '협력하는 힘'(mitwirkende Kraft), 작용하는 메시아적 힘(messianische Kraft)이 부여됐다. Martin Buber, *Die Chassidische Bücher*, Berlin: Schocken Verlag, 1927, pp.xxiii, xxvi, xxvii.

은 구원 작업에서 우리가 신과 협력할 수 있게 해주는 보조적 힘이었지만, 벤야민에게 이런 이원성은 aufgehoben[지양하다]의 의미에서 폐지되는 듯하다. 신은 부재하며, 메시아적 과제는 전적으로 인간 세대에게 귀속된다. 유일하게 가능한 메시아는 집단이다. 그 집단은 인류 자체, 아래에서 보겠지만 더 정확히 말해 억압받은 인류이다. 메시아를 기다릴 필요도 없고, 메시아가 도래할 날을 세고 있을 필요도 없다(카발라주의자들과 여타 유대 신비주의자들은 게마트리아*를 실천하면서 그렇게 한다). 집단적으로 행위하는 것이 중요하다. 구원은 자기-구원이다. 맑스에게서 그것[자기-구원으로서의 구원]의 세속적 등가물을 찾아낼 수 있다. 즉, 인간은 자기 자신의 역사를 만든다. 노동자의 해방은 노동자 자신의 작업이 될 것이다.

벤야민과 맑스를 구별해주는 것이 있다. 그것은 비단 신학적 차원만이 아니라 과거에서 온 요청의 중요성과 관련된다. 만일 역사의 희생자들의 요구^Anspruch를 값싸게 처리해버린다면 현재의 세대에게 구원은 없을 것이다.[27]

이 메시아적 권능은 어째서 **희미할까**^schwache? 아감벤이 제안한 바 있듯이, 우리는 거기서 사도 바울로가 고린토인들에게 보낸 둘째 편

---

* gematria. 수비학(數祕學)의 일종으로서, 헤브라이 문자에 담긴 숫자 값에 바탕을 둔 성서 해석법을 뜻한다. 헤브라이어 알파벳은 모두 22자인데, 각 글자에는 특정한 숫자가 부여되어 있다. 가령 '네로 황제'를 헤브라이어로 표기하면 קסר נרון[NRON QSR]인데 נ=200, ס=60, פ=100, נ=50, נ=6, נ=200, נ=50 이니 이 숫자를 모두 합치면 666이 된다. 666은 요한계시록에서 말하는 '짐승[악마]의 숫자'이기도 한데(13장 15~18절), 이런 맥락에서 카발라주의자들은 '네로 황제'가 바로 그 '짐승'이라고 해석했다.

27) Rolf Tiedemann, *Studien zur Philosophie Walter Benjamins*, Frankfurt am Main: Suhrkamp, 1973, p.138.

지의 문구(12장 9~10절)에 대한 [벤야민의] 참조를 엿볼 수 있겠다. 메시아에게 "권능은 약함 안에서 완수된다." 마르틴 루터의 독일어 번역으로는 다음과 같다. Mein Kraft ist in den schwachen mechtig[나의 권능은 약한 자들의 힘 안에 있다].[28] 이 표현에는 또한 (아마도) 현재의 정치적 의미도 들어 있다. 그러니까 과거와 현재에 실패한 해방 전투에서 벤야민이 끌어낸 멜랑콜리한 결론을 뜻하기도 한다. 구원은 결코 보장되어 있지 않다. 구원은 포착하는 법을 알아내야만 하는 아주 작은 가능성일 뿐이다.

문서 전체에서 그렇듯이, 테제 2번은 과거(역사, 회억)로 정향되어 있는 동시에 현재(구원하는 행위)로 정향되어 있다. 하버마스에 따르면 과거가 우리의 메시아적 권능에 대해 요구하는 권리는 "역사가 자신의 해방을 요청하는 과거에 던지는 비판적 시선의 노력을 쉼 없이 갱신하는 한에서만 지켜질 수 있다."[29] 이 언급은 정당하지만 매우 제한적이다. 메시아적 권능은 관조적("과거에 던지는 시선")이기만 한 것은 아니다. 메시아적 권능은 또한 능동적이다. 구원은 현재에 실현되는 혁명적 과제이다. 그저 기억한다고 되는 것이 아니라, 테제 1번이 환기하듯이, 막강하고 위험한 상대에 맞서는 시합에서 승리하는 것이 중요하다. "우리는 지상에서 기다려졌다." 이는 패배자들을

---

28) 확실히 이 그리스도교적 설교는 메시아를 '주님의 고통 받는 종'이라는 구약적 형상으로 보는 유대적 기원을 갖고 있다. Giorgio Agamben, *Le temps qui reste: Un commentaire de l'"Épître aux Romains"*, Paris: Payot-Rivages, 2000, pp.218~219. [김상운·양창렬 옮김, 『남은 시간: 로마인들에게 보낸 편지에 관한 주석』, 도서출판 난장, 근간.]

29) Jürgen Habermas, "L'actualité de W. Benjamin. La critique: Prise de conscience ou préservation?," *Revue d'esthétique*, Hors-série, no.2, janvier 1990, p.112.

망각에서 구해내기 위해서이지만, 또한 그들의 해방 전투를 지속하기 위해, 그리고 가능하다면 완수하기 위해서이기도 하다.

유대의 예언이 약속의 환기인 동시에 근본적 변환에 대한 부름이라면, 벤야민에게 예언적 전통의 폭력과 맑스주의적 비판의 급진성은 구제 요청 안에서 합류한다. 구제 요청은 과거를 단순히 복원하는 것이 아니라 현재를 능동적으로 변혁하는 것이다.30)

아도르노는 벤야민에게 영감을 받아 쓴 「진보」(1962)라는 제목의 논문에서 테제 2번을 참조하지만 이상하게 해석한다. 자기 친구의 주장을 이상하게 전도시키는 것이다. "벤야민에게 …… 아직 태어나지 않은 세대들(그들 없이 진보에 대해 말할 수는 없을 것이다)의 행복의 표상은 불가피하게 구원의 표상을 수반할 것이다."31) 벤야민에게 아직 태어나지 않은 세대들은 중요하지 않다. 뒤에서 보겠지만 벤야민은 도래할 세대를 위한 전투라는 '고전적인' 진보주의 교의를 명시적으로 거부한다. 그에게 중요한 것은 과거와 현재의 세대들이다.

---

30) 나는 다음의 빼어난 텍스트를 인용한다. Jeanne-Marie Gagnebin, *Histoire et narration chez Walter Benjamin*, Paris: L'Harmattan, 1994, p.157. 또한 벤야민의 테제 준비 노트를 참조할 것. "비판과 예언은 과거를 구제(Rettung)하는 일에서 합류하지 않는가?" "Anmerkungen der Herausgeber," p.1245. [「〈역사의 개념에 대하여〉 관련 노트들」, 379쪽.]

31) Theodor W. Adorno, "Le progrès," *Modèles critiques*, Paris: Payot, 1964, p.156.

테제 3번

> 사건들을 크고 작음을 구별하지 않고 이야기하는 연대기 기술자는 그로써 다음과 같은 진리, 즉 일찍이 일어난 그 어떤 것도 역사에서 상실된 것으로 간주되어서는 안 된다는 진리를 고려한다. 다만 구원된 인류에게 비로소 자신들의 과거가 완전히 주어지게 된다. 이 말은 구원된 인류에게만이 매 순간 자신들의 과거가 인용 가능하게 된다는 뜻이다. 인류가 살았던 순간들 하나하나가 그날, 즉 최후의 심판일이 될 날의 의사일정에 인용 대상이 될 것이다.

테제 3번과 테제 2번은 직접 연결된다. 테제 3번은 테제 2번을 대칭적으로 보완하면서 뒤집는다. 과거는 우리에게 자기의 구원을 기대하고 구제받은 인류만이 과거를 '온전히 짊어질' 수 있다. 다시 말해서 회억은 과거와 맺는 신학적 관계, 그리고 Erlösung의 정의 자체의 핵심이다. 구원은 '크고,' '작은' 사건이나 개인을 구별하지 않고 과거의 완전한 회억을 요청한다. 어느 한 인간 존재의 고통이 망각되기만 해도 해방은 있을 수 없으리라. 필시 준비 노트에서 메시아적 세계의, 완전한 현재성의 세계의 보편사라고 지칭된 것이 관건이다.[32]

이런 요청을 설명하기에 연대기 기술자는 잘못 든 예가 아닌가 싶을 수도 있다. 연대기 기술자는 승리자, 왕, 군주, 황제의 관점에서 역사를 쓰는 자의 전형적 형상이 아닌가? 벤야민은 짐짓 이와 같은

---

32) "Anmerkungen der Herausgeber," pp.1234~1235. [「〈역사의 개념에 대하여〉 관련 노트들」, 360쪽.]

측면을 무시하려는 듯이 보인다. [그렇지만] 연대기 기술자를 선택한 까닭은, 벤야민이 자신이 바라마지 않는 이 '완전한' 역사, 즉 아무리 변변치 않은 세부나 사건도 배제하지 않는 역사, 그리고 그 안에서 어떤 것도 '상실'되지 않는 역사를 대표하기 때문이다. 벤야민이 보기에는 러시아 작가 니콜라이 레스코프, 프란츠 카프카, 안나 제거스가 연대기 기술자의 근대적 형상에 포함된다.

(벤야민의 저작에 대한 가장 통찰력 있는 독자 가운데 한 명인) 볼파르트는 연대기 기술자가 그와 같이 어떤 차별도 거부하는 최후의 심판을 예견하는 자라고 정당하게 강조한다. 이는 모든 영혼이 천국에 간다고 보는 정통 교회의 어떤 경향들의 교리(벤야민이 레스코프에 대해 쓴 시론에서 언급한 교리)를 상기시킬 수밖에 없는 시각이다.[33] 사실 「이야기꾼」(1936)에서 벤야민은 레스코프가 **아포카타스타시스** (예외 없는 모든 영혼의 최종적 구제)에 관한 오리게네스의 사변에 공감했음을 떠올린다. 구원, 테제 3번의 최후의 심판은 아포카타스타시스이다. 과거의 모든 희생자, 해방의 모든 시도가 보잘 것 없든 '작든' 상관없이 망각으로부터 구제되고, "의사일정에 인용된다," 즉 인정받고 존경받으며 회억된다는 의미에서 그렇다.

아포카타스타시스는 또한 문자 그대로 만물이 본래 상태로 되돌아가는 것을 뜻한다. 복음서에서 아포카타스타시스는 메시아가 천국을 복구하는 것을 뜻한다. 만물의 회귀Widerbringung aller Dinge 내지 만사의 끝에 이뤄진 화해의 귀환versöhnende Rückkehr am Ende der Dinge은 모

---

33) Irving Wolfarth, "On the Messianic Structure of Walter Benjamin's Last Reflections," *Glyph*, no.3, 1978, p.152.

체가 『소우주』에서 꿈꿨던 생각이다.[34] 진보는 은밀하거나 신비스런 형식을 통해 선구자들의 정신을 완전히 통합할 수 있게 될 것이다. 다른 말로 하면 아포카타스타시스란 벤야민이 「신학적·정치적 단편」(1921)에서 말하던 완전한 원상복구restitutio ad integrum 내지 모든 것의 원상복구restitutio omnium이다. 그리스도교의 아포카타스타시스에 대응하는 유대교적, 메시아적, 카발라적 등가물이 있다. 숄렘이 『유대 백과사전』(1932)의 「카발라」 항목에서 말한 티쿤이 그것이다. 티쿤은 만물이 처음 상태로 회귀하는 것으로서의 구원을 뜻한다.[35] 벤야민은 숄렘이 쓴 이 텍스트에 깊이 자극받았고, 1933년 1월 15일 그 친구에게 보고한다. "이 연구의 빛"이 자신의 "무지의 심연" 깊숙이까지 내려왔다고.[36] 벤야민 자신이 작성한 테제 3번의 프랑스어 판본

---

34) Hermann Lotze, *Mikrokosmos: Ideen zur Naturgeschichte und Geschichte der Menschheit. Versuch eine Anthropologie*, Bd.3, Leipzig: Verlag von S. Hirzel, 1864, pp.51~52, 56.

35) 게르숌 숄렘에 따르면, 카발라 언어에서 티쿤이란 신의 섭리에 의해 예견된 우주 질서가 메시아의 구원 덕분에 복원되고 복구되는 것을 가리킨다. 악의 힘이 붕괴하고 **역사적 질서가 파국적 종말을 맞이하는 것**은 **구원의 이면**일 뿐이다. 아담이 지은 원죄는 메시아의 왕국이 도래해야만 사함 받을 수 있다. 메시아의 왕국이 도래하면 사물들은 애초에 있던 자리로 돌아갈 것이다. Ha-Shavat Kol ha-Devarim le-Havaiatam. 이 말의 그리스도교적 등가물이 바로 **아포카타스타시스** 개념이다. *Encyclopaedia Judaica*, Bd.9, Berlin: Eschkol, 1932, pp.659~663, 697~698, 703. 다음도 참조하라. Gershom Scholem, *La Kabbale*, Paris: Gallimard, 2003, p.235sqq.

36) Walter Benjamin, *Correspondance*, t.2, trad. Guy Petitdemange, Paris: Aubier-Montaigne, 1979, p.76; *Briefe*, Bd.2, Hrsg. Gershom Scholem und Theodor W. Adorno, Frankfurt am Main: Suhrkamp, 1966, p.561. 이 편지는 다음의 책에도 수록되어 있다. Gershom Scholem et Walter Benjamin, *Théologie et utopie: Correspondance 1933-1940*, Paris: Éditions de l'éclat, 2012.

에서는 "복구되고, 구제받으며, 회복된 인류"라고 나오는데,* 이 세 용어는 아포카타스타시스와 티쿤을 참조한 것이다.

오리게네스에서 니사의 그레고리우스, 요하네스 스코투스 에리우게나, 재침례파를 거쳐 프리드리히 슐라이어마허에 이르기까지, 아포카타스타시스 개념은 이중의 목표를 짊어졌다. 과거의 원상복구 restitutio는 동시에 새로움 novum이라는 것. 숄렘이 유대 메시아 전통에 관해 쓴 것은 바로 이것이다. 유대 메시아 전통은 사물의 본래 상태를 회복하고자 하는 욕망과 장래에 대한 유토피아적 시각에 의해 동시에 움직여진다. 그 둘은 서로 빛을 비추는 관계에 있다.37)

아포카타스타시스의 유토피아적-혁명적 차원은 테제 3번에는 명시적으로 드러나지 않지만 『파사젠베르크』의 어느 문단에 제안되어 있다. 벤야민은 초현실주의자들에 반대하는 에마뉘엘 베를의 비평을 인용한다. "현대 세계의 진행을 쫓아가는 대신," 초현실주의자들은

---

* 벤야민은 테제 3번의 두 번째 문장을 프랑스어로 번역하면서 이렇게 고쳤다. "과거를 완전히 소유하는 것은 복구되고 구제받은 인류에게만 가능하다는 것이 사실이다." 본서의 부록을 참조하라.

37) "복원으로 정향된 이 유토피아에서, 관점들은 …… 전적으로 새로운 메시아 세계에 대한 생각을 향해 미끄러질 수 있다. 이 전적으로 새로운 세계는 분명히 옛 세계에 속하는 측면들도 포함한다. 하지만 이 옛 세계 자체는 이제 세계의 과거와 동일하지 않으며, 오히려 유토피아의 눈부신 꿈에 의해 변환되고 변형된 과거가 된다." Gershom Scholem, *Le messianisme juif*, Paris: Calamnn-Lévy, 1974, pp.25~27.

벤야민과 관련해 잔느-마리 가뉴뱅은 **원상복구**나 **아포카타스타시스**의 테마가 단순한 복원 프로젝트가 아니라고 올바르게 시사한다. 그 테마는 과거를 다시 취하는 것이지만 "동시에(그리고 과거로서의 과거는 자기 자신과의 비-동일성 속에서만 다시 돌아올 수 있기에) 미래, 즉 구성적인 미완수를 향한 열림"이다. Gagnebin, *Histoire et narration chez Walter Benjamin*, p.26.

"맑스주의[가 발전하기] 이전, 다시 말해 (19세기의) 1820, 30, 40년대 시대의 분위기로" 되돌아가려고 시도했을 수 있다. 이는 유토피아 사회주의자들 그리고/또는 오귀스트 블랑키를 명백히 참조하는 것이다. 그런데 『파사젠베르크』의 저자가 보기에 "현대 세계의 진행을 좇아가기"(이 표현은 벤야민에게 경멸을 낳을 뿐이었다)를 거부하는 것은 바로 초현실주의가 지닌 가장 훌륭한 덕 중 하나이다. 초현실주의는 "아포카타스타시스를 향한 욕망, 다름 아니라 '너무 이르게' 온 요소나 '너무 늦게' 온 요소, 즉 최초의 발단과 최후의 해체의 요소를 혁명적 행위와 혁명적 사고 속에서 다시 응집시키려는zusamensammeln 결단"에 영감을 받은 운동인 것이다.** 망각된 전투의 회억, 시대를 거스르는 시도의 구제, 사회주의의 '상실된' 유토피아적 순간의 아포카타스타시스는 초현실주의자들의 관조적 작전이 아니다. 그것은 현재, 지금 여기, jetzt의 혁명적 성찰과 실천에 봉사한다!

벤야민에게는 유토피아적 사회주의를 가지고 맑스를 대체하는 것이 문제가 아니다. 벤야민이 역사적 유물론을 수차례 참조하는 것만 봐도 충분히 알 수 있다. 유토피아적 희망을 지닌 과거의 모든 측면의 혁명적 문화/교양을 풍부히 하는 것이 중요하다. 맑스주의도 그것이 수세기에 걸친 해방 투쟁과 꿈의 유언을 계승하고 실행하지 않는다면 의미가 없는 것이다.

** Benjamin, *Le livre des passages*, p.709; "Das Passagen-Werk," *GS*, V-2, p.852. [『아케이드 프로젝트 2』, 1593~1594쪽.]

테제 4번

너희는 먼저 먹을 것과 입을 것을 찾아라.
그러면 신의 왕국도 곁들여 받게 될 것이다.
G. W. F. 헤겔, 1807년

맑스의 학교에서 교육받은 역사가가 한시도 눈을 떼지 않는 계급
투쟁은 투박하고 물질적인 사물들을 위한 투쟁인데, 이런 것들 없
이는 세련되고 정신적인 것들도 있을 수 없다. 그렇지만 계급투쟁
에서 이 세련된 것, 이 정신적인 것은 승리자에게 떨어지는 전리품
과는 전혀 다른 모습을 하고 있다. 그것들은 확신, 용기, 유머, 기
지, 불굴의 투지로 이 투쟁 속에서 살아 있으며, 머나먼 과거에까
지 거슬러 올라가 영향을 미친다. 그것들은 일찍이 지배자들의 수
중에 떨어져 축하받은 일체의 승리에 의문을 제시하기를 그치지
않았다. 마치 꽃들이 꽃부리를 태양 쪽으로 돌리듯이, 은밀한 종
류의 향일성向日性에 힘입어 과거 또한 역사의 창공에 떠오르고 있
는 태양을 향하려고 애쓴다. 역사적 유물론자는 모름지기 모든 변
화 중에서도 가장 눈에 띄지 않는 이 변화를 감지하는 데 능숙하
지 않으면 안 된다.38)

---

38) "그것들은 일찍이 …… 의문을 제시하기를 그치지 않았다" 부분은 벤야민
본인의 프랑스어 번역에서 따온 것이다. 부정확했던 강디약의 번역문("지배
자들의 매번 새로운 승리를 다시 의문에 부친다")을 대체한 것이다. 독일어 텍
스트는 정반대로 말하고 있다. 계급투쟁의 "세련되고 정신적인 것"은 "지배
자들의 수중에 떨어진 일체의 승리에 언제나 새로이 의문을 제시할 것이다."

G. W. F. 헤겔의 텍스트에서 시작해보자. 그 텍스트는 그리스도교 복음서의 잘 알려진 구절을 아이러니하게 뒤집은 것으로서, 벤야민의 인용 방법(노상강도가 부유한 여행객의 보석을 훔치듯이, 저자에게서 그 텍스트를 탈취하기)을 훌륭하게 설명해준다. 인용 구절은 그것의 맥락에서 문자 그대로 뿌리째 뽑혔다. 가장 위대한 관념론 철학자 헤겔이 여기서 가장 기본적인 유물론을 증언하고 있는 것이다.

동시에 이 명구는 테제 4번을 앞선 두 테제와, 즉 구원의 테마와 결부시킨다. 물질적 삶의 혁명적 변혁 없이는 구제도 없다는 것. 여기에 등장한 신의 왕국이라는 개념은 프리드리히 엥겔스가『독일 농민전쟁』(1850)에서 소개한 토마스 뮌처의 개념을 상기시킬 수밖에 없다. "뮌처에게 신의 왕국은 어떤 계급 차이도, 어떤 사적 소유도, 사회 성원들에 맞서는 어떤 낯설고 자율적인 국가 권력도 없는 그런 사회와 다르지 않다."[39] 벤야민이 그 개념의 신학적 사정을 완전히 세속화시키는 데까지 나아가지는 않는다는 점만 제외하고 말이다.

여기서 문제가 되는 역사적 유물론("맑스의 학교")은 당연히 벤야민이 나름의 용어로 재해석한 것으로서, 정통적이지 않고 이단적이며 특이하고 분류 불가능한 판본이다. 여기서 벤야민은 브레히트와

Benjamin, "Über den Begriff der Geschichte," p.694. G. W. F. 헤겔의 인용구는 1807년 8월 30일 헤겔이 [예나의] 시장인 칼 루드비히 폰 크네벨에게 보낸 편지에 나오는 구절이다.

39) Friedrich Engels, "La guerre des paysans," *La révolution démocratique bourgeoise en Allemagne*, Paris: Éditions sociales, 1951, p.53; "Der deutsche Bauern-krieg," *Karl Marx-Friedrich Engels Werke*, Bd.7, Berlin: Dietz Verlag, 1960, p.354. [이관형 옮김,「독일 농민 전쟁」,『칼 맑스/프리드리히 엥겔스 저작 선집 2』, 박종철출판사, 1991, 156쪽.]

가까운 면이 있다. 브레히트처럼 벤야민은 "투박하고 물질적인" 사물들의 우위를 주장한다. 『서푼짜리 오페라』(1928)의 주인공들은 "먹을 것 먼저, 도덕은 그 다음"이라고 노래한다. 하지만, 친구와 반대로, 벤야민은 계급투쟁에서 정신적·도덕적 힘에 주된 중요성을 부여한다. 신념(Zuversicht[확신]를 번역하기 위해 벤야민이 택한 단어), 용기, 끈기가 그것이다. 정신적 성질의 목록에는 완벽하게 '브레히트적인' 두 가지, 즉 유머 그리고 특히 억압받은 자들의 **기지**도 들어간다.

벤야민에게는 계급투쟁에서 물질적인 것과 정신적인 것의 변증법이, 즉 하부구조와 상부구조라는 다분히 기계적인 모델을 벗어나는 변증법이 존재한다. 투쟁의 쟁점은 물질적이지만 사회 행위자들의 동기는 정신적이다. 만일 어떤 도덕적 성질에 의해 움직이지 않았다면, 피지배 계급은 해방을 위해 싸울 수 없을 것이다.

벤야민의 맑스주의를 더 자세히 살펴보자. 벤야민에게 역사적 유물론의 가장 기본적인 개념은 추상적인 철학적 유물론이 아니라 **계급투쟁**이다. 계급투쟁이야말로 "맑스의 사상에 훈련된 역사가가 늘 염두에 두는"(벤야민의 프랑스어 번역) 것이다. 계급투쟁이야말로 현재, 과거, 미래, 그리고 그것들의 은밀한 연결을 이해할 수 있게 해준다. 계급투쟁은 이론과 실천이 합치되는 장소이다. 알다시피 1924년 죄르지 루카치의 『역사와 계급의식』(1923)을 읽은 벤야민을 처음으로 맑스주의로 끌어당긴 것이 바로 이 합치이다.[40]

거의 모든 맑스주의자들이 계급투쟁을 참조했으나 벤야민만큼 계급투쟁에 열정적이고 강렬하며 외곬으로 매달린 사람은 드물다.

---

40) 1927년 9월 16일 숄렘에게 보낸 편지. Benjaim, *Correspondance*, t.1, p.325.

벤야민이 과거에서 관심을 기울인 것은 생산력의 발전, 생산력과 생산관계의 모순, 소유 형태나 국가 형태, 그리고 생산양식의 진화 같은 맑스 저작의 기본 테마들이 아니라 억압하는 자와 억압받는 자 사이의, 착취하는 자와 착취받는 자 사이의, 지배하는 자와 지배받는 자 사이의 결사 투쟁이다.

벤야민에게 역사는 지배자들의 연이은 승리로 보인다. 지배 계급의 권력은 단지 경제력과 정치력이나 소유의 분배 또는 생산 체계의 변환에서 유래하는 것만은 아니다. 그 권력은 하위계급에 맞서는 싸움에서 역사상 승리를 거뒀음을 항상 함축한다. '획득물'의 축적으로, 항상 더 많은 자유·합리성·문명으로 향하는 '진보'로 역사를 바라보는 진화론적 시각에 맞서, 벤야민은 역사를 '아래로부터,' 패배자들의 편에서, 마치 주류 계급의 일련의 승리로 인식한다. 벤야민의 정식화는『공산당 선언』(1848)에 나오는 맑스와 엥겔스의 유명한 문장과 꽤 분명하게 구분된다. 오히려 맑스와 엥겔스는 "투쟁 중인 계급들의 공멸"이라는 예외적인 경우를 제외하고는 역사의 과정 속에서 혁명 계급의 승리를 주장했다.

그렇지만 억압받은 자들은 매번 새로운 전투에서 기성의 지배를 의문에 부칠 뿐 아니라 과거의 이 승리들도 의문에 부친다. 현재의 투쟁의 "정신적인 힘들"(벤야민의 프랑스어 번역)은 머나먼 과거("시간의 밤")에 "빛을 방사한다." 과거는 오늘의 전투들이 발하는 빛의 조명을 받으며, 역사의 창공에 떠오르는 태양에 의해 조명을 받는다. 태양의 은유는 독일 노동자 운동의 전통적 이미지였다. "Brüder, zu Sonne, zur Freiheit"(형제들이여, 태양을 향해, 자유를 향해)는 사회민주당의 옛 찬가였다. 거기서 중요했던 것은 현재를 비추는 미래의 태양이었다. 하지만 여기서는 현재의 태양에 힘입어 우리에게 과거의 의미가 변환하게 된다. 인용한 위의 예에서 보듯이, 뮌처와 16세기 농민 전쟁은 엥겔스(그리고 나중에 에른스트 블로흐)에 의해 근대 노동자 운동의 전투에 비춰 재해석된다.[41]

현재의 투쟁은 억압하는 자들의 역사적 승리를 의문에 부친다. 왜냐하면 그 투쟁은 과거든 현재든 지배 계급이 지닌 권력의 정당성을 무너뜨리기 때문이다. 벤야민은 여기서 진화론적 맑스주의 개념에 암묵적으로 맞서고 있다. 진화론적 맑스주의는 맑스의 몇몇 구절들(특히 그 중에서도 『공산당 선언』과 1850년대 인도에 관한 논문)에 이미 나타나는 것으로서, 과거에 부르주아지가 거둔 승리를 역사의 법칙, 생산력을 발전시켜야 할 필연성, 사회적 해방을 위한 조건의 미성숙으로 정당화한다.

오늘과 어제의 관계는 일면적이지 않다. 현저하게 변증법적인 과정 속에서, 현재는 과거를 비추며, 그렇게 조명을 받은 과거는 현재에 힘이 된다. 옛날의 전투는 "떠오르는 태양을 향해" 고개를 돌린다. 하지만 이 광선을 한 번 맞은 옛날의 전투는 오늘 봉기하는 자들의 계급의식의 자양분이 된다. 여기서 '태양'은 '진보주의' 좌파의 전

---

41) 신기하게도 준비 노트에서 벤야민은 농민 전쟁이 근대 노동자 투쟁에 역사적인 참조점 노릇을 할 수 있는 가능성을 거부하는 듯이 보인다. 벤야민은 프리드리히 엥겔스나 에른스트 블로흐를 참조하지 않고 역사가 빌헬름 치머만의 저작[『농민 전쟁의 역사』]을 참조한다. "Anmerkungen der Herausgeber," p.1236. [「〈역사의 개념에 대하여〉 관련 노트들」, 364쪽.] 그러나 이 언급은 테제들에 통합되지 않았다. 벤야민이 생각을 바꿨던 것일까? [치머만의 저작은 총 3권으로 이뤄져 있으며, 원래 제목은 『대 농민 전쟁의 일반사』(*Allgemeine Geschichte des großen Bauernkrieges*, 1841~43)이다.]

통에서 여기듯이, 필연적이고 불가피하며 '자연적으로' 도래하는 신
세계를 상징하는 것이 아니라[42] 투쟁 자체, 그리고 그 투쟁을 고취
하는 유토피아를 상징한다.

---

42) 게오르기 플레하노프에 따르면, 사회주의 강령의 승리는 또한 내일 해가 뜨는
것만큼이나 불가항력적이다. [뢰비는 다른 책에서 이 언급의 출처를 다음이라
밝혔다. Andrzej Walecki, "Le problème de la révolution russe chez Plekhanov,"
Histoire du marxisme contemporain, t.3, éd. Dominique Grisoni, Paris: Union
Générale d'Éditions, 1977, p.87; Michael Löwy, *The Politics of Uneven and Com-
bined Development: The Theory of Permanent Revolution*, London: Verso, 1981.
p.31, n.2; 이성복 옮김, 『연속혁명 전략의 이론과 실제』, 신평론, 1990, 49쪽.]

테제 5번

역사의 진짜 얼굴은 불현듯 등장할 뿐이다. 우리는, 그것이 인식되는 순간에 번쩍하고는 영영 다시 볼 수 없게 사라지는 이미지로서만 과거를 붙잡을 수 있다. "진리는 우리에게서 달아나지 않을 것이다." 고트프리트 켈러의 이 말은 역사주의자들이 추구하는 역사의 이미지 속에 역사적 유물론이 이 이미지를 가로질러 구멍을 뚫는 지점을 정확히 규정하고 있다. 실제로 과거의 모든 이미지는 매 현재의 순간이 스스로를 그 이미지 안에서 의도된 것으로 인식하지 않을 경우 그 매 현재의 순간과 더불어 사라질 위험이 있는, 복원할 수 없는 이미지이다. (과거를 기록하는 역사가가 헐떡이며 가져다주는 희소식은, 어쩌면 입을 여는 순간 이미 허공에 대고 말하는 입에서 나오는 것이다.[43])

테제 5번의 첫 번째 판본은 이미 1937년의 푹스 관련 시론에서 찾아볼 수 있다. 전통적인 역사가의 관조적 태도에 맞서 벤야민은 역사적 유물론자의 능동적 개입을 강조한다. 벤야민의 목표는 과거의 어

---

43) 괄호 안의 문장은 이 테제의 몇몇 이본들에만 나온다. "Anmerkungen der Her -ausgeber," pp.1247~1248. [「〈역사의 개념에 대하여〉 관련 노트들」, 381쪽.] 벤야민이 작성한 프랑스어 판본은 단테 알리기에리를 참조한다는 점에서 다르다. "연구자를 기다리게 만들 뿐인 부동의 진리는 역사에서의 이런 진리 개념에 전혀 상응하지 않는다. 그것은 오히려 다음과 같이 말하는 단테의 시구에 의거한다. 과거의 유일한, 복원할 수 없는 이미지는 그 이미지에 의해 의도된 것으로 인식되지 못했던 매 현재와 더불어 사라진다." "Anmerkungen der Herausgeber," p.1261. [본서의 부록을 참조하라.]

떤 파편이 현재의 어떤 순간과 함께 형성하는 비판적 성좌를 발견하는 데 있다. 이렇게 과거와 맺는 관계가 지닌 정치적이고 능동적인 차원이 테제 준비 노트 중의 하나에 명시되어 있다. "이런 [현재] 개념은 역사 기술과 정치 사이에 연관을 만들어내는데, 그 연관은 회억과 구원 사이의 신학적 연관과 동일하다. 이런 현재는 사람들이 변증법적이라고 칭할 수 있는 이미지들 속에 표현된다. 그 이미지들은 인류를 구제하는 개입rettenden Einfall을 나타낸다."44) 우리는 몇몇 신학적 개념과 그것의 세속적이고 혁명적인 등가물 사이에 일종의 동일성이 있다는 역설적 생각(하지만 벤야민의 지적 이력에서 본질적인 생각)을 다시 발견한다. 다른 한편 '구제하는 개입'의 대상은 과거뿐 아니라 현재임을 시야에서 놓쳐서는 안 된다. 역사와 정치, 회억과 구원은 떼려야 뗄 수 없다. 여기서 벤야민은 '변증법' 개념을 헤겔-맑스의 언어에서 끌어온다. 벤야민은 과거와 현재, 이론과 실천 사이에 존재하는 모순의 지양을 목표로 하는 '구제하는' 이미지의 본성을 설명하려고 시도한다.

벤야민의 것은 아니지만 다음의 예는 테제 5번을 해명하는 데 도움이 될 것이다. 1905~06년 레온 트로츠키가 정식화한 '영구 혁명'의 변증법적 이미지는 1905년 러시아 혁명과 1871년 파리 코뮌 사이에 존재하는 비판적 성좌를 지각하는 것에 바탕을 둔다. 하지만 정치적 역사가/행위자에게 "불현듯" 나타난 이 일시적 이미지는 사라져버렸다. 당시 러시아 노동자 운동은 파리 코뮌에 의해 함축된 것으

---

44) "Anmerkungen der Herausgeber," p.1248. [「〈역사의 개념에 대하여〉 관련 노트들」, 382쪽.]

로 인식되지 못했다. 멘셰비키든 볼셰비키든 코뮌을 참조하기를 명시적으로 거부했다. 코뮌은 "민주주의 혁명과 프롤레타리아 혁명을 혼동했다"고 비판받았다. 1905년 블라디미르 일리치 레닌이 쓴 글들을 보라.[45] 역사가/투사가 과거로부터 "숨을 헐떡이며" 가져다준 복음은 허공에 떨어진다[공허한 소리일 뿐이었다]. 1871년 코뮌의 패러다임을 원용하는 레닌의 '4월 테제'*와 함께 새로운 성좌가 솟아오르기 위해서는 약 12년을 기다려야 했다. 이번에는 성공이었다.

잔느-마리 가뉴뱅이 벤야민의 '열린 역사'에 붙인 명쾌한 주석은 테제 5번에 꼭 들어맞는다. 벤야민이 프랑수아즈 프루스트와 공유한 것이 있으니, 그것은 바로 "현재 속에서 과거를 구제하겠다는 관심 사이다. 그 구제는 현재와 과거 둘 모두를 변모시키는 유사성에 대한 지각 덕분에 가능하다. 그 유사성은 과거를 변모시킨다. 왜냐하면 망각 속으로 사라질 수 있었을 과거는 [그 구제 속에서] 새로운 형태를 띠기 때문이다. 그 유사성은 현재를 변모시킨다. 왜냐하면 현재는 이

---

45) 『민주주의 혁명에서 사회민주주의의 두 가지 전술』(1905)에서, 블라디미르 일리치 레닌은 다음과 같이 지적한다. 즉, 코뮌은 "민주주의 혁명의 요소들과 사회주의 혁명의 요소들을 구별할 줄 모르고 구별할 수도 없었으며, 공화국을 위한 투쟁의 과제와 사회주의를 위한 투쟁의 과제를 혼동했던 …… 노동자 정부였으며, 한마디로 …… **우리의 것이 되어서는 안 되는** 정부였다"(강조는 레닌의 것). Vladimir Ilitch Lénine, *Œuvres*, t.9, Moscou: Éditions du Progès, 1966, p.77. [최호정 옮김, 『민주주의 혁명 시기 사회민주주의당의 두 가지 전술』, 박종철출판사, 2014, 99쪽.] '우리의 것'이라는 표현은 레닌이 가슴 깊이 바랐던 미래 러시아의 혁명적 민주주의 정부를 가리킨다.

* theses d'Avril. 1917년 4월 16일(러시아력으로는 4일) 레닌이 발표한 혁명 전술. 총 10개의 테제로 구성되어 있는데 골자는 모든 권력을 소비에트로 이전시켜 당시의 이중 권력(임시정부, 소비에트)을 해소하고, 부르주아 혁명을 사회주의 혁명으로 발전시켜야 한다는 것이었다.

이전의 약속의 가능한 완수로 드러나기 때문이다. 그 이전의 약속은 영원히 사라질 수도 있었으며, 사람들이 발견하지 않으면 여전히 사라질 수도 있고, 현재적인 것의 선분 안에 기입될 수도 있다."[46]

그레프라스는 이 테제가 사실 역사적 진리에 대한 가장 급진적인 역사화를 뜻한다고 지적한다. 과거의 진정한 이미지는 그 자체로 역사적 과정에 따른다. 역사가 멈추지 않는 이상, 과거에 대한 최후 발언을 할 수는 없다. 이 해석은 흥미롭긴 하지만 너무 제한적이다. 그 해석은 Rettung[구제]을 역사기술 영역에 국한하고, 정치적 개입의 영역을 망각한다. 그런데 우리가 봤듯이, 벤야민에게 그 둘[역사기술과 정치]은 엄격히 말해 분리 불가능하다.[47]

과거에 대한 이런 '정치적' 개념화에 대한 반론도 고려해볼 필요가 있다. 이런 개념화는 1930년대 말 소련에서 이오시프 스탈린의 공작이 이미 충분히 보여줬듯이 전체주의 기구 내지 국가의 현재 정치적 필요에 따라 과거를 '오웰식으로' 재기술하도록 이끌 위험이 있지 않은가? 벤야민의 논변은 이런 전체주의 모델과는 여러 면에서 근본적으로 구별된다.

a) 벤야민이 고민하는 문제는 역사적 진리에 대한 독점을 내세우는 것이 절대 아니며, 그 진리를 사회 전체에 주입하는 것은 더더욱 아니다.

---

46) Jeanne-Marie Gagnebin, "W. Benjamin ou a histoira aberta," préface à Walter Benjmain, *Obras Escolhidas*, vol.1, São Paulo: Brasiliense, 1985, p.16.

47) Greffrath, "Der historischer Materialist als dialektischer Historiker," p.226.

b) 스탈린의 기구는 과거나 미래의 그 어떤 변화도 부정하면서 불변하고 최종적이며 완전히 고정된 진리를 소지하겠다고 주장한다. 그렇지만 벤야민은 일시적이고 취약하며 "불현듯"보일 뿐인 이미지를 말한다.

c) 벤야민에게는 이데올로기적 헤게모니를 행사하는 기구나 국가를 위한 자리가 없다. 역사가는 늘 당대에 이해되지 않을 위험을 무릅쓰는 한 명의 **개인**이다.

테제 6번

> 과거를 역사적으로 표현한다는 것은 '그것이 실제로 어떠했는가' 를 인식하는 일을 뜻하지 않는다. 그것은 오히려 어떤 위험의 순간에 번득이는 어떤 기억을 제 것으로 삼는다는 것을 뜻한다. 위험의 순간에 역사적 주체에게 느닷없이 주어지는 과거의 이미지를 꼭 붙드는 것은 역사적 유물론의 과제이다. 그 위험은 전통의 존속만큼이나 그 전통의 수용자도 위협한다. 둘 모두에게 그 위험은 지배계급에게 도구로 넘어갈 위험이다. 어느 시대에나 전통을 제압하려는 타협주의로부터 그 전통을 다시 뽑아내려는 시도가 필요하다. 메시아는 구원자로서만 오는 것이 아니다. 메시아는 적그리스도를 극복하는 자로서도 오는 것이다. 과거 속에서 희망의 불씨를 일으키는 재능은 적이 승리한다면 죽은 자들도 그 적 앞에서 무사하지 못할 것이라는 점을 완벽하게 확신하는 역사가**에게만** 주어진다. 그리고 이 적은 승리하기를 멈추지 않았다.

이 테제는 프로이센의 타협주의적인 보수주의 역사가 레오폴트 폰 랑케의 유명한 문장(역사가의 과제는 그저 '사실 그대로의' 과거를 묘사하는 것이다)으로 대표되는 역사주의적/실증주의적 역사 개념을 거부하면서 시작한다. '실제' 사태에 직접 접근한다면서 중립을 자처하는 역사가는 사실상 (랑케의 역사 기술의 특화된 대상인) 모든 시대의 승리자, 왕, 교황, 황제의 시각을 공고히 할 뿐이다.

역사적 주체, 다시 말해 억압받은 계급들(그리고 그들의 진영을 택한 역사가)에게 위험의 순간은 과거의 진정한 이미지가 솟아오르는 순간이다. 왜 그런가? 십중팔구 그 순간에, 역사를 부단한 '진보'로 보는 편하고 게으른 시각이 와해되기 때문이다. 현재의 패배의 위험은 이전의 패배들에 대한 감수성을 예민하게 만들고, 패배자들의 전투에 대한 관심을 촉발하며, 역사에 대한 비판적 시선을 고무한다. 벤야민은 어쩌면 자기가 처해 있는 상황을 생각한 것 같다. 벤야민이 1939~40년에 처한 절박한 위험(체포되어 느베르 수용소에 구금됐다가 비시 당국에 의해 게슈타포에게 인도될 위험)이야말로 「역사의 개념에 대하여」에서 도드라지는 과거에 대한 독특하고 심지어 유일한 시각을 촉발한 것이 아닐까?

위험의 순간에, 변증법적 이미지가 "섬광처럼 번득일"* 때, 역사가 또는 혁명가는 정신이 깨어 있음Geistesgegenwart을 입증해 보임으로써 너무 늦기 전에 이 유일한 순간, 즉 구제를 할 수 있는 이 일시적이고 불안정한 기회를 포착해야 한다.[48] 왜냐하면 벤야민이 프랑스어 판본에서 강조하듯이 갑작스런 위험의 순간에 나타나는 이 기억은 마침 "자신을 구제하는"것일 수 있기 때문이다.[49]

위험은 이중적이다. 과거의 역사(억압받은 자들의 전통)와 현재의 역사적 주체(이 전통의 '새로운 수탁자들'인 피지배 계급)를 지배 계급의 수중에 있는 도구로 변환시킬 위험. 전통을 탈취하려는 타협주의에서 전통을 뽑아내기, 이는 '공식' 역사가들이 누그러뜨리고 마멸시

---

* "brille comme un éclair"(wie sie ······ aufblitzt). 이것은 독일어 판본의 표현이다.
48) "Anmerkungen der Herausgeber," p.1242. [「〈역사의 개념에 대하여〉 관련 노트들」, 373쪽.]
49) "Anmerkungen der Herausgeber," p.1263. [본서의 부록을 참조하라.]

키거나 부인한, 기성 질서를 전복하는 역사의 차원을 역사(예컨대 프랑스 혁명의 역사나 1848년의 역사)에 복원시키는 것이다. 바로 이렇게 함으로써 역사적 유물론의 지지자는 "과거 속에서 희망의 불씨를 일으"킬 수 있다. **오늘** 화약에 불을 댕길 수 있는 불씨를.

혁명적 역사가는 현재의 적이 거두는 승리가 망자들조차 위협한다는 사실을 알고 있다. 비단 스튜어트 가문이 왕정복고에 성공한 뒤 올리버 크롬웰의 유골을 훼손한 원시적이고 야만스러운 형태가 아니더라도, 망자들이 벌인 전투를 왜곡하거나 지워버림으로써 그럴 수 있다. "이 적은 승리하기를 멈추지 않았다." 억압받은 자들의 관점에서 볼 때, 과거는 '진보주의' 역사기술에서처럼 정복의 점진적 축적이 아니다. 과거는 오히려 종결되지 않고 이어지는 파국적인 패배이다. 로마에 맞선 노예 폭동의 진압, 16세기 재침례파 농민 반란의 진압, 1848년 6월의 진압, 파리 코뮌의 진압, 1919년 1월 [4~15일] 베를린에서 일어난 스파르타쿠스단 봉기의 진압.

하지만 이는 과거의 문제만은 아니다. 직접 한 프랑스어 번역에서 벤야민은 이렇게 적고 있다. "지금 당장은, 이 적은 아직 승리하기를 멈추지 않았다." 때는 1940년, 세르주의 멋들어진 표현을 다시 취하자면, "세기의 자정"이었다. 적의 승리는 기념비적이었다. 스페인 공화국의 패배, 독일-소련 불가침 조약, 제3제국의 유럽 점령.

벤야민은 이 현재의 적을 잘 알고 있었다. 그 적은 **파시즘**이었다. 억압받는 자들에게 파시즘은 역사상 그들이 맞닥뜨린 그 어느 때보다 커다란 최고의 위험을 대표한다. 과거의 희생자들은 두 번째 죽음을 맞았고 체제에 반대하는 모든 상대들은 학살됐다. 유례없는 수준으로 과거는 왜곡됐고, 인민 대중은 지배 계급의 도구로 변환됐다.

장-루이-에르네스트 메소니에의 「1848년 6월 모르텔르리 거리의 바리케이드(내전의 기억)」(1848)
1848년 2월 혁명으로 제2공화정이 세워진 뒤에도 프랑스의 정국은 들끓고 있었다. 특히 제2공화정 초기에 노동자들을 위해 설립됐던 국립작업장을 온건 공화파가 재정 부담을 줄인다는 구실 아래 폐쇄해버리자 6월 23일 대규모 폭동이 발생했다. 이 폭동은 군대의 잔인한 무력 진압으로 무려 1만여 명의 희생자를 낳은 뒤 26일에 종결됐고, 이후 파리에는 계엄령이 선포됐다(루브르 박물관 소장).

물론 벤야민은 자신의 카산드라적 소명과 급진적 비관론을 견지했음에도 불구하고 아우슈비츠를 예견할 수 없었다…….

퐁티니 강연을 위해 보들레르에 관해 작성한 글(1939년)에서, 벤야민은 오늘날 군중은 "독재자들의 손으로 빚어진다"라고 지적했다. 그렇지만 벤야민은 이에 절망하지 않고 "이 예속된 군중에게서 저항의 핵을 어렴풋이 느꼈다. 1848년의 혁명적 대중과 파리 코뮌 가담자들이 형성한 핵을."50) 달리 말하면, 최고로 위험한 순간에, 현재와 과거를 다시 연결하는 구제의 성좌가 출현한다. 파시즘이 승리를 구가하는 어두컴컴한 밤중에도 번뜩이는 과거가, 희망의 별이, 메시아적인 구원의 별(프란츠 로젠츠바이크가 말하는 Stern der Erlösung)이, 혁명적 봉기의 불씨가.

"메시아는 구원자로서만 오는 것이 아니다. 메시아는 적그리스도를 극복하는 자로서도 오는 것이다"라고 벤야민은 썼다. 이 구절을 주해하면서 티데만은 놀라운 역설을 확인시켜준다. "다른 어디에서도 벤야민은 여기처럼 직접 신학적인 방식으로 말하지 않는다. 다른 어디에서도 벤야민은 이만큼 유물론적인 의도를 가진 적이 없다." 메시아에서 프롤레타리아 계급을 알아봐야 하며, 적그리스도에서 지배계급을 알아봐야 한다.51)

---

50) Walter Benjamin, "Notes sur les Tableaux parisiens de Baudelaire"(1939), *GS*, I-2, p.748. [퐁티니는 부르고뉴 지역의 오세르에 위치한 '퐁티니 수도원'(Abbaye de Pontigny)을 말한다. 당시 이곳에서는 콜레주드프랑스의 교수인 폴 데자르댕(Paul Desjardins, 1859~1940)의 주도로 '퐁티니의 열흘'(Décades de Pontigny)이라는 명칭의 지식인 회합이 열흘간 열리곤 했는데, 1939년 4월경 이 수도원에 거주하고 있던 벤야민은 데자르댕으로부터 강연 요청을 받았다.]

이 지적은 적확하다. 더 정확히 하기 위해 다음을 덧붙일 수 있겠다. 메시아의 세속적 등가물('조응하는' 것)은 오늘날 반파시스트 저항의 핵이요, 1848년 6월과 1871년 4~5월의 전통을 계승하는 미래의 혁명 대중이라고. 적그리스도(벤야민이 명시적으로 유대교에서 영향 받은 메시아적 논변을 펼치며 주저 없이 통합한 그리스도교적 신학소)의 속세적 대응물은 아돌프 히틀러의 제3제국임에 틀림없다.

제거스의 소설『구제』(나치 독일에서 활동한 공산주의 레지스탕스 분자들 가운데 한 명의 이야기)에 대해 1938년에 쓴 서평에서, 벤야민은 이렇게 적었다. "제3제국은 사회주의를 흉내 낸다. 마치 적그리스도가 메시아의 약속을 흉내 내듯이."52) 이 놀라운 평행관계를 스케치하기 위해 벤야민은 자신의 친구 프리츠 리프의 저작에서 영감을 얻었다. 개신교 신학자이자 스위스의 혁명적 사회주의자였던 리프는 1934년부터 나치즘을 '근대의 적그리스도'라고 정의했다. 1938년 컨퍼런스에서 리프는 유대인에 맞서는 마지막 전투에서 적그리스도가 패배하고, 메시아(그리스도)가 출현해 그의 천년 왕국을 설립하는 모습을 보고 싶다는 희망을 토로했다.53)

51) Rolf Tiedemann, "Historischer Materialismus oder politischer Messianismus?: Politische Gehalte in der Geschichtsphilosophie Walter Benjamins," *Materialen zu Benjamins Thesen "Über den Begriff der Geschichte"*: *Beiträge und Interpretationen*, Hrsg. Peter Bulthaup, Frankfurt am Main: Suhrkamp, 1975, p.93.

52) Walter Benjamin, "Une chronique des chômeurs allemands"(1938), *Romantisme et critique de la civilisation*, textes choisis et présentés par Michael Löwy, Paris: Payot, 2010, p.225; "Eine Chronik der deutschen Arbeitslosen," *GS*, III, p.535.

53) 다음을 참조하라. Chrissoula Kambas, "Wider den 'Geist der Zeit.': Die antifaschistische Politik Fritz Liebs und Walter Benjamin," *Der Fürst dieser Welt:*

테제 7번

> 어둠과 혹한을 생각하라.
> 절규가 울려 퍼지는 이 골짜기에서.
> 베르톨트 브레히트, 『서푼짜리 오페라』

어떤 시대를 추체험하고자 하는 역사가에게, 퓌스텔 드 쿨랑주는 이후에 일어난 일체의 것을 잊으라고 제안한다. 역사적 유물론이 분쇄한 방법을 이보다 더 잘 묘사할 수는 없다. 그것은 감정이입의 방법이다.[54] 그것의 원천은 일시적으로 번쩍이는 진정한 역사적 이미지를 붙잡기를 단념한 마음의 나태함, 태만이다. 중세의 신학자들은 태만을 슬픔의 근원으로 여겼다. 이를 잘 알았던 플로베르는 "카르타고를 소생시키기 위해 얼마나 많은 슬픔이 필요했는지를 짐작할 수 있는 사람은 극소수에 불과할 것이다"라고 쓰고 있다. 이 슬픔의 본성은 역사주의적 역사가가 도대체 누구에게 감정이입을 하는지 자문해보면 더욱 분명해진다. 대답은 두말할 나위 없이 승리자에게 감정이입을 한다는 것이다. 그런데 지배하는 자는 누구든 모든 승리자들의 후예들이다. 결과적으로 승리자에게 감정이입을 하는 것은 늘 지배하는 누구에게든 도움이 된다. 역사

Carl Schmitt und die Folgen, Hrsg. Jacob Taubes, München: Wilhelm Fink, pp.582~583. 프리츠 리프와 벤야민은 손에 무기를 들고 파시즘에 저항해야 한다는 신념을 공유했다.

54) 우리는 Einfühlung의 번역어로 강디약이 사용한 'intropathie' 대신 아도르노가 피에르 미삭에게 제안한 'empathie'를 사용했다.

적 유물론자에게는 이야기는 그만하면 충분하다. 지금까지 승리를 거뒀던 자라면 누구든 오늘의 지배자들이 오늘의 패배자들의 몸을 짓밟고 행진하는 개선 행렬에 합류하는 셈이다. 전리품이란 통상적으로 언제나 그래왔듯이 개선 행렬에 따라다닌다. 사람들은 그 전리품을 문화재라고 칭한다. 역사적 유물론자라면 그 문화재들을 멀찍이 거리를 두고 바라볼 수밖에 없다. 사실 개괄적으로 그 문화재들의 출처를 떠올려보면 어찌 두려움에 전율하지 않을 수 있겠는가? 문화재들은 그것을 창조한 위대한 천재들의 노고뿐만 아니라 그 천재들과 함께 살았던 동시대인들에게 부과된 무명의 노역에도 힘입고 있다. 동시에 야만의 기록이 아닌 문화의 기록이란 결코 없다. 그리고 문화재들에 관계된 바로 그 야만이 손에서 손으로 넘어가는 문화재들의 전승 과정에도 똑같이 영향을 미친다. 그러므로 역사적 유물론자는 가능한 한 그런 전승에서 비켜선다. 역사적 유물론자는 결을 거슬러 역사를 솔질하는 것을 자신의 과제로 여긴다.

뉘마 드니 퓌스텔 드 쿨랑주(19세기의 실증주의적·반동적 프랑스 역사가55))에 맞서는 논쟁은 랑케와 독일 역사주의에 맞서는 앞선 테제

---

55) 뉘마 드니 퓌스텔 드 쿨랑주(1830~1899)는 민주주의와 공화국의 공공연한 적이었다. 가족, 종교, 사유재산의 수호자였던 그는 제국, 1870년의 패배, 코뮌 탓에 생겨난 보통선거를 비난했다. 실증주의자였던 그는 "역사학이 순수 과학, 즉 물리학이나 지질학 같은 과학"이라고 여겼다. Christian Delacroix, François Dosse, et Patrick Garcia, *Les courants historiques en France, XIXᵉ et*

들의 논쟁을 연장한다. 과거는 현재에 비춰볼 때만 이해될 수 있다. 과거의 진정한 상은 일시적이며 불안정하다 — "불현듯." 하지만 벤야민은 여기서 Einfühlung[감정이입]이라는 새로운 개념을 도입한다. 그 개념과 등가적인 가장 가까운 프랑스어는 empathie일 테지만 벤야민은 'identification affective'[감정의 동일시]라고 번역했다. 벤야민은 역사주의를 승리자와의 동일시라며 고발한다. '승리자'라는 용어가 여기서 보통의 전투나 전쟁이 아니라 '계급 전쟁'을 참조함은 자명하다. 계급 전쟁에서 한쪽 진영, 즉 주류 계급은 억압받는 자들에게 거듭 승리를 거뒀다. 반역을 일으킨 검투사 스파르타쿠스에서부터 로자 룩셈부르크의 스파르타쿠스단에 이르기까지, 로마 제국Imperium에서부터 히틀러의 제3제국Tertium Imperium에 이르기까지.

벤야민에 따르면, 지배자들의 행렬과 스스로를 동일시하는 감정이입의 기원은 태만acedia에 있다. 그것은 마음의 나태함, 멜랑콜리를 가리키는 라틴어이다. 왜 그럴까? acedia와 Einfühlung은 무슨 관계일까? 테제 7번은 이에 대해 전혀 설명하지 않는다. 우리는 그 문제의 열쇠를 『독일 비애극의 원천』(1925)에서 찾을 수 있다. acedia는 인간의 행동에서 일체의 가치를 박탈하는 전능한 숙명에서 느끼는 멜랑콜리한 감정이다. 그 결과 태만은 기존 사물의 질서에 전적으로 복종하도록 이끈다. 심원하고도 멜랑콜리한 명상인 태만은 권력자들의 행렬의 장중한 위엄에 끌린다. 뭐니 뭐니 해도 마음의 나태(태만)에 의해 지배되는 멜랑콜리에 빠진 자는 궁신宮臣[아첨하는 신하]이

XXe siècles, Paris: A. Colin, 1999, pp.73~76; François Hartog, Le XIXe siècle et l'histoire: Le cas Fustel de Coulanges, Paris: PUF, 1988, pp.341~342.

다. 배반은 궁신의 요소이다. 왜냐하면 운명에 복종함으로써 궁신은
승리자의 진영에 합류하기 때문이다.56)

바로크적 궁신의 근대적 등가물이 타협주의 역사가이다. 타협주
의 역사가도 늘 권력자의 위엄 있는 행렬과 객관적인 동일시를 택한
다. 랑케의 제자인 위대한 역사가 하인리히 폰 지벨은 역사가의 눈
에 성공이란 "최고 재판관 …… 이자 직접적인 결정의 심급"이라고
서슴없이 공표했다. 이런 태도는 독일 역사기술가의 전유물은 아니
다. 벤야민은 퓌스텔 드 쿨랑주를 예로 든다. 벤야민은 빅토르 쿠쟁
을 언급할 수도 있었을 것이다. 쿠쟁은 『철학사 입문』(1828)에서 경
탄스러울 만큼 우아하게 성공과 '도덕성'을 연합하는 인상적인 '승리
자의 철학'을 전개한다.

나는 승리를 필요하고 유용한 것으로서 용서한다. 지금 승리를 그 단
어의 가장 협소한 의미에서 정의롭다고 용서하려고 한다. 성공의 도
덕성을 증명하려고 한다. 사람들은 보통 성공에서 힘의 승리만 보고
는, 감정적인 동감에 이끌려 패배자에게 마음을 준다. 내가 다음의 사
실을 증명했기를 바란다. 패배자는 늘 있기 마련이고 승리자는 늘 승
리할 수밖에 없는 자이기 때문에, 승리자는 문명에 봉사할 뿐만 아니
라 더 훌륭하고 더 도덕적이며, 그래서 승리자이다. 그렇지 않았다면
도덕성과 문명 사이에 모순이 있었을 것인데, 이는 불가능하다. 도덕

---

56) Walter Benjamin, *Les origines du drame baroque allemand*, Paris: Flammarion,
1985, pp.150, 151, 167; "Ursprung des deutschen Trauerspiels," *GS*, I-1,
pp.317, 318, 333. [최성만·김유동 옮김, 『독일 비애극의 원천』, 한길사, 2009,
208, 210, 233~234쪽.]

성과 문명은 동일한 이념의 두 가지 측면, 즉 구분되지만 조화로운 두 가지 요소일 뿐이다.57)

바로 이 비굴한 역사주의에 맞서 벤야민은 "결을 거슬러 역사를 솔질하기"를 제안하면서 봉기한다. 여기서 벤야민이 초기 프리드리히 니체, 그러니까 두 번째 '반시대적 고찰'의 니체에게 영감을 받았다는 것은 의심의 여지가 없다. 「삶에 대한 역사의 공과」(1873)는 벤야민이 읽고 경탄하고 (테제들에서도) 인용했던 저작이다.

니체는 "생성의 흐름 속에서 헤엄치다 익사"하고, "성공을 대놓고 찬미하며"nackte Bewunderung des Erfolges, "사실적인 것을 숭배하는"Götzen -dienste des Thatsächlichen, 요컨대 모든 권력에 "중국인 같이 기계적으로" 머리를 조아리며 항상 "예"라고 말하는 역사가들을 경멸했다. 니체가 보기에 악마는 성공과 진보의 진정한 스승이다. 역사가의 덕이란 실재의 참주에 맞서고, "역사의 파도를 거슬러 헤엄"치며, 그 역사에 맞서 투쟁할 줄 아는 것으로 이뤄진다.58)

벤야민은 이런 감정을 전적으로 공유했다. 거기서 영감 받은 벤야민은 역사의 "윤기가 잘잘 흐르는 털"(테제 7번을 프랑스어로 번역할

---

57) Victor Cousin, *Cours de philosophie: Introduction à l'histoire de la philosophie*, Paris: Fayard, 1991, p.242; Michèle Riot-Sarcey, *Le réel et l'utopie: Essai sur le politique au XIXᵉ siècle*, Paris: Albin Michel, 1998, p.44. 재인용.

58) Friedrich Nietzsche, "De l'utilité et des inconvénients de l'histoire pour la vie," *Considérations inactuelles II: Œuvres philosophiques complètes, II-1*, Paris: Gallimard, 1990, pp.147, 149; *Vom Nutzen und Nachteil der Historie für das Leben*, Stuttgart: Reclam, 1982, pp.81, 83, 84, 96. [이진우 옮김, 「반시대적 고찰 2: 삶에 대한 역사의 공과」, 『비극의 탄생/반시대적 고찰』, 책세상, 2005, 359, 361, 362, 367쪽.]

안드레아 안드레아니의 「카이사르의 개선식」(1599) 이 도판은 1484~92년에 걸쳐 안드레아 만테냐가 그린 동명의 그림을 안드레아니가 따라 그린 것이다(데생은 베르나르디노 말피찌. 리옹시립도서관 소장).

때 사용한 아이러니한 표현)을 결대로 쓰다듬는 자들을 따라 하기를 거부했다. 두 사람의 결정적 차이가 있다. 니체의 비판은 반역하는 개인, 영웅, 나중에는 넘어가는-자[초인]$^{über-mensch}$의 이름으로 행해진다. 반대로 벤야민의 비판은 문명, 진보, 근대성이라고 불리는 위엄 있고 웅장한 수레의 바퀴 아래 깔린 자들과 굳게 결속되어 있다.

    결을 거슬러 역사를 솔질하기(역사기술과 정치의 엄청난 사정[영향력, 범위]을 지닌 정식)의 의미는 무엇보다 오늘날에도 땅에 깔린 자들의 몸 위를 넘어가는 개선 행렬에 이런저런 방식으로 합류하기를 거부한다는 것이다. 바로크의 승리의 알레고리들이 떠오른다. 그것은 포로들과 금은보화로 넘쳐나는 상자를 뒤에 달고 가는 웅장한 황제의 마차 위에 앉은 군주로 표상된다. 혹은 다른 이미지도 떠오른다. 그것은 맑스가 자본을 묘사할 때 등장하는 저거노트^{Juggernaut}이다. 저거노트는 거대한 수레 위에 앉은 힌두교의 신으로서, 사람들은 그 수레 바퀴 아래에 아이들을 제물로 던져 넣었다. 하지만 모든 유대인들의 마음속에 간직된 오래된 모델은 로마의 티투스 개선문이다. 그것은 헤브라이인들의 봉기를 진압하고 예루살렘 사원에서 노략질한 보물들을 들고 돌아온 로마 승리자들의 개선 행렬을 표상한다.[59]

늘 그렇듯 벤야민에게 "결을 거슬러 역사를 솔질하라"는 명령문은 이중의 의미를 갖는다.

a) 역사적 의미: 역사의 공식 판본에 억압받은 자들의 전통을 맞세움으로써 전자의 흐름에 거슬러 가는 것. 이런 시각에서 지배 계급의 역사적 연속성은 하위 계급의 봉기에 의해 이따금 중단되는 하나의 거대한 개선 행렬로 파악된다.

b) 정치적(현재적) 의미: 구원/혁명은 사물의 자연적 흐름, '역사의 방향,' 불가피한 진보 덕분에 일어나지는 않을 것이다. 흐름을 거

---

59) 베르톨트 브레히트가 소설『율리우스 카이사르 씨의 사업』(1939)과 희곡『루쿨루스 심문』(1940)을 쓰면서 그랬듯이, 벤야민은 로마의 제국주의와 근대의 제국주의 사이 평행관계에 흥미를 가졌다. 브레히트는 벤야민의 역사철학 테제가 자신의 카이사르 관련 소설을 읽고 영향 받은 것이라고 (십중팔구 잘못) 생각했다. Bertolt Brecht, *Arbeitsjournal*, Bd.1. 1938-1942, Hrsg. Werner Hecht, Frankfurt am Main: Suhrkamp, 1973, p.294.

피에트로 산티 바르톨리의 「티투스의 개선 행렬」(1690) 이 도판은 '포룸 로마눔'(고대 로마 유적지)의 남동쪽에 위치한 티투스 개선문(기원후 81년 건설) 왼쪽 면에 새겨진 부조를 판화로 만든 것이다.

슬러 투쟁해야만 한다. 그대로 놔두거나, 털의 결 방향으로 쓰다듬을 경우, 역사는 새로운 전쟁, 새로운 재난, 새로운 형태의 야만과 억압만 낳을 뿐이다.

여기서 우리는 (초현실주의에 관한 논문[1929년]에서 "비관론을 조직할" 긴급한 필요성을 요청한) 벤야민의 혁명적 비관론과 다시 만난다. 혁명적 비관론은 "마음의 나태함"의 멜랑콜리한 숙명론에도 반대되고, '진보수의 세력'의 '불가피한' 승리를 확신하는 공식 좌파(사회민주주의자 또는 공산주의자)의 낙관론적 숙명론에도 반대된다.

벤야민이 성찰한 대상은 문화라는 반짝이는 황금빛 메달의 야만스런 이면이다. 문화라는 전리품은 티투스 개선문의 부조에도 새겨져 있는 일곱 갈래 촛대, 예루살렘 사원의 메노라*처럼 승리자에서 승리자로 전달된다. 문화(또는 문명)와 야만을 서로 배타적인 두 기둥인 양, 또는 역사적 진화의 상이한 단계인 양 대립시키는 대신(문화와 야만은 계몽주의 철학의 고전적인 두 라이트모티프였다), 벤야민은 문화와 야만을 변증법적으로 모순적 통일성인 양 제시한다.

개선문은 문화의 기념비의 현저한 예인 동시에, 그리고 확고하게, 전쟁과 살육을 축하하는 야만의 기념비이다. 벤야민이 이런 유형의 건축물, 그것의 고대 로마적 기원, 그것의 정치적이고 이데올로기적인 기능에 관심을 기울였음은 『파사젠베르크』에서 확인된다.[60] 『1900년경 베를린의 유년시절』에는 Siegessäule, 즉 승전기념탑에 대한 끔찍한 묘사가 등장한다. 이 기념탑에서는 기념비에 관을 씌우는 우아한 빅토리아상과 하단부를 두르고 있는 암울한 프레스코 연작이 대비를 이룬다. 그 연작은 귀스타브 도레가 그린 단테 알리기에리의 지옥에 떨어진 자들처럼 "인간 무리들"이 회오리 바람에 채찍질 당하고, 빙하 덩어리에 갇히며, 어두컴컴한 깔때기에 던져져 고통 받는 장면을 (아이의 상상 속에) 연상시킨다.[61] 이 묘사는 테제 7번을

---

* menorah. 유대교 전통 의식에 쓰이는, 여러 갈래(흔히 7~9개)로 나뉜 큰 촛대.

60) 『파사젠베르크』에는 라이프치히의 바르부르크 도서관에서 1928년에 출간된 페르디난트 노아크의 「개선 행진과 개선문」(Triumph und Triumphbogen), 개선문에 대한 빅토르 위고의 시, 파리로 들어오면서 "2,000개의 개선문"을 지나는 나폴레옹 3세를 묘사하는 아르센 우세의 인용문 등 여러 참고문헌을 찾아볼 수 있다. Benjamin, *Le livre des passages*, pp.121~124; 120, 125; 161; "Das Passagen-Werk," pp.150~152; 149, 154~155; 199. [『아케이드 프로젝트 1』, 313~315; 306~310, 319; 399쪽.]

61) Walter Benjamin, *Enfance berlinoise*, trad. Jean Lacoste, Paris: Maurice Nadeau, 1978, p.40; "Berliner Kindheit um neunzehnhundert," *GS*, IV-1, p.242.

"죽어도 쉬지 않는 지옥의 태풍이 영혼들을 억세게 몰아세우고 회오리치며 후려쳐 그들을 괴롭게 하는구나"(제5곡) 단테 알리기에리의 『신곡: 지옥편』 프랑스어판(1861)에 수록된 귀스타프 도레의 삽화(삽화의 제목은 「애욕의 죄인들」로서, 총 9개의 고리[층]로 이뤄진 지옥의 두 번째 고리를 묘사하고 있다).

"얼음 속에서 처절하게 울고 있는 영혼들 …… 입에서는 추위가, 눈에서는 슬픈 마음이 저들의 표정을 나타내고 있었다"(제32곡) 단테 알리기에리의 『신곡: 지옥편』 프랑스어판(1861)에 수록된 귀스타프 도레의 삽화(삽화의 제목은 「코퀴토스 호수」이다. 부분 확대).

여는 브레히트의 시와 현저한 평행관계를 보여준다.

문화와 야만의 변증법은 헤브라이 노예들이 건설한 이집트 피라미드들에서부터 나폴레옹 3세 치하 1848년 6월에 패배한 노동자들이 건립한 오페라 광장에 이르기까지 억압받은 자들의 "무명의 노역"으로써 만들어진 다른 여러 화려한 작품들에도 마찬가지로 적용된다. 이 테제에는 니체가 좋아하는 테마의 전도된 이미지가 있다. 예술과 문명이 이룩한 위대한 작품들(정확히는, 피라미드들)은 다중의 고난과 노예상태를 대가로 해서만 만들어질 수 있는 것이다. 실스-마리아의 철학자에게 그것은 불가피하고 필연적인 희생이다.

이 텍스트를 쓰면서, 벤야민은 필시 브레히트가 쓴 아이러니하고 불경한 시 「어느 책 읽는 노동자의 의문」(1935)을 생각했다.

성문이 일곱 개인 테베를 누가 건설했던가?
책에는 왕들의 이름만 적혀 있다.
왕들이 바윗덩어리들을 날랐던가?
그리고 몇 차례나 파괴된 바빌론,
그때마다 그 도시를 누가 재건했던가?
…… 위대한 로마는

[윤미애 옮김, 「1900년경 베를린의 유년시절」, 『1900년경 베를린의 유년시절/베를린 연대기』, 도서출판 길, 2007, 50쪽.] 벤야민이 분명히 알고 있었으나 인용하지 않은 재미있는 예가 마인츠의 분수이다. 르네상스 시기에 만들어진 이 아름다운 걸작은 브란덴부르크의 알베르트 대주교가 1525년의 농민 반란을 진압한 군주의 승리를 기념하기 위해 건립했다. 이 기념비에는 "Conspiratio rusticorum prostrata"[농민들의 모반이 쓰러지다]라는 글귀가 새겨져 있는바, 이는 계급 전쟁에서 거둔 권력자들의 승리를 직접 가리키는 것이다.

개선문으로 가득 차 있다.

로마의 황제들은 누구를 정복했던가? ……

페이지를 넘길 때마다 승리가 하나씩 나온다.

승리의 향연은 누가 차렸던가?

십 년마다 위대한 자가 나온다.

그 비용은 누가 지불했던가?

그 많은 이야기들,

그 많은 의문들.[62]

하지만 테제 7번의 사정은 더 일반적이다. 고급 문화는 노예, 농민, 노동자 같은 직접 생산자들(그들 자신은 문화재의 향유에서 배제된다)의 익명적 노동 없이는 그것의 역사적 형태로 존재할 수 없을 것이다. 문화재는 그것이 계급적 부정의, 사회적·정치적 억압, 불평등에서 생겨난 이상, 그리고 그것의 전승이 살육과 전쟁을 거쳐 이뤄지기에 "야만의 기록"이다. "문화 유산"은 희랍에서 로마로, 그리고 교회로 전달되고 나서 르네상스에서 오늘날에 이르기까지 부르주아지의 수중에 떨어졌다. 모든 경우에 지배 엘리트는 이전 문화를 정복이나 여타 야만적 수단을 통해서 전유하고는 사회적·이데올로기적 지배 체계 안에 그 문화를 통합시킨다. 벤야민이 테제 6번에서 강조하듯이, 문화와 전통은 이렇게 "지배 계급에게 도구"가 된다.

---

62) Bertolt Brecht, "Fragen eines lesenden Arbeiter," *Kalender Geschichten*, Hamburg: Rowohlt, 1989, p.74. [김길웅 옮김, 「어느 책 읽는 노동자의 의문」, 『브레히트 선집 6: 시』, 연극과인간, 2015, 41~42쪽.]

gegen den Strich["결을 거슬러"] 문화사를 솔질한다는 것은 문화사를 패배자, 배제된 자, 천민의 관점에서 고찰한다는 뜻이다. 예컨대 프랑스 제2제국의 풍부한 문화를 검토하려면, 『파사젠베르크』에서 벤야민이 그렇게 하듯이, 1848년 6월에 노동자들이 패배하고, 그 여파로 혁명 운동(블랑키!)에 대한 탄압이 수십 년간 지속된 정황을 고려해야만 한다. 마찬가지로 바이마르의 빛나는 문화의 자리는, 『일방통행로』(1928)에서처럼 실업자, 빈민, 인플레이션 희생자의 상황과 비교해 배치되어야 한다. 준비 노트 중 하나를 인용해 다르게 표현하면, 문화사는 "계급투쟁의 역사 속에 통합되어야 한다."[63]

이는 벤야민이 "문화적 포퓰리즘"의 신봉자라는 말이 아니다. 벤야민은 "고급 문화"의 작품들을 반동적인 것으로 간주해 거부하기는커녕, 그것들 상당수가 공공연하게 혹은 은밀하게 자본주의에 적대적이라고 확신한다. 문화 "유산"(E. T. A. 호프만의 환상적 콩트들이 됐든, 보들레르의 시가 됐든, 레스코프의 이야기들이 됐든)의 유토피아적이거나 전복적인 순간을 재발견하는 것이 관건이다. 리처드 월린에 따르면, 벤야민은 말년의 시론이나 역사철학 테제에서 "더 이상 부르주아 전통 문화의 Aufhebung(폐지)을 말하지 않는다. 벤야민은 예술 작품에 관한 시론과 브레히트에 붙인 논평에서 이런 시각을 견지

---

63) "Anmerkungen der Herausgeber," p.1240. [「〈역사의 개념에 대하여〉 관련 노트들」, 369쪽.] 또한 다음을 참조하라. Irving Wohlfarth, "Smashing the Kaleidoscope: Walter Benjamin's Critique of Cultural History"; Michael Löwy, "Against the Grain: The Dialectical Conception of Culture in Walter Benjamin's Theses of 1940," *Walter Benjamin and the Demands of History*, ed. Michael P. Steinberg, Ithaca: Cornell University Press, 1996.

했다. 벤야민이 유물론적 비판의 첫 과제로 간주한 것은 오히려 전통 문화 작품 한가운데 포함된 비밀스런 유토피아적 잠재력을 보존하고 설명하는 것이었다."[64] 이는 '보존'이 파괴적 계기와 변증법적으로 연결되는 한 참이다. 억압받은 자들은 공식 문화의 물화된 껍질을 깨야만 이 비판적/유토피아적 씨를 손에 넣을 수 있을 것이다.

벤야민은 문화의 전복적이고 반부르주아적인 형태들을 수호하는 데 관심이 있다. 이를 위해 벤야민은 그 형태들이 문화적 **기득권층**에 의해 방부 처리되고, 중화되고, 판에 박히고, 상찬되는 것(보들레르)을 막았다. 지배 계급이 과거 문화의 불꽃을 꺼트리지 못하게 막고, 그 불꽃을 노리는 타협주의로부터 [과거] 문화를 빼내는 것이 관건이다(테제 6번).[65]

✤

아메리카 대륙 발견 5백주년(1492~1992년)을 기념한 라틴아메리카의 최근 예는 "결을 거슬러 역사를 솔질하라"는 요청의 의미를 예증하는 데 도움이 된다. 국가, 교회, 사적 발기인들이 조직한 문화 축제

---

64) Richard Wolin, *Walter Benjamin: An Aesthetic of Redemption*, New York: Columbia University Press, 1982, pp.263~264. 내 생각에, 이 책은 벤야민의 저작 전반에 관한 가장 뛰어난 책들 중 한 권이다.

65) 19세기 문화의 반부르주아적 구성요소를 훌륭하게 조명한 것은 돌프 욀러였다. 벤야민에게 강하게 영향을 받은 욀러의 책을 보라. Dolf Oehler, *Le spleen contre l'oubli. Juin 1848: Baudelaire, Flaubert, Heine, Herzen*, trad. Guy Petitdemange, Paris: Payot, 1996; *Parisier Bilder I (1830-1848): Antibourgeois Aesthetik bei Baudelaire, Daumier und Heine*, Frankfurt am Main: Suhrkamp, 1988.

는 16세기의 승리자들에게 감정이입(오늘날의 지배자들에게도 변함 없이 도움이 되는 Einfühlung)을 한 좋은 예이다. 지역적·다국적 금융 엘리트들은 옛 콘키스타도르[정복자]의 지배력을 계승했다.

"반대 방향"(벤야민이 본인의 프랑스어 번역에서 택한 용어)으로 역사를 기술한다는 것은 저 5백주년의 공식 영웅들, 즉 '야만적' 인 디언들에게 종교·문화·문명을 가져다준 이베리아 출신 식민지 개척 자들, 유럽 열강들과 일체의 '감정적 동일시'를 거부하는 것이다. 이 는 식민지 문화의 모든 기념비(멕시코나 리마의 성당들, 쿠에르나바카 의 코르테스 저택*)를 **또한** 야만의 기록이요 전쟁, 절멸, 무자비한 억 압의 산물로 간주하는 것이다.

수세기 동안 발견·정복·포교의 '공식' 역사는 헤게모니를 쥐었 을 뿐 아니라 실제로 정치·문화의 무대를 점령한 유일한 역사였다. 1911년 멕시코 혁명이 일어나고 나서야 이 헤게모니는 이의제기에 부딪히기 시작했다. 쿠에르나바카의 코르테스 저택에 디에고 리베라 가 그린 프레스코화(1930년)는 라틴아메리카 문화사의 진정한 전환 점이었다.[66] 왜냐하면 이 프레스코화는 콘키스타도르의 우상을 파괴

---

* Palacio de Cortés. 멕시코의 아즈텍 문명을 파괴한 스페인의 정복자 에르난 코르테스(Hernán Cortés, 1484~1547)가 1526년 건설한 요새로서 코르테스 는 이곳을 거처로 삼았다.

66) 이 예술 작품의 정치적 등가물은 1927~30년 페루 출신 원주민 사회주의자 호세 카를로스 마리아테기가 쓴 저작들에서 발견된다. 특히 [1928년에 출판 된]『페루 현실을 해석하는 일곱 편의 시론』(7 ensayos de interpretación de la realidad peruana)을 보라. [마리아테기에 관한 뢰비의 논문으로는 다음을 참조 하라. Michael Löwy, "Le marxisme en amérique latine de José Carlos Mariategui aux zapatistes du Chiapas," Actuel Marx, no.42, 2007, pp.25~35.]

디에고 리베라의 「쿠에르나바카의 포획」(1930) 이 작품은 멕시코의 쿠에르나바카에 위치해 있는 코르테스 저택 안의 벽에 그려진 프레스코화이다(부분 확대).

하는 탈신비화 작업을 했고, 예술가는 인디언 전사들에게 동감을 표했기 때문이다. 40년 뒤, 대륙의 가장 위대한 수필가 중 하나인 우루과이 출신 에두아르도 갈레아노는 자신의 명저 『라틴아메리카의 절개된 혈맥』(1971)에서 이베리아 출신자들의 식민지 개척에 대한 기소장을 식민지 개척의 희생자들과 그들의 문화, 인디언들, 흑인 노예들, 메스티조의 관점에서 설득력 있는 총론의 형태로 작성한다.

　　5백주년 관련 토론 중에, (갈레아노가 1940년의 역사철학 테제를 읽었는지의 여부는 모르겠지만) 갈레아노는 거의 벤야민적인 용어들을 사용해 발언하면서 "승리자들이 아닌 패배자들을 기념"하고, 공동체적 생활양식으로서 "우리의 가장 오래된 몇몇 전통들을 지킬 것"을 호소했다. 왜냐하면 아메리카는 "그 자체의 가장 오래된 원천"에서 "가장 젊은 생명력"을 찾아낼 수 있기 때문이다. "과거는 미래와 관련 있는 것들을 이야기한다."67)

스페인, 유럽, 미국이 크리스토퍼 콜럼버스의 도착을 기념하려고 준비했던 것과 달리, 과테말라의 쉘라후(마야 문화의 보루 가운데 하나)에서 1991년 10월에 개최된 라틴아메리카 회의는 '인디언, 흑인, 민중 저항 5세기'를 기념할 것을 호소했다. 사파티스타민족해방군의 사파티스타들은 1492년 기념일에 맞춰 봉기하고자 했으나 군사적으로 준비가 미흡했던 탓에 1994년으로 투쟁을 연기했다. 하지만 사파티스타들은 상징적 복원 행위를 고취했다. 1992년에는 산에서 내려온 다수의 원주민들이 치아파스 주의 주도인 산 크리스토발 데 라스 카사스 시내에 있는 디에고 데 마사리에고스*의 조각상을 쓰러뜨렸다. 정치, 문화, 역사는 5백주년을 둘러싼 대결에서 밀접하게 연결됐다. 하지만 이를 두고 벤야민은 그리 놀라지 않았을 것이다.

---

67) Eduardo Galeano, "El tigre azul y nuestra tierra prometida," *Nosotros decimos no*, Mexico: Siglo XXI, 1991.

* Diego de Mazariegos(? ~ 1536). 스페인의 정복자. 멕시코의 치아파스 주를 정복한 뒤 그곳의 초대 총독이 됐다.

테제 8번

억압받는 자들의 전통은 우리가 그 속에서 살고 있는 '예외상태'
가 상례임을 가르쳐준다. 우리는 이 상태에 상응하는 역사의 개념
에 도달해야 한다. 그렇게 되면 진정한 예외상태를 도래시키는 것
이 우리의 과제로 눈앞에 나타날 것이며, 파시즘에 맞서는 우리의
입지도 그만큼 개선될 것이다. 파시즘이 승산이 있는 이유는 그 적
들이 역사적 규범으로서의 진보의 이름으로 그 파시즘에 대항하고
있다는 데 있다.[68] 우리가 겪고 있는 일들이 20세기에도 '여전히'
가능하다는 것에 대한 놀라움은 **전혀** 철학적인 놀라움이 아니다.
그 놀라움은, 그 놀라움을 야기한 역사 관념을 유지할 수 없다는 인
식이라면 몰라도, 어떤 인식의 출발점에 있는 것이 아니다.

벤야민은 여기서 현재와 관련해 명백한 정치적 함의를 갖는 두 역사
관을 대결시킨다. 먼저 편한 '진보주의적' 교의가 있다. 이 교의에 따
르면 역사적 진보, 더 많은 민주주의·자유·평화로 향하는 사회의 진
화는 규범이다. 그리고 벤야민이 바라마지 않는, 억압받는 자들의 전
통의 관점에 위치하는 교의가 있다. 이 교의에 따르면 역사의 규범,
상례는 거꾸로 승리자들의 억압, 야만, 폭력이다.

　이 두 역사관은 완전히 상반된 방식으로 파시즘에 대응한다. 전
자에게 파시즘은 진보의 규범에 하나의 예외, 설명할 수 없는 하나의

---

68) 강디약의 프랑스어 번역에는 중대한 오류가 끼어들어 있다. 그 판본에 따
　　르면 파시즘의 적들은 "진보의 이름으로, 역사적 규범으로서의 파시즘과 마주
　　한다." 우리는 독일어 원문에 따라 번역을 수정했다.

'퇴행,' 인류의 진일보에 쳐진 괄호에 해당한다. 후자에게 파시즘은 계급 억압의 역사인 '영구적인 예외상태'의 가장 최근의, 가장 난폭한 표현이다. 벤야민은 칼 슈미트의『정치신학』(1922)에서 영향 받은 것이 분명하다. 벤야민이 관심이 많았던 이 책에서 슈미트는 (군주적이든, 독재적이든, 공화적이든) 주권과 예외상태를 동일시했다. 주권자는 예외상태를 결정하는 권력을 가진 자이다. 이 테마는『독일 비애극의 원천』에서도 발견된다. 슈미트를 인용하고 나서, 벤야민은 반종교개혁에 관해 다음과 같이 지적한다. "지배하는 군주는 처음부터 전쟁이나 혁명 또는 그밖의 파국으로 인한 예외상태 발발 시 독재적인 지배권을 행사하도록 정해져 있다." 몇 페이지 뒤에서는 이렇게 덧붙인다. "독재의 심급들을 펼침으로써 예외의 경우가 범례적인 경우가 되는 주권론은 통치자의 상을 거의 폭군이라는 의미에서 완성하게 만든다." 1920년대의 이 진단은 벤야민이 1940년에 제3제국의 본질에 대해 성찰할 때도 머릿속에 있었음에 틀림없다.[69]

사태를 이렇게 볼 경우 파시즘은 승리자들의 연속 행렬에 메두사의 머리, 즉 권력자들의 반복된 야만의 최고이자 최후의 얼굴로서 위치하게 된다. 하지만 그런 시각의 가장 큰 결점은 파시즘이 옛날의 지배 형태에 비해 갖는 새로움, 특히 히틀러 식 변이형에서 나타나는

---

69) Benjamin, *Les origines du drame baroque allemand*, pp.66, 70; "Ursprung des deutschen Trauerspiels," pp.245~246, 249. [『독일 비애극의 원천』, 94, 101쪽.] 1930년 12월, 벤야민은 자신의 책을 칼 슈미트에게 보내면서 편지 한 통을 동봉한다. 벤야민은 그 편지에서 슈미트에 대한 존경(Hochschätzung)을 표하고, 비애극을 다룬 책(Trauerspielbuch)[즉,『독일 비애극의 원천』]에 슈미트의 저작들이 끼친 영향을 인정한다. "Anmerkungen der Herausgeber," p.887.

새로움을 부각하지 못한다는 데 있다. 프랑크푸르트 학파는 그 새로움을 '총체적 관리'라고 부르게 되고, 아렌트는 전체주의라고 부르게 된다. 벤야민을 변호하자면, 이 역사적 새로움(집중수용 체계, 죽음의 공장, 유대인과 집시의 산업적 절멸)은 벤야민이 죽고 나서야, 그러니까 1941~45년에야 가장 특징적으로 현시되고, 가장 끔찍한 형태로 펼쳐진다고 말해야 한다.

파시즘이 성공할 수 있었던 조건 중 하나는 진보 이데올로기에 고취된 파시즘의 적들이 파시즘에 대해 보여준 몰이해라고 벤야민은 강조한다. 준비 노트 중 하나에서 명시적으로 이야기하듯이 파시즘의의 적들이란 당연히 좌파를 가리킨다.[70] 테제의 저자가 말하고자 하는 바를 예증할 수 있게 해주는 두 가지 예가 있다.

사회민주주의 측에서 볼 때, 파시즘은 시대착오적이며 전근대적인 과거의 잔재였다. 칼 카우츠키는 1920년대에 쓴 글들에서 다음과 같이 설명하곤 했다. 파시즘이란 이탈리아 같은 반半-농경 국가에서나 가능할 뿐이지 독일 같이 산업화된 근대 국가에서는 자리 잡을 수 없을 것이라고 말이다……

공식적인(스탈린의) 공산주의 운동으로 말할 것 같으면, 1933년에 거둔 히틀러의 승리가 일시적이라고 확신했다. 나치 체제가 식견 있는 독일공산당의 지도 아래 노동자 세력 및 개혁 세력에 의해 일소되는 것은 몇 주나 몇 달이면 충분한 문제라는 것이다.

---

70) "[파시즘이] 좌파에 대해 갖는 우월함은 좌파가 역사적 규범, 일종의 역사적 평균 상태의 이름으로 그 파시즘에 맞서는 데서 특히 자신의 표현을 찾는다." "Anmerkungen der Herausgeber," p.1246. [「〈역사의 개념에 대하여〉 관련 노트들」, 380쪽.]

벤야민은 파시즘의 근대성을, [즉] 파시즘이 현대 산업/자본주의 사회와 맺고 있는 내밀한 관계를 완벽하게 간파했다. 그래서 파시즘이 20세기에도 '여전히' 가능하다는 것에 놀라는 자들, 과학적·산업적·기술적 진보가 사회적·정치적 야만과 양립 불가능하다는 착각에 눈이 먼 바로 그 자들을 비판했던 것이다. [당시의 좌파들이 느꼈던] 이 놀라움은 아리스토텔레스가 말한 thaumazein, 곧 모든 철학적 인식의 원천으로서의 경이가 아니다. 그 놀라움은 파시즘에 대한 몰이해와 그로 인한 패배로 인도할 뿐이다.

준비 노트 중 하나에서 벤야민은 이렇게 지적한다. 그로부터 파시즘이 발견될gesichtet 수 있는 역사 이론이 필요하다고.[71] 진보주의적 착각 없는 개념화만이 파시즘 같이 근대의 산업적·기술적 '진보'에 깊게 뿌리박은 현상, 최종심에서 20세기**에서만** 가능했던 현상을 해명할 수 있다. 파시즘이 가장 '문명화된' 나라들에서 승리할 수 있으며, '진보'에 의해 파시즘이 자동으로 사라질 리 없음을 이해해야만 반파시스트 투쟁에서 우리의 입지를 개선할 수 있을 것이라고 벤야민은 생각한다. 반파시스트 투쟁의 궁극적 목적은 '**진정한** 예외상태,' 다시 말해 지배의 폐지, 계급 없는 사회를 만들어내는 것이다.[72]

---

71) "Anmerkungen der Herausgeber," p.1244. [「〈역사의 개념에 대하여〉 관련 노트들」, 377쪽.]

72) (특히 벤야민의 미학 이념과 관련된 흥미로운 통찰들이 담겨 있는 책을 쓴) 라이너 로슐리츠처럼, 이 목적이 유토피아적이고 비현실적이라고 여길 수도 있고, 역사철학 테제의 저자더러 사회민주주의가 추구하는 "점진적인 변경"을, 불가피하게 "타협과 임시변통에 저당 잡힌" 변화들을 끝끝내 신뢰하지 않았다고 비난할 수도 있다. 하지만 "칼 슈미트가 주조한 예외상태 개념과 분리해서 생각할 수 없는 권위주의 정치에 대한 호소"를 테제 8번에 귀속시키는

이 유토피아적인 '예외상태'는 아무리 짧은 순간일지라도 권력자들의 개선 행렬을 중단하는 모든 반란과 봉기에 의해 미리 예시된다. 그런 예외상태의 유희적인(그리고 심지어 그로테스크한) 전조를 카니발 같은 몇몇 민중 축제에서 찾아볼 수도 있다. 벤야민은 여기서 미하일 바흐친과 일치한다. 1920년대에 쓴 이야기, 「꽃수레 행렬에 관한 대화」에서 벤야민은 이렇게 적고 있다. "카니발은 예외상태이다. 그것은 고대의 사투르누스 축제[농신제農神祭]에서 유래한 것으로서, 그 축제를 계기로 위와 아래는 서로 자리를 바꾸고 노예는 주인의 시중을 받는다. 정확히 말해 예외상태는 보통의 상태와의 전적인 대립을 통해서만 정의될 수 있다."73)

카니발적 막간은 배출구에 지나지 않았으며, 주인은 축제가 끝나면 "위에 있는" 자신의 자리를 되찾았다는 점을 제외한다면 말이다. (더 이상 '위'도 '아래'도, 주인도 노예도 없을) **'진정한** 예외상태'의 목적이 [이런 카니발적 막간과는] 전혀 다르다는 것은 자명하다.

것은 오해라 하지 않을 수 없다. Rainer Rochlitz, *Le désenchantement de l'art: La philosophie de Walter Benjamin*, Paris: Gallimard, 1992, p.271. 정확히 말해 벤야민은 슈미트적인 의미의 모든 '예외상태들'의 대척지에서 진정한 예외, 권위주의 권력의 종언을 있는 힘껏 갈망한다.

73) Walter Benjamin, "En regardant passer le corso"(1935), *Rastelli raconte······: Et autres récits*, trad. Philippe Jaccottet, Paris: Seuil, 1987; "Gespräch über dem Corso: Nachklänge vom Nizzaer Karneval," *GS*, IV-2, pp.763~771.

테제 9번

> 내 날개는 날 준비가 되어 있고
> 나는 기꺼이 되돌아가고 싶다.
> 왜냐하면 내가 평생 머문다 해도
> 행복하지 못할 것이기에.
>
> 게르하르트 숄렘,* 『천사의 인사』

[파울] 클레가 그린 「새로운 천사」라는 그림이 있다. 이 그림의 천사는 자기가 꼼짝 않고 응시하던 어떤 것에서 멀어지는 듯 묘사되어 있다. 그 천사는 눈을 부릅뜨고 있고, 입은 벌어져 있으며, 날개는 펼쳐져 있다. 역사의 천사는 필시 이런 모습을 하고 있을 것임에 틀림없다. 그 천사의 얼굴은 과거를 향하고 있다.** 우리에게 일련의 사건들이 모습을 드러내는 바로 그곳에서 그 천사는 잔해 위에 또 잔해를 쉼 없이 쌓아 올리고 또 이 잔해를 자기 발*** 앞에 던

---

* "테제에는 '게르숌 숄렘' 대신 그의 본명 '게르하르트 숄렘'이 적혀 있다. 이 시는 숄렘이 1921년 벤야민의 생일을 위해 쓴 것으로 파울 클레의 「새로운 천사」(1920)에 대한 감상의 산물이다. 이 클레의 그림은 벤야민이 그해 5월 말에서 6월 초 사이 뮌헨에 있던 숄렘을 방문할 당시 구입한 것이다. 숄렘은 그해 11월 중순까지 이 그림을 보관하고 있었다." 김유동, 「파괴, 구성 그리고 복원: 발터 벤야민의 역사관과 그 현재성」, 『문학과 사회』(제74호/여름), 2006, 422쪽, 각주 20번. (김유동은 다음을 참조했다. Gershom Sholem, *Walter Benjamin und sein Engel*, Frankfurt am Main: Suhrkamp, 1983, p.45.)

** 반성완과 최성만이 번역한 판본 모두에서 이 문장("Er hat das Antlitz der Ver-gangenheit zugewendet")이 누락됐다.

*** "sie ihm vor die Füße schleudert"라는 원문에서 문제가 되는 것은 발의 주인이 누구냐이다. 반성완과 최성만 모두 "이 잔해를 우리들 발 앞에 내팽개치는"

지는 단 하나의 파국만을 본다. 천사는 머물고 싶어 하고 죽은 자들을 깨우고 또 산산이 부서진 것을 모아서 다시 결합하고 싶어 한다. 그러나 낙원에서 폭풍이 자신의 날개를 꼼짝달싹 못하게 할 정도로 세차게 불어오기 때문에 천사는 날개를 접을 수도 없다. 이 폭풍은, 천사가 등을 돌리고 있는 미래 쪽을 향해 저항할 수 없이 천사를 떠밀고 있으며, 반면 천사의 앞에 쌓이는 잔해의 더미는 하늘까지 치솟고 있다. 우리가 진보라고 일컫는 것은 바로 **이런** 폭풍을 두고 하는 말이다.[74]

이 구절은 벤야민의 가장 유명한 구절로서, 아주 다양한 맥락에서 셀 수 없을 만큼 많이 인용되고 해석되고 이용되어왔다. 확실히 이 구절은 우리 시대의 상상력을 자극했다. 아마 이 구절이 근대 문화의 위기 속에 있는 심오한 어떤 것을 건드리기 때문일 것이다. 또한 이 구절에 예언적 차원이 있기 때문이기도 할 것이다. 이 구절의 비극적 경고는 아우슈비츠와 히로시마를 예고하는 것 같다. 인류사의 가장

으로 옮기고 있다. 하지만 영어판(해리 존), 프랑스어판(강디약), 이탈리아어판(에이나우디 전집판), 일본어판 모두 발의 주인을 '천사'로 보고 있다. 벤야민은 이 테제를 프랑스어로 번역하며 "au pied de l'Ange, aux pieds de l'Ange"라고 썼다가 지우고 이를 "devant ses pieds"로 바꿔 적었다. 그렇지만 의미하는 바는 같다. 벤야민은 파국이 잔해를 쌓아 올린 뒤 그것을 천사의 발 앞에 내던진다고 봤음에 틀림없다.

74) 강디약의 프랑스어 번역은 늘 그렇듯 대단히 우아하고 표현력이 좋지만 여러 군데에서 부정확하다. 강디약이 "산산이 부서진 것을 모아서 다시 결합[한다]"(das Zerschlagene zusammenfügen)이라는 구절을 "패배자들을 결집시키다"(rassembler les vaincus)로 번역한 것은 특히 그렇다.

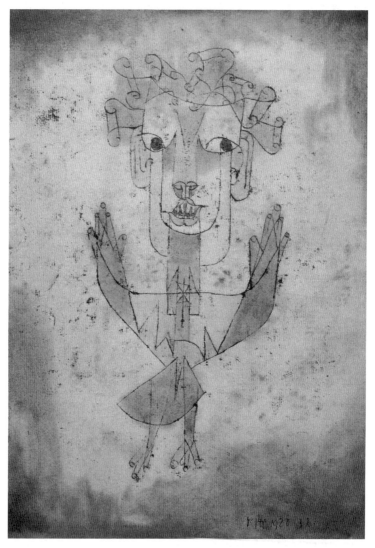

파울 클레의 「새로운 천사」(1920) 예루살렘 이스라엘 박물관 소장 © ADAGP, Paris, 2001.

커다란 두 가지 파국을, "하늘까지" 치솟은 더미를 마무리 지으러 온 가장 끔찍한 두 가지 잔해를 말이다.

이 테제는 문서 전체를 "마치 하나의 초점에" 요약한다. 이 테제는 하나의 알레고리이며, 그 요소들은 저자가 그 요소들에 의도적으로 할당한 역할 말고는 의미를 갖지 않는다. 벤야민은 종교적 알레고리들, 특히 Trauerspiel[비애극], 즉 독일 바로크극의 알레고리들에 매료됐었다. 거기에서 알레고리는 "역사의 죽어가는 얼굴표정facies hippocratica이 굳어진 원초적 풍경으로서 관찰자 앞에 모습을 드러낸다."[75] 테제 9번은 한 마디 한 마디 정확히 바로 그것이다.

테제 9번은 벤야민이 젊은 시절 취득한 클레의 그림 한 점에 대한 논평으로 제시된다. 사실 벤야민의 묘사는 그림과는 큰 관련이 없다. 중요한 것은 이 독일 화가의 섬세하고 간결한 이미지에 자기 자신의 감정과 생각을 투사했다는 데 있다.

이 구절을 구축할 때 벤야민은 필시 『악의 꽃』(1857)의 몇몇 구절, 몇몇 시적 이미지에 영감을 받았다. 예를 들어 시 LXXXI(「환상적인 판화」)의 다음 구절은 벤야민의 천사가 지각하는 인류의 과거에 대한 시각을 묘사하는 듯하다.

지평도 없이 아득한 차가운 묘지,

거기 희뿌연 햇빛 받으며

고금의 역사 속의 온갖 사람들이 잠들어 있다.[76]

---

75) Benjamin, *Les origines du drame baroque allemand*, p.178; "Ursprung des deu -tschen Trauerspiels," p.343. [『독일 비애극의 원천』, 247쪽.]

테제 9번과 보들레르의 관계는 더 깊다. 알레고리의 주요 구조는 각각의 이미지들을 관통하는 성스러운 것과 세속적인 것, 신학과 정치 사이의 (보들레르적 의미에서) 조응에 바탕을 둔다. 알레고리의 형상들 중 하나와 관련해 이 텍스트는 두 가지 의미를 제공한다. 낙원에서 불어오는 폭풍의 세속적 상응물은 진보이다. 진보는 "중단도 없는 파국"(벤야민의 프랑스어 번역)*이며, 하늘까지 솟은 잔해 더미들에 책임이 있다. 다른 형상들과 관련해서는 그것들의 사회적·정치적 의미를 벤야민의 다른 글들을 참조해 다시 찾아내야 한다.

낙원에서 불어오는 폭풍은 십중팔구 에덴동산에서의 추락과 추방을 연상시킨다. 아도르노와 호르크하이머는 벤야민의 이미지와 생각을 다시 취한 『계몽의 변증법』(1944)의 한 구절에서 위의 용어들을 가지고 이 폭풍을 해석했다. 인용부호 없이 말이다! "화염검으로써 인간을 낙원으로부터 기술적인 진보의 궤도로 몰아낸 천사는 그 자체가 이런 진보의 상징이다."[77] 진보 때문에 우리에게서 점점 더

---

76) 또는 다른 예를 들어보자면, 시 CXXXIII(「천벌 받은 여인들」)의 구절은 천국에서 불어오는 폭풍의 이미지에 영감을 주었을 수 있다. "내려가라, 내려가, 가련한 희생자들아./ 영원한 지옥의 길을 내려가라!/ 나락의 밑바닥에 가서 잠겨라, 온갖 죄악이/ 하늘에서 오지 않은 바람에 두들겨 맞아,/ 폭풍 소리와 함께 부글부글 끓어오르는 그곳에." [샤를 보들레르, 윤영애 옮김, 『악의 꽃』, 문학과지성사, 2003, 155, 353쪽.]

* "우리의 시선 앞에 사건들이 연이어 늘어선 곳에서, 하나만이 천사의 시선에 잡힌다. 잔해들을 쌓아올리고 그 잔해들을 영원히 자기 발 앞에 던지는, 조정도 중단도 없는 파국이." 본서의 부록을 참조하라.

77) Max Horkheimer und Theodor W. Adorno, *Dialektik der Aufklärung: Philosophische Fragmente*, Frankfurt am Main: S. Fischer, 1971, p.162. [김유동 옮김, 『계몽의 변증법: 철학적 단상』, 문학과지성사, 2001, 271쪽.]

멀어지는 이 잃어버린 낙원의 세속적 등가물은 무엇일까? 여러 상황 증거들을 볼 때, 벤야민에게 그 등가물은 원시적인 무계급 사회이다. 우리가 서론에서 언급한 바 있는 요한 야콥 바호펜에 관한 논문(1935)에서 벤야민은 고대 모계 공동체와 관련해 극도로 민주적이고 평등한, "역사의 벽두에 존재한 공산주의 사회"를 그려낸다.[78] 벤야민은 「파리, 19세기의 수도」(1935)라는 시론에서 이 생각으로 돌아온다. 집단적 무의식에 침전된 선사 시대의 무계급 사회의 경험은 "새로운 것과의 상호 연결 속에서 유토피아를 낳는다."[79]

낙원의 대척점에는 지옥이 있다. 테제 9번에서는 이 점이 다뤄지지 않는다. 하지만 벤야민의 여러 텍스트들은 근대성(또는 진보)과 지옥의 영벌이 조응함을 시사한다. 테제 9번과 분명한 친화성을 보여주는 「중앙공원: 보들레르에 대한 단장」의 구절을 예로 들어보자. "진보의 개념을 파국의 이념에 기초한 것으로 설명해야 한다. 사물이 '이렇게 계속' 진행된다는 것, 그것이 파국이다······. 스트린드베리의 생각: 지옥은 임박해 있는 것이 아니라 바로 **여기 이승의 삶**이다."[80] 어

---

78) Walter Benjamin, "Johann Jakob Bachofen"(1935), *Écrits français*, éd. Jean-Maurice Monnoyer, Paris: Gallimard, 1991, p.97; "Johann Jakob Bachofen," *GS*, II-1, p.220.

79) Walter Benjamin, "Paris, capitale du XIXe siècle"(1935), *Œuvres*, III, p.47; "Paris, die Hauptstadt des XIX. Jahrhunderts," *GS*, V-1, p.47. [최성만 옮김, 「19세기의 수도 파리(1935)」, 『역사의 개념에 대하여/폭력비판을 위하여/초현실주의 외』, 도서출판 길, 2008, 187쪽.]

80) Walter Benjamin, "Zentralpark: Fragments sur Baudelaire"(1938), *Charles Baudelaire: Un poète lyrique à l'apogée du capitalisme*, trad. Jean Lacoste, Paris: Payot, 1982, p.242; "Zentralpark: Fragments sur Baudelaire," *GS*, I-2, p.683. [김영옥・황현산 옮김, 「중앙공원: 보들레르에 관한 단장」, 『보들레르의 작품에 나

떤 의미에서? 『파사젠베르크』에서 벤야민에게 지옥의 본질은 동일한 것의 영원한 반복이다. 그것의 가장 끔찍한 패러다임은 그리스도교 신학이 아니라 희랍 신화에 있다. 동일한 형벌이 영원히 되풀이되도록 선고받은 시쉬포스와 탄탈로스. 이 맥락에서 벤야민은 똑같은 기계적 공정을 쉼 없이 반복하도록 강제된 노동자의 끝나지 않는 고통과 시쉬포스가 받은 영벌을 비교하는 엥겔스의 구절을 인용한다. 노동자만 그런 것은 아니다. 상품의 지배를 받는 근대 사회 전체가 새로움과 유행의 탈을 쓴 반복, '항상-같음' Immergleichen에 복종한다. 상품의 왕국에서, "인류는 영벌을 받은 것처럼 보인다."81)

역사의 천사는 머물고 싶어 하고, 잔해 더미 아래 깔린 희생자들의 상처를 치료하고 싶어 하건만, 폭풍은 그 천사를 과거의 반복 쪽으로, 즉 항상 더 광대하고 파괴적인 새로운 파국으로, 새로운 헤카톰베[대학살]로 가차 없이 쓸어간다. 벤야민의 역사의 천사가 지닌 비극적 시선을 프리드리히 실러가 진보주의적 계몽 Aufklärung의 경전 중 한 곳에서 묘사한 완벽하게 올림포스적 시선과 대비해보면 놀랄 것이다. 역사철학 테제의 저자는 아마도 「보편사란 무엇이며 어떤 목적으로 연구하는가?」(1789)를 외우고 있었을 것이다. "호메로스의 제우스처럼, 역사는 한결같이 쾌활한 시선으로 전쟁의 참혹한[피묻은] 작업들을, 그리고 자신의 가축들의 젖으로 죄 없이 생계를 이어가는 평화로운 민족들을 내려다본다. 설령 인간의 자유가 제아무

타난 제2제정기의 파리/보들레르의 몇 가지 모티프에 관하여 외』, 도서출판 길, 2010, 292~293쪽.]

81) Benjamin, *Le livre des passages*, pp.131, 47; "Das Passagen-Werk," pp.162, 61. [『아케이드 프로젝트 1』, 333, 115쪽.]

오딜롱 르동의 「추락한 천사」(1880년 이전) 보르도 미술관 소장.

리 무질서하게 세계의 흐름을 바꿔놓는 듯이 보여도, 역사는 조용히 그 혼란스러운 유희를 지켜본다. 멀리 내다보는 그의 시선은 이미 먼 곳에서부터 이 무질서하게 배회하는 자유가 필연성의 끈에 의해 인도되고 있음을 발견하기 때문이다."[82] 벤야민이 맑스주의적/유대적

---

[82] Friedrich Schiller, "Was heisst und zu welchem Ende studiert man Universal-geschichte?" *Kleine historische Schriften*, Berlin: Bong & Co., s.d., p.186. [신

천사의 낙담한 시선과 실러의 제우스의 "조용"하고, "쾌활한" 시선을 대립시키면서 짐짓 이 유명한 텍스트와 반대 방향으로 갔다고 생각하지 않을 수 없다…….

여기서 문제가 되는 잔해들은 낭만주의 화가나 시인에게서처럼 미학적 관조의 대상이 아니다. 그 잔해들은 역사의 파국, 살육, 다른 "참혹한 작업들"의 비통한 이미지이다. 벤야민은 이 용어를 택함으로써 십중팔구 헤겔의 역사철학과 벌이는 암묵적 대결을 속행했다. 역사상의 모든 "잔해"와 모든 파렴치를 이성이 승리하기 위한 도정의 필수 단계로서, 인류가 자유의 의식을 향해 가는 진보의 불가피한 계기로서 정당화하던 이 도저한 합리주의적 변신론辯神論과의 대결을 말이다. Weltgeschichte ist Weltgericht("보편사는 보편적 심판이다[세계사는 세계 심판이다]"). 헤겔에 따르면, 처음부터 역사는 "개인들의 이름 없는 눈물"로 가득 찬 드넓은 잔해의 들판이자, "민중의 행복과 …… 개인들의 덕이 제물로 바쳐진" 제단으로 등장한다. 이 "끔찍한 그림"과 마주해, "저만치 보이는 혼란스러운 잔해 덩어리의 광경"과 마주해, 사람들은 "무엇으로도 가라앉지 않을 달랠 수 없는 깊숙한 고통," 심원한 분개와 도덕적 비탄에 젖어드는 경향이 있다. 그런데 이 "처음의 부정적 대차대조표"를 넘어서야 한다. 이 "감상적인 성찰"을 뛰어넘어야 한다. 그리고 핵심을 이해해야 한다. 이 잔해들은 "보편사의 진정한 결과," 즉 보편 정신의 실현이라는 실질적 목적지에 봉사하는 수단들에 지나지 않는다.[83]

동도, 「학문의 경계와 통합, 그리고 인간: 실러의 〈보편사란 무엇이며 어떤 목적으로 연구하는가?〉를 중심으로」, 『독일어문학』(제71집/겨울), 2015, 91쪽 참조.]

벤야민의 방식은 정확히 이런 역사관을 뒤엎는다. 진보를 탈신비화하면서, 그리고 진보가 낳은 잔해들에 대해 달랠 수 없는 깊숙한 고통이 깃든 시선을, 또한 심원한 도덕적 분개가 깃든 시선을 고정하면서. 이 잔해들은 헤겔에게서처럼 "제국들의 덧없음"(『역사 속의 이성』의 저자는 카르타고, 팔미라, 페르세폴리스, 로마 같은 제국들을 언급한다[84])을 보여주는 증거물로 머물지 않는다. 오히려 이 잔해들은 역사의 대량 살육(그래서 [테제에서] "죽은 자들"을 참조하는 것이다)과 전쟁으로 파괴된 도시들을 암시한다. 로마인이 무너뜨린 예루살렘에서 시작해 1936~37년 독일 공군에게 폭격당한 게르니카와 마드리드 같은 공화주의 스페인의 도시들의 잔해에 이르기까지.

진보를 하나의 폭풍으로 지시하는 이유는 무엇일까? 이 용어는 헤겔에서도 등장한다. 헤겔은 "세계의 소란스런 사건들"을 마치 "현재에 불어오는 폭풍"과 같다고 묘사한다.[85] 벤야민에게 그 단어는 파국, 파괴를 그려내는 성서의 언어에서 차용했을 가능성이 높다. (물의) 폭풍에 의해 인류는 홍수 속에서 익사했고, 불의 폭풍에 의해 소돔과 고모라는 무너졌다. 벤야민은 1937년 1월 숄렘에게 『독일인들』을 헌사하면서 홍수와 나치즘을 비교했다. 거기서 자신의 책을 "차오르는 파시스트라는 홍수"에 맞서는 "방주"에 비유했다. 그리고 [그 방주를] "유대 모델에 따라" 지었노라고 다른 곳에 쓰기도 했다.[86]

---

83) G. W. F. Hegel, *La Raison dans l'histoire: Introduction à la Philosophie de l'histoire*, Paris: 10/18, 1965, p.103. [임석진 옮김, 『역사 속의 이성』, 지식산업사, 1993, 119~120쪽.]

84) Hegel, *La Raison dans l'histoire*, p.54. [『역사 속의 이성』, 57~58쪽.]

85) Hegel, *La Raison dans l'histoire*, p.35. [『역사 속의 이성』, 35쪽.]

이 [폭풍이라는] 용어가 또한 환기하고 있는바, 타협주의 이데올로기에서 진보란 자연 법칙의 지배를 받으며 그 자체로 불가피하고 저항할 수 없는 "자연적" 현상이다. 준비 노트에서 벤야민은 역사적 진화론의 실증주의적이고 "자연주의적인" 방식을 명시적으로 비판한다. "[역사 속에서] 사건들의 진행에 대한 '법칙'들을 찾아내려는 기획은 역사기술을 자연과학에 동화시키는 유일한 방식도 아니고 더더구나 가장 면밀한 방식도 아니다."[87]

이 폭풍을 어떻게 멈춰야 할까, 진보를 그 자체의 숙명적 진행에서 어떻게 중단해야 할까? 언제나 그렇듯이 벤야민의 대답은 이중적이다. 즉, 종교적이고 세속적이다. 신학적 영역에서 그것은 메시아의 과제이다. 그것의 세속적 등가물 내지 '조응물'은 **혁명**에 다름 아니다. 진보를 메시아적/혁명적으로 중단시키기는 추적해오는 불길한 폭풍과 임박한 새로운 파국이 인간 종에 드리운 위협에 대한 벤야민의 대답이다. 때는 1940년, 최종 해결책*이 착수되기 몇 달 전

---

86) Gershom Scholem, *Walter Benjamin: Die Geschichte einer Freundschaft*, Frankfurt am Main: Suhrkamp, 1975, p.252. [최성만 옮김, 『한 우정의 역사: 발터 벤야민을 추억하며』, 한길사, 2002, 349쪽.] "유대 모델에 따라"라는 표현은 벤야민이 자신의 누이 도라에게 준 책의 헌사에 나온다. 에른스트 윙어 (1930년 벤야민이 열렬히 비판한 대상) 같이 파시즘과 가까운 작가들도 전쟁을 "강철 폭풍"(1920년 출간된 윙어의 초기 저작 중 한 권의 제목)이라고 묘사했음을 상기하자. [『독일인들』은 데틀레프 홀츠(Detlef Holz)라는 가명 아래 벤야민이 선별하고 논평한 서한 모음집으로서, 1936년 스위스에서 발간됐다. 이 책의 목적은 독일 부르주아지 출신의 계몽된 인문주의자들이 국가사회주의(즉 나치즘)에 어떻게 굴복했는지를 그들의 서한을 통해 드러내는 데 있었다.]

87) "Anmerkungen der Herausgeber," p.1231. [「〈역사의 개념에 대하여〉 관련 노트들」, 354쪽.]

* Endlösung [der Judenfrage]. 1942년 1월 22일 베를린에 위치한 반제에서 열린 제3제국 수뇌회의에서 나치가 채택한 유대인 몰살(말살) 정책.

이었다. 준비 노트에서 이 세속적 이미지는 '진보주의' 좌파의 공통 장소를 결을 거슬러 취하면서 다음의 생각을 요약한다. "맑스는 혁명이 세계사의 기관차라고 말했다. 그러나 어쩌면 사정은 그와는 아주 다를지 모른다. 아마 혁명은 이 기차를 타고 여행하는 인류가 비상 브레이크를 잡아당기는 행위일 것이다."[88] 이 이미지가 암묵적으로 시사하는 바는 이렇다. 만일 인류가 기차가 제 길(철로의 강철 구조에 의해 이미 전부 그려진 길)을 가도록 놔둔다면, 만일 무엇도 기차의 아찔한 운행을 멈추지 못한다면, 우리는 재난, 충격 또는 심연으로의 추락으로 직행하게 된다.

메시아만이 역사의 천사가 실현하지 못한 것(폭풍을 멈추기, 부상자들을 치료하기, 죽은 자들을 되살리고 또 산산이 부서진 것을 모아서 다시 결합하기das Zerschlagene zusammenfügen)을 완수할 수 있을 것이다. 숄렘에 따르면 이 정식은 카발라의 티쿤 교의를 암묵적으로 참조하고 있다. 티쿤이란 shevirat ha kelim, 즉 "그릇의 깨어짐"에 의해 산산이 부서진 신의 조화를 메시아가 본래의 상태로 복구하는 것을 뜻한다. 벤야민은 자신의 친구가 1932년 (독일어판)『유대 백과사전』에 게재한「카발라」항목 덕분에 그 교의를 알고 있었다.[89]

---

88) "Anmerkungen der Herausgeber," p.1232. [「〈역사의 개념에 대하여〉 관련 노트들」, 356쪽.] 벤야민은 칼 맑스가 쓴『1848년에서 1850년까지의 프랑스에서의 계급투쟁』을 참조하고 있다('세계의'라는 말은 맑스의 구절에는 안 나온다). "혁명은 역사의 기관차이다"(Die Revolutionen sind die Lokomotiven der Geschichte). Karl Marx, "Die Klassenkämpfe in Frankreich 1848 bis 1850" (1850), *Karl Marx-Friedrich Engels Werke*, Bd.7, Berlin: Dietz Verlag, 1960, p.85. [최인호 옮김,「1848년에서 1850년까지의 프랑스에서의 계급투쟁」,『칼 맑스/프리드리히 엥겔스 저작 선집 2』, 박종철출판사, 1991, 88쪽.]

89) Gershom Scholem, *Benjamin et son ange*, trad. Philippe Ivernel, Paris, Riv-

이 신비스런 복구, 잃어버린 낙원의 회복과 메시아적 왕국의 회복의 정치적 조응물은 무엇일까? 그 대답이 준비 노트에 나온다. "계급 없는 사회라는 개념에 그것의 진정한 메시아적 얼굴이 다시 부여되지 않으면 안 된다. 그것도 프롤레타리아 계급 자신의 혁명적 정치의 관심 속에서 부여되지 않으면 안 된다." 왜냐하면 그것의 메시아적 의미를 이해해야만 우리는 '진보주의' 이데올로기의 함정을 피할 수 있기 때문이다.[90]

이 미래의 공산주의 사회는 어느 정도는 원시 공산주의로의 회귀, "역사의 벽두에" 존재한 무계급 사회의 초기 형태로의 회귀이다. 숄렘이 벤야민에게 "낙원은 인류의 기원이자 원과거Urvergangenheit인 동시에 인류가 구원받는 미래의 유토피아적 이미지"라고 쓴 것은 옳았다. 하지만 여기서 관건은 "변증법적이기보다는 순환적인" 역사 과정 개념이라고 덧붙였을 때 숄렘은 틀린 것 같다. 벤야민에게 미래의 계급 없는 사회(새로운 낙원)는 선사의 사회로 그저 단순히 회귀하는 것이 아니다. 미래의 계급 없는 사회에는 그 자체로 변증법적 종합으로서 인류의 과거 전체가 담겨 있다. 예외 없이 모든 희생자의 보편적 회억에 바탕을 둔 진정한 보편사(죽은 자들의 부활에 해당하는 세속적 등가물)는 미래의 계급 없는 사회 속에서만 가능할 것이다.[91]

ages, 1995, pp.147, 150; *Walter Benjamin und sein Engel*, Frankfurt am Main: Suhrkamp, 1983, pp.66, 71.

90) "Anmerkungen der Herausgeber," pp.1231~1232. [「〈역사의 개념에 대하여〉 관련 노트들」, 354~356쪽.]

91) Scholem, *Benjamin et son ange*, p.145; *Walter Benjamin und sein Engel*, p.65; "Anmerkungen der Herausgeber," pp.1238~1239. [「〈역사의 개념에 대하여〉

여기서 메시아의 시대와 미래의 계급 없는 사회 사이에 수립된 연결은, 1940년의 역사철학 테제에 등장하는 다른 '조응물들' 사이에 수립된 연결과 마찬가지로, 세속화를 통해서만 이해될 수 있는 것은 아니다. 종교적인 것과 정치적인 것은 벤야민에게 쌍방 간의 역전 가능성 및 상호 번역의 관계를 맺고 있으며, 어느 한쪽으로의 일방적인 환원을 벗어난다. U자관의 체계에서, 액체는 필연적으로 모든 갈래에 동시에 존재하는 법이다.

관련 노트들」, 366~369쪽.] 어빙 볼파르트가 벤야민의 마지막 텍스트들에 나타난 메시아주의에 관해 쓴 주목할 만한 논문에서 시사하듯, 여기서 관건은 원이 아니라 변증법적 '나선'이다. 왜냐하면 메시아적 미래는 지나간 모든 역사의 (헤겔적 의미에서) Aufhebung이기 때문이다. Wohlfarth, "On the Messi-anic Structure of Walter Benjamin's Last Reflexions," p.186.

테제 10번

수도원의 계율에 따라 수도사들이 명상하도록 지정된 주제들의 과제는 수도사들이 세상과 세상사들에 무심하도록 가르치는 데 있었다. 우리가 지금 수행하는 성찰도 이와 유사한 규정에서 나온 것이다. 파시즘의 반대자들이 기대를 걸었던 정치가들이 [파시즘 앞에] 무릎을 꿇고 자신의 대의를 배신하면서 스스로의 패배를 가중시키는 와중에, 우리는 세기의 아이를 이 정치가들이 쳐놓은 그물망에서 벗어나게 해주고 싶다. 우리의 성찰은 진보의 신화에 대한 이 정치가들의 집착, '대중 기반'에 대한 이들의 신뢰, 그리고 마지막으로 통제 불가능한 기구에 노예처럼 종속된 이들의 모습이 하나의 동일한 현실의 세 측면과 다름없다는 데서 출발한다. 그것은 이 정치가들이 고집하는 역사 개념과 어떤 공모관계에도 가담하지 않는 역사 개념을 세우기 위해서 우리의 익숙한 사고가 얼마나 비싼 대가를 치러야 하는지를 알려준다.

이 테제에서 벤야민은 좌파 내 지배적 개념과 다시 논쟁한다. 벤야민은 이 문서를 작성하게 만든 직접적 동기였음에 틀림없는 독일-소련 불가침 조약이라는 트라우마적 사건을 암묵적으로 참조한다.

첫 문장은 꽤 역설적이다. 이 테제들의 독자를 수도사 마냥 세상에서 등 돌리게 만들겠다는 것인가? '명상'을 위해 행위를 포기하라는 말인가? 그런 해석은 다른 테제들과 완전히 모순될 것이다. 다른 독해가 가능해 보인다. 테제들의 방법은 이렇게 구성된다. a) 정치적 현재성[현황]의 장을 붙잡고 거리를 취하며 그 앞에서 물러서기. 정치적 현재성을 무시하기 위해서가 아니라 그 현재성의 근원적 원인을 찾기 위해서 말이다. b) 세기의 착각과 '유혹들,' 진보의 안락하고 솔깃한 교의들에서 등 돌리기. 벤야민은 어떤 금욕적 요청, '세상'과 타협하지 않는 어떤 완고한 태도를 내세운다. 하지만 벤야민이 택한 [수도사의] 유비는 정말이지 이상하며 오해를 낳기 십상이다.

"파시즘의 반대자들이 희망을 걸었던 정치가들"이라는 표현은 꽤 명료하다. 그들은 히틀러와 조약을 맺으며 "자신의 대의를 배신"한 (스탈린식) 공산주의자들이다. 더 정확히 말하면 그 문장은 소비에트공산당과 달리 "무릎을 꿇"었던 독일공산당을 지시한다. 벤야민이 보기에 파시즘에 대항하는 주요 전투의 희망을 짊어진 것은 사회민주주의라기보다는 공산주의 운동이었다. 그런데 독일-소련 불가침 조약은 이 희망에 조종을 울렸다. "배신"은 뱌체슬라프 몰로토프와 요아힘 폰 리벤트로프 사이의 합의만이 아니라 공산당이 그 합의를 정당화하고 소비에트 '노선'을 택하게 된 것을 가리킨다.[92] 벤야민에게 배신은, 조마 모르겐슈테른이 이해했던 식으로, 공산주의나 맑스주의와의 단절을 뜻하는 것이 전혀 아니다. 배신은 소비에트의 현실과 공산주의 이념 사이의 돌이킬 수 없는 결정적 분열을 뜻하는 것이다.[93] 사실 벤야민은 자신의 친구 하인리히 블뤼허(아렌트의 남

---

92) 벤야민이 반파시즘 투쟁의 배신으로 느낀 예는, 1939년 7월 독일공산당 중앙위원회가 아돌프 히틀러 반대를 재확인하면서도 "독일-소련 불가침 조약을 환영"하고, "양국 간 기탄없이 신실한 우정의 정신 속에서 소련과의 경제 관계 확대를" 요구하는 결의안을 채택한 사실이다! Theo Pirker (Hrsg.), *Utopie und Mythos der Welt-revolution: Zur Geschichte der Komintern 1920-1940*, Munich: Deutscher Taschenbuch Verlag, 1964, p.286.

편), 빌리 뮌첸베르크, 마네 슈페르버처럼 파리에 망명한 여러 독일 공산당 반대파들과 함께 조약을 단호히 규탄한다.[94]

역사철학 테제의 목적은 das politische Weltkind를 자신이 빠진 함정에서 구해내는 데 있다. 다소 기이한 이 표현은 괴테의 시에서 연원한 것인데 번역하기 어렵다. 강디약은 이 표현을 문자 그대로 "세상의 정치적 아이"l'enfant politique du monde라고 옮긴다. 하지만 미삭은 꽤 자의적으로 "용감한 시민들"les braves citoyens을 번역어로 제안한다. 벤야민 자신의 프랑스어 번역어인 "세기의 아이들"les enfants du siècle은 자신이 말하고자 했던 바의 정확한 의미를 우리에게 제공한다. 그것은 20세기의 세대, 즉 벤야민 자신의 세대를 가리킨다.

벤야민은 정치가들(벤야민은 프랑스어판에서 더 명시적으로 **좌파**라고 옮기는데, 이 경우에는 두 주요 노동자 정당을 가리킨다)이 쳐놓은 그물에서 세기의 아이를 해방시킬 계획을 짠다. 여기서 니체의 『반시대적 고찰』에 쓰인 이미지를 다시 만나게 된다. 그 이미지에 따르면

---

93) Irving Wohlfarth, "'Männer aus der Fremde': Walter Benjamin and the 'German-Jewish Parnassus'," New German Critique, no.70, Winter 1997, p.55. 조마 모르겐슈테른은 숄렘에게 (1973년에 늦게) 보낸 편지에서 1939년 독일-소련 불가침 조약이 조인된 뒤 벤야민과 나눈 대화를 언급한다. 이 편지는 다음의 책에 번역·수록됐다. Patricia Lavelle (éd.), L'Herne Benjamin, Paris: Éditions de l'Herne, 2013, pp.80~83. 또한 다음을 참조하라. Hans Puttnies und Gary Smith, Benjaminiana, Giessen: Anabas Verlag, 1991, pp.196~197.

94) 멕시코 망명 중에 독일-소련 불가침 조약을 진정한 "배신"이라고 규탄했던 레온 트로츠키는 말할 것도 없다. 그 조약은 이오시프 스탈린을 "히틀러의 새로운 친구"이자 "경리관"(원료 공급자)으로 만들었던 것이다. 트로츠키가 [1939년] 9월 2일부터 4일까지 쓴 글들을 참조하라. Léon Trotski, Sur la Deuxième Guerre mondiale, textes rassemblés et préfacés par Daniel Guérin, Bruxelles: Éditions La Taupe, 1970, pp.85~102.

비판적 역사가(대담하게 물길을 거슬러 헤엄치는 역사가)는 "자기 주위에 빛나는 그물을 짜는" 기만과 단절해야 한다.95) 벤야민은 자신의 프랑스어 번역에서는 '그물'(혹은 '올가미')을 '약속'이라는 단어로 대체한다.* 착각에 빠진 좌파의 약속은 마비 효과를 낳았고, 사람들을 무력화해 행동에 나서지 못하게 가로막는다는 것이다.

이 착각은 역사에 대한 동일한 개념에서 유래한 세 형태로 표현된다. 진보에 대한 맹목적 믿음, 대중의 지지가 미리 보장되어 있다는 확신, 통제 불가능한 기구에의 종속(벤야민은 프랑스어판에서 "당에 대한 맹목적 신뢰"라고 번역한다). 벤야민은 여기서 중요한 문제를 건드린다. 관료제(노동자 정당을 지도하는 통제 불가능한 관료제 기구), 또 그 자체가 목적이 되고 과오를 범할 수 없다고 여겨지는 당에 대한 물신숭배(스탈린화된 공산주의 운동에서 특히 그렇다)를 말이다.

준비 노트에서 문제가 된 것은 "양적인 축적에 대한 신뢰"이다. 그것은 "진보에 대한 고집 센 믿음과 '대중 기반'에 대한 신뢰 둘 다의 바탕에" 깔려 있다.96) 벤야민은 여기서 좌파의 두 주요 경향에 공통된, 단조롭고 환원주의적인 맑스주의 특유의 신조(선형적이고 거스를 수 없으며 '자동적인' 진보 운동 속에서 생산력, 노동자 운동의 기득권, 다수의 당원과 유권자를 한꺼번에 양적으로 축적할 것)를 비판하

---

95) Nietzsche, "De l'utilité et des inconvénients de l'histoire pour la vie," p.149; *Vom Nutzen und Nachteil der Historie für das Leben*, pp.83~84. [「반시대적 고찰 2: 삶에 대한 역사의 공과」, 362쪽.]

* "이 성찰들은 이 선의의 인간들[정치가들]이 남발했던 약속들에 농락당한 세기의 아이들에게 보내진다." 본서의 부록을 참조하라.

96) "Anmerkungen der Herausgeber," p.1232. [「〈역사의 개념에 대하여〉 관련 노트들」, 356쪽.]

고 있다. 역사적 유물론은 이렇게 테제 1번에서 묘사된 자동기계 인형으로 환원된다.

테제 10번의 결론은 끈질기게 버티는 정치가들, 비극적으로 착각에 빠진 역사관에 매달리는 정치가들을 규탄한다. 벤야민은 자신의 프랑스어 번역에서 "하등 배운 것이 없는"자들, 다시 말해 나치즘 앞에서 가혹한 패배를 맞보고서도 거기서 어떤 교훈도 끌어내고 싶어 하지 않았던 자들에 대해 말한다.

이 테제에서 벤야민은 좌파 일반, 그리고 암묵적으로 공산당들을 겨냥한다. 다른 테제들에서 벤야민은 사회민주주의를 노린다. 벤야민은 좌파 내의 반대파 경향들을 얼마나 알고 있었으며 얼마나 영향을 받았을까? 앞서 봤듯이 1930년대에 벤야민은 트로츠키의 글들에 자주 관심을 표명했고, 칼 코르슈는 『파사젠베르크』에서 벤야민이 주로 참조하는 맑스주의자 가운데 한 명이었다. 하인리히 브란들러가 이끄는 독일공산당 반대파의 경향에 가까웠던 블뢰허 같은 친구들 몇몇은 말할 것도 없다.

벤야민의 비판들(예를 들어 1939년 독일-소련 불가침 조약이라는 배신에 대한 비판, 혹은 관료주의적 당 기구에 맹목적으로 복종하는 것에 대한 비판)과 공산주의 반대파들의 비판들이 수렴하는 몇몇 지점을 확인해볼 수 있다. 하지만 역사철학 테제에서 이뤄지는 진보 이데올로기에 대한 재검토는 훨씬 더 심오하며, 대다수 맑스주의 반대파 경향들이 내놓은 비판적 이념들보다 훨씬 더 멀리까지 간다.

이런 관점에서 볼 때, 벤야민이 1939~40년에 맑스주의의 장에서 차지하는 위치는 유일하고 전례 없으며 독보적이다. 벤야민은 고립된 채 시대를 너무 앞서갔다. 1960년대부터 벤야민의 관심사들이 반항적인 청년들과 좌파 지식인들 사이에서 반향을 얻기까지 수십 년이 걸렸다. 유일한 예외가 프랑크푸르트 학파에 속한 벤야민의 친구들이 1941~48년에 쓴 글들이다. 하지만 그들은 계급투쟁에 대한 벤야민의 몰입을 전혀 공유하지 않았다.『계몽의 변증법』과 아도르노의『미니마 모랄리아』(1951)는 벤야민에게 많은 것을 빚졌지만,「역사의 개념에 대하여」에 가장 근접한 글은 (신학적이고 메시아적인 원천들을 참조하지는 않지만) 호르크하이머의「권위주의적 국가」(1942)이다. 벤야민에게 경의를 표한 사회연구소의 소책자에 출간된 그 글은 정치적 급진주의를 명시적으로 표방했다는 점에서 꽤 '비전형적인' 문서이다. 호르크하이머에 따르면, "혁명가에게 세계는 언제나 이미 무르익었다." 참화를 끝장내라는 명령은 "매 순간 시사적이었다." 사회의 급진적 변환, 착취의 종결은 "진보의 가속이 아니라 진보 바깥으로 도약하는 것이다."[97]

---

97) Max Horkheimer, "L'État autoritaire," *Théorie critique*, Paris: Payot, 1980, pp.341~342.

테제 11번

처음부터 사회민주주의의 비밀스런 타락인 타협주의는 그 자체의
정치 전술뿐만 아니라 경제관에도 영향을 미친다. 자신이 헤엄친
다고 믿던 방향, 흐름[대세]을 타고 있다는 확신만큼 독일 노동자
운동을 타락시킨 것은 없다. 여기서부터, 기술 진보 일로에 있는
공장 노동이 정치적 성과를 나타낸다고 상상하는 데 이르는 것은
단 한 걸음이면 족했다. 해묵은 프로테스탄트적 노동 윤리가 독일
노동자들에게서 세속화된 형태로 부활을 맞았던 것이다. 고타 강
령*에 이미 이런 혼란의 흔적이 담겨 있다. 그 강령은 노동을 "모
든 부와 모든 문화의 원천"이라고 정의한다. 불길함을 예감한 맑스
는, 자신의 노동력 말고는 아무것도 소유하지 못한 인간은 "소유주
가 된 …… 다른 인간들의 노예"가 될 수밖에 없다고 응수했다. 그
렇지만 혼란은 점차 확대됐고, 곧이어 요제프 디츠겐은 이렇게 공
고한다. "노동은 근대 세계의 구세주이다. 노동의 개선 …… 에는
…… 부가 거한다. 그 부는 지금까지 어떤 구원자도 성취하지 못한
것을 이제 가져다 줄 수 있다." 속류 맑스주의에 특징적인 이런 노
동 개념은 노동자들이 노동의 산물을 이용할 수 없는 한 그 산물이
노동자들 스스로에게 무슨 쓸모가 있느냐는 물음을 그리 오래 숙

---

* Das Gothaer [Partei]programm. 1875년 5월 22~27일 뷔팅겐 주의 고다에서
열린 독일사회민주노동자당 전당대회에서 채택된 강령. 전독일노동자협회를
이끌던 페르디난트 라살의 개량주의적·기회주의적 견해가 반영됐고, 맑스는
이 점을 비판하는 편지를 당 지도부에 부쳤다. 엥겔스는 맑스의 이 편지에 근거
해 훗날(1891년) 『고타 강령 비판』을 출판했다.

고하지 않는다. 이런 노동 개념은 자연 지배의 진보만을 보려고 하고 사회의 퇴보는 보려고 하지 않는다. 이런 노동 개념은 나중에 우리가 파시즘에서 마주치게 될 테크노크라시의 특징들을 이미 보여준다. 1848년 이전 시대의 사회주의적 유토피아들에서 논의되어 왔던 자연 개념과 불길한 방식으로 단절하는 자연 개념이 특히 그렇다. 지금 이렇게 이해된 노동은 자연의 착취를 목표로 하는데, 사람들은 소박하게 만족해하면서 프롤레타리아 계급의 착취에 자연의 착취를 대립시켰다. 이런 실증주의적 견해와 비교해본다면 자주 조롱의 소재가 됐던 [샤를] 푸리에의 환상적 상상들은 놀랄 만큼 건전한 감각을 보여준다. 푸리에의 말에 따르면, 사회적 노동이 잘 짜여만 진다면 네 개의 달이 지상의 밤을 밝혀줄 것이고, 극지방의 빙하가 물러갈 것이며, 바닷물은 더 이상 짜지 않을 것이고, 맹수들은 인간 존재에게 봉사하게끔 되어 있다. 이 모든 것은 자연을 착취하기는커녕 그 자연의 태내에 잠들어 있는 잠재적 산물들을 출산시킬 수 있는 노동을 예증해주고 있다. 타락한 노동 개념에는 디츠겐이 표현했던바, "공짜로 거기에 존재하는" 자연이라는 보충적 개념이 상응한다.

벤야민이 테제 10번에서 특히 스탈린의 타협주의를 끝장냈다면, 테제 11번에서는 사회민주주의의 타협주의를 공격한다. 두 경우에서 벤야민의 출발점은 히틀러의 파시즘 앞에서 독일 노동자 운동이 겪은 패배의 깊은 원인을 이해하려는 의지이다.

사회민주주의가 장려한 '노동' 이데올로기는 프로테스탄트적 노동 윤리의 세속화된 형태일 뿐이었다. 프로테스탄트적 노동 윤리와 자본주의 정신의 (**친화력**을 통한) 내밀한 연결은 벤야민도 잘 알았던 막스 베버의 연구에 의해 만천하에 드러났다. "모든 부를 산출하는 노동"에 대한 이런 무비판적 찬양은 한 가지 사실을 빼먹는다. 자본주의 체계에서 노동자는 근대 노예제의 조건으로 전락하고, 자신이 산출한 부를 재산가에게 탈취당한다는 사실 말이다. 벤야민은, 베버와 맑스 모두에게서 영감을 받아, 산업적/자본주의적 생산에 직면한 사회민주주의의 타협주의적 자세를 비판한다.*

이와 같은 노동과 산업에 대한 숭배는 동시에 기술적 진보에 대한 숭배인바, 벤야민은 1920년대 이래로 이 테마를 집중적으로 다뤘다. 1937년의 푹스 관련 시론(테제 11번의 주요 테마들을 이미 포함하고 있는 텍스트)에서 벤야민은 기술의 파괴적, 특히 군사적 에너지를 간과하는 사회민주주의의 "미심쩍은 낙관주의"[98]와 자본주의

---

* 이 주제에 관해서는 다음을 참조하라. Michael Löwy, "Le capitalisme comme religion: Walter Benjamin et Max Weber," *Raisons politiques*, no.23, août 2006, pp.203~219; "Capitalism as Religion: Walter Benjamin and Max Weber," *His-torical Materialism*, vol.17, no.1, Spring 2009, pp.60~73. 벤야민은 베버를 반자본주의적으로 읽는데, 이런 독해는 테제 11번의 "프로테스탄트적 노동 윤리"(protestantische Werkmoral) 같은 표현뿐 아니라, 「종교로서의 자본주의」(1921)에서부터 등장한다. 물론 이 과정에는 블로흐가 '토마스 뮌처'에 관해 쓴 책(『혁명의 신학자로서의 토마스 뮌처』[1921])의 영향도 무시할 수 없다. '종교로서의 자본주의'라는 표현을 발명한 것도 바로 블로흐였다.

98) Walter Benjamin, "Eduard Fuchs, collectionneur et historien"(1937), *Œuvres*, III, [trad. Reiner Rochlitz,] p.201; "Eduard Fuchs, der Sammler und der His-toriker," *GS*, II-2, p.488. [최성만 옮김, 「수집가이자 역사가 에두아르트 푹스」, 『역사의 개념에 대하여/폭력비판을 위하여/초현실주의 외』, 도서출판 길, 2008, 294쪽.] 실증주의는 기술 발전이 "자본주의에 의해 결정적인 방식으로 조건

가 야만으로 진화할 가능성에 대한 맑스와 엥겔스의 "빛나는 직관"을 대비시켜 주장한다.[99]

테제 11번에서는 사회민주주의의 진보 이데올로기에 내포된 실증주의가 문제시된다. 푹스 관련 시론은 유럽 사회민주주의의 실증주의, 다원주의, 진화주의를 이미 언급했고, (당의 전략이 자연 법칙을 따라야 한다던) 이탈리아인 엔리코 페리를 전형적 예로 특기했다. 페리가 쓴 저작의 몇몇 구절들은 벤야민이 항의하는 담론이 어떤 유형인지 잘 보여준다. 이탈리아의 이 사회-실증주의 사상가에 따르면, "과학적 사회주의가 단언할 수 있는 것, 그것이 수학적 확실성을 가지고 단언할 수 있는 것은 바로 인간 진화의 흐름과 궤적이 사회주의에 의해 지시되고 예견된 방향으로, 그러니까 종의 이해와 이익이 개인의 이해와 이익보다 점진적이고 연속적으로 우위를 갖는 방향으로 나아갈 것이라는 점이다. ······ 사회주의는 인간 진화의 자연적이고 자생적인, 그 결과 불가피하고 돌이킬 수 없는 국면이다."[100]

지어진" 것이라는 사실을 망각했다. 그리고 사회민주주의 이론가들 중에서 실증주의자들은 "기술의 파괴적 측면을 인식하지 못했다. 왜냐하면 그들은 변증법의 파괴적 측면에 관심이 없어졌기 때문이다." 파괴적 잠재력은 특히 군사 기술에서 두드러진다. 벤야민은 예컨대 『일방통행로』에서 폭격·화학전·가스에 세심하게 주의를 기울이지만, 그 누구보다 비관론자였던 그 역시 제2차 세계대전의 근대적 야만이 어느 지경에 이를지는 예견하지 못했다.

99) 벤야민은 아마 1847년에 맑스가 쓴 텍스트를 참조하는 것 같다. 그 텍스트는 빈민법, 구빈원[노역장]("노동자들의 바스티유") 같은 자본주의의 가장 불길한 표시들을 다음의 용어로 논평한다. "야만은 재등장한다. 하지만 이번에는 문명 한가운데서 태어났으며, 문명의 구성 요소를 이룬다. 그것은 나병에 걸린 야만이다. 문명의 나병으로서의 야만." Karl Marx, "Arbeitslohn"(1847), *Kleine Ökonomische Schriften*, Berlin: Dietz Verlag, 1955, p.245.

사실 카우츠키, 게오르기 플레하노프, 그리고 벤야민이 언급하지는 않지만 엥겔스에서도 거의 유사한 정식들이 발견된다.[101] 푹스에 관한 시론에서처럼 테제 11번은 당의 승리가 미리 보장되어 있다는 생각으로 귀착되는 이런 유형의 결정론적이고 진화주의적인 교의를 노린다. 이본異本에서도 벤야민은 디츠겐의 구절을 인용한다. "우리는 우리의 시간을 기다린다."[102]

---

100) Enrico Ferri, *Socialism and Positive Science (Darwin-Spencer-Marx)*, 1896, London: ILP, 1906, p.114.

101) 독일의 노동자 정당은 "옛날의 그리스도교만큼이나 확실하고 저항할 수 없게 세력을 키우고 발전시킨다. 그래서 그것의 성장률 방정식(Die Gleichung ihrer wachsenden Geschwindigkeit), 그리고 그 최종 승리의 순간은 지금부터 수학적으로 계산될 수 있다." Friedrich Engels, "Engels an Karl Kautsky in Zürich (London, 8. November 1884)," *Karl Marx-Friedrich Engels Werke*, Bd.36, Berlin: Dietz Verlag, 1961, p.230. [최인호 옮김, 「엥겔스가 쮜리히의 칼 카우츠키에게 1884년 11월 8일」, 『칼 맑스/프리드리히 엥겔스 저작선집 6』, 박종철출판사, 1997, 456~457쪽.] 맑스와 엥겔스의 몇몇 저작에 나타난 실증주의와 진화주의를 명확히 설명하는 논평으로는 다음을 참조하라. Étienne Balibar, *La crainte des masses: Politique et philosophie avant et après Marx*, Paris: Galilée, 1997, pp.273~275. [최원·서관모 옮김, 『대중들의 공포: 맑스 전과 후의 정치와 철학』, 도서출판b, 2007, 331~335쪽.] 남은 문제는 벤야민이 왜 자신의 비판적 지적에서 맑스나 엥겔스를 참조하지 않거나 조금 참조하느냐는 것이다. 나는 결론에서 이 문제로 돌아갈 것이다.

102) "Anmerkungen der Herausgeber," p.1249. [테제 11번의 이본은 다음과 같다. "처음부터 사회민주주의 안에 깃들어 있던 타협주의는 그들의 정치적 목표뿐만 아니라 그들의 경제 용어들에도 들러붙어 있다. 이후 재앙의 원인이 될 이 두 가지 사이의 관계는 명백하다. 각각에 대한 더 정확한 연구가 이 점을 확인해줄 것이다. 디츠겐은 이렇게 말한다. '코뮌의 관심사는 토지의 사적 소유를 폐지하는 것이다. …… 어디서 혹은 언제 시작될지, 비스마르크와의 비밀 협약을 통해서일지 …… 파리의 바리케이드에서 일어날지 …… 이 모든 것은 …… 때 이른 …… 질문이다. 우리는 우리의 시간을 기다린다. …… 하지만 우리의 과제는 날로

테제 11번의 논쟁은 기술 발전의 흐름(그 용어의 실증주의적 의미에서, '과학적' 사회주의의 승리로 필연적으로 이끌게 되어 있는 흐름)을 타고 헤엄치겠다는 착각을 겨냥한다. 이 낙관주의적인 숙명론은 노동자 운동을 수동성과 관망주의로 끌고 갈 수 있었을 뿐이다. 반대로 당시에는 긴급하게 개입하고, 너무 늦기 전에, 파국이 들이닥치기 전에 재빨리 행동해야 했는데 말이다. 이것이 바로 1933년에 일어난 패주의 이유 가운데 하나이다.

진화론적/실증주의적 역사 개념은 "자연 지배에서 획득된 진보만을 보려 할 뿐 사회의 퇴보는 보려하지 않는다." 이 개념은 나중에 파시즘의 테크노크라트적 이데올로기에서 다른 형태로 다시 등장한다. 다른 여러 맑스주의자들과 반대로, 벤야민은 나치즘의 근대적인, 기술적으로 '앞서간' 측면을 명확히 파악했다. 나치즘은 가장 위대한 기술적 '진보,' 특히 군사 영역에서 이뤄진 진보와 가장 끔찍한 사회적 퇴보를 연합했다. 테제 8번에서 넌지시 언급되고 말았던 것이 여기서는 명시적으로 단언된다. 파시즘은 그 '케케묵은' 문화적 현시에도 불구하고 20세기의 위대한 기술 정복에 의거한 산업적/자본주의적 근대성의 병리적 현시이다.[103] 물론 그렇다고 해서 벤야민에게

더 분명해지고, 인민들은 날로 더 현명해지고 있다.' 자신이 흐름을 따라 헤엄치고 있다는 관념만큼 독일 노동자 계급을 타락시키는 것은 없다. 이 흐름의 낙차는 [……]로서 [이하 중단]." 다음을 참조하라. Josef Dietzgen, "Sozialdemokratische Philosophie," *Der Volksstaat*, no.3, Leipzig, 9. Januar 1876.]

103) 파시즘의 테크노크라시에 관한 벤야민의 직관은 최근의 역사 연구에 의해 확증된다. 예컨대 다음의 책들을 보라. Jeffrey Herf, *Reactionary Modernism: Technology, Culture and Politics in Weimar and the Third Reich*, Cambridge: Cambridge University Press, 1986; Zygmunt Bauman, *Modernity and the*

근대성이 다른 형태를 취할 수 없다거나 기술적 진보가 필연적으로 해롭다는 말은 아니다.

벤야민에 대해 비판적으로 서술한 유명한(그리고 여러 지점에서 주목할 만한) 시론에서, 하버마스는 이렇게 적었다. "우리는 진보를 생산력의 영역에서뿐만 아니라 지배Herrschaft의 영역에서도 고려하는 역사적 유물론에 수도사의 두건 같은 반-진화주의적 역사 개념을 씌울 수는 없다."104) 이런 주장은 이론의 여지가 있어 보인다. 이런 주장은 예를 들면 다음과 같은 많은 물음을 야기한다.

— 전체주의와 집단학살의 시대인 20세기와 19세기를 비교했을 때 지배 형태들의 영역에서 '진보'가 있었다고 확신할 수 있을까?

Holocaust, Cambridge: Polity, 1989. [정일준 옮김, 『현대성과 홀로코스트』, 새물결, 2013]; Enzo Traverso, *L'histoire déchirée: Essai sur Auschwitz et les intellectuels*, Paris: Cerf, 1997. 제프리 허프는 제3제국의 이데올로기를 '반동적 모더니즘'으로 규정하고, 잘 알려진 파시스트 이데올로그들의 글들과 친나치 공학자협회의 문서들을 이 틀에서 검토한다. 사회학자인 지그문트 바우만은 유대인들과 집시들의 집단학살을 합리적인 관료제 문화의 전형적 산물이자 문명화 과정(폭력의 합리화 및 집중화, 도덕적 무관심의 사회적 생산)의 가능한 결과 가운데 하나라고 분석한다. "근대적(합리적, 계획적, 과학적 정보에 의거한, 전문적, 효율적으로 관리된, 조정된) 방식으로 수행된 다른 모든 것과 마찬가지로, 홀로코스트는 이른바 모든 전근대적 유사 사건들을 능가 …… 했고, 그 유사 사건들이 그 자체[홀로코스트]에 비하면 원시적이고, 낭비적이며, 비효율적임을 드러내 보여줬다." Bauman, *Modernity and the Holocaust*, p.89. [『현대성과 홀로코스트』, 161~162쪽.] 마지막으로 엔조 트라베르소에 따르면 나치의 절멸수용소에서는 근대성의 서로 다르지만 전형적인 제도들의 조합이 발견된다. 미셸 푸코가 묘사한 감옥은 물론이거니와 맑스가 말했던 자본주의 공장, 프레더릭 윈즐로 테일러의 '과학적 노동 조직,' 베버가 주장한 합리적/관료적 행정까지.

104) Jürgen Habermas, "L'actualité de Walter Benjamin. La critique: prise de conscience ou préservation," *Revue d'esthétique*, no.1, 1981, p.112. 번역 수정.

— 역사적 유물론은 반드시 진화주의적 교의인가? 맑스에게서도 진화주의적 텍스트뿐 아니라 러시아에 관해 쓴 말년의 글들처럼 진화주의적이지 않은 텍스트도 발견되지 않는가? 진화주의적이고 실증주의적인 경향이 19세기 말 이래 맑스주의에 우세했던 것이 사실이지만, 안토니오 라브리올라와 룩셈부르크부터 하버마스가 계승하고 싶어 하는 프랑크푸르트 학파에 이르기까지 진화주의적이지 않은 역사적 유물론을 전개한 걸출한 대표들 **또한** 있지 않은가?

— 역사적 진화주의, 또 지배 형태의 진화를 막을 수 없다는 역사적 진화주의의 믿음을 비판하는 것은 반드시 과거를 향한 반계몽주의적 퇴보("수도사의 두건")인가, 아니면 20세기의 파국에 비춰볼 때, 근대 문명이 그 안에 품은 위험들에 대한 명석한 시각인가?

— 역사적 유물론에서 해방 투쟁의 중요 쟁점은 지배 형태의 개선, '진보'인가, 아니면 한 인간의 다른 인간에 대한, 한 계급의 다른 계급에 대한 여하한 Herrschaft(지배)를 폐지하는 것, 벤야민의 표현을 따르면 진정한 예외상태를 도래시키는 것인가? 벤야민에게 Herrschaft 개념은 베버에게서처럼 누군가를 자기에게 복종시키는 추상적 가능성을 가리키는 것이 아니라,[105] (니콜로 마키아벨리에서처럼) 더 구체적이고 더 급진적인 어떤 것을 가리킨다. 지배란 조작과 폭력을 매번 특정하게 결합해 권력을 권위적으로 행사하는 것이다. 게다가 벤야민은 더 명시적 용어인 Unterdrückung(억압)을 자주 사용한다. '역

---

105) "지배란 특정 내용의 명령이 특정 가능한 사람들에 의해 복종될 수 있는 가능성을 뜻한다." Max Weber, *Économie et société*, Paris: Plon, 1972, p.56. [박성환 옮김, 『경제와 사회 1』, 문학과지성사, 1997, 188쪽.]

사철학 테제'와 준비 노트에서 주류 계급은 die Herrschenden(지배자들)으로 지칭될 때도 있고 die Unterdrücker(억압하는 자들)로 지칭될 때도 있다. 프랑크푸르트 학파의 지배 비판은 필시 벤야민에게 영향을 받았으나 아도르노와 호르크하이머는 계급 권력(지배와 착취의 결합)을 강조하기보다는 국가적 권위주의, '총체적 관리'를 주장한다. 그렇지만 모두가 자본이나 상품처럼 소외된 비인격적 구조들에 의해 행사되는 지배에 대한 맑스의 관심사를 공유한다.

테제 11번의 끝 부분은 극히 시사적이다. 테제 11번은 자본주의가 자연을 착취하고, 실증주의 및 테크노크라시에 영향 받은 속류 맑스주의가 자본주의의 자연 착취를 예찬하는 것에 대한 근본적인 비판이다. 이 영역에서도 벤야민은 20세기 전반기 맑스주의 사상의 파노라마에서 독특한 자리를 차지한다. 20세기 말의 생태주의적 관심사를 선취한 벤야민은 인간과 환경의 새로운 조약을 꿈꾼다.

벤야민은 어떤 '과학적' 사회주의의 '진보주의' 이데올로기에 맞선다. 그 사회주의는 여기서 독일의 사회-실증주의자인 디츠겐으로 대표된다. 디츠겐은 지금은 거의 잊혔지만 19세기에서 20세기로 넘어가는 시기 독일 사회민주주의 진영에서 엄청나게 유명했다(레닌도 자신의 가장 '정통적인' 책인 『유물론과 경험비판론』에서 디츠겐을 자주 인용했다). 디츠겐은 자연을 산업 원료, '무상의' 상품, 무제한적인 지배와 착취의 대상으로 환원했다. 이런 방식에 맞서 벤야민은 주저하지 않고 1848년 3월 혁명의 태동기Vormärz 초기 사회주의자들의 유토피아와 특히 샤를 푸리에의 환상적인 공상들(몇 십 년 뒤 앙드레 브르통은 그 공상들을 열렬히 찬양하게 된다)에 호소한다. 이 공상들의 시와 마법에 빠져든 벤야민은 그것들을 자연과 파괴적이지 않은 다른 관계를 맺을 수 있는 직관으로 해석한다. 그런 관계는 새로운 과학적 발견들(전기는 "자연의 품속에 잠들어 있는" 잠재적 힘의 예라 하겠다)로 이끄는 동시에 사회와 자연 환경 사이의 상실된 조화를 복원하도록 이끈다.

푸리에에 대한 벤야민의 관심과 감탄은 1930년대에 더 커져갔다. 『파사젠베르크』는 테제 11번의 지적들을 명확히 해준다. 벤야민은 푸리에와 맑스를 대립시키지 않는다. 벤야민은 팔랑스테르[사회주의적 공동생활체] 발명가의 "거창한 인간관"과 "새로운 세상에 대한 (천재적인) 직관들"에 맑스나 엥겔스가 찬사를 보냈음을 신경 써서 적어 놓는다. 벤야민이 푸리에와 대립시킨 것은 좌파의 주요 경향에 공통된 속류 맑스주의이다.[106] 인간 노동 착취의 폐지와 자연 착취의 폐지를 밀접하게 결합함으로써, 벤야민은 "아이들의 놀이"에 영감을 받은 조화로운 인간들의 "정념적 노동"을 해방된 활동의 유토피아적 모델로 보았다. "놀이를 더 이상 착취당하지 않는 노동의 규

---

106) "맑스는 칼 그륀에 맞서 푸리에를 옹호하면서 푸리에의 '거창한 인간관'을 강조하는 입장을 취했다. 맑스는 푸리에가 헤겔과 더불어 프티-부르주아의 원칙이 진부하다는 것을 간파한 유일한 사람이라 여겼다. …… 푸리에적 유토피아의 가장 주목할 만한 특징들 중 하나는 다음 세기에 만연하게 될 인간에 의한 자연의 착취라는 생각이 그에게는 낯설다는 점이다." Benjamin, *Le livre des passages*, p.50; "Das Passagen-Werk," p.64. [『아케이드 프로젝트 1』, 119쪽; 최성만 옮김, 「19세기의 수도 파리(1939)」, 『역사의 개념에 대하여/폭력비판을 위하여/초현실주의 외』, 도서출판 길, 2008, 228~229쪽.] 필립 이베르넬이 핵심을 찔러 지적했듯이, 벤야민은 맑스의 사상과 푸리에의 사상을 "교차"시키며, "그리하여 그 두 사상은 서로 교정하고 바로잡으며 상호 간에 활력을 부여하게 된다." Philippe Ivernel, "Paris capitale du Front populaire ou la vie posthume du XIXᵉ siècle," *Walter Benjamin et Paris*, éd. Heinz Wismann, Paris: Cerf, p.266.

SYSTEME DE FOURIER.

장-자크 그랑빌의 「푸리에의 시스템」 이 도판은 그랑빌의 작품집 『다른 세계』(1844)에 수록되어 있다.

준으로 확립한 것은 푸리에의 위대한 공적 중 하나이다. 놀이에 의해 생기가 불어넣어진 노동은 가치의 창출이 아니라 자연의 개선을 지향한다. 우리는 '행위가 꿈과 자매지간이 되는' 새로운 세상의 탄생을 목도하게 될 것이다."107)

『파사젠베르크』에서 푸리에라는 이름은 바호펜이라는 이름과 연결된다. 바호펜은 모계 사회에서 이런 화해의 선조격 이미지를 발견했다. 그 화해의 형태는 자연을 풍요로운 어머니로 숭배하는 것으로서, 이는 19세기 이후를 지배한 살인적^{mörderishce} 자연 착취 개념에 정반대된다. 유토피아 사회주의자가 꿈꿨던 사회와 자연의 이상적 조화 속에서 벤야민은 선사 시대의 잃어버린 낙원에 대한 상기를 포착했다. 그 때문에 「파리, 19세기의 수도」(1939)라는 시론에서 벤야민은 태고적^{uralte} 소망의 상징들에 새로운 생명을 불어넣는 유토피아 속에서 옛 것과 새 것이 회합하는 예로 푸리에를 참조한다.108)

---

107) Benjamin, *Le livre des passages*, p.377; "Das Passagen-Werk," p.456. [『아케이드 프로젝트 1』, 851쪽].

108) 푸리에의 정념 기제들은 "극락, 태고적 상징을 만들어냈는데, 푸리에의 유토피아는 이것에 새로운 생명을 불어넣었다." Benjamin, *Le livre des passages*, p.37; "Das Passagen-Werk," p.47. [『아케이드 프로젝트 1』, 95쪽; 최성만 옮김, 「19세기의 수도 파리(1935)」, 위의 책, 188쪽.] 여기서 벤야민은 푸리에에서 바호펜으로 넘어간다. Benjamin, *Le livre des passages*, p.377; "Das Passagen-Werk," p.456. [『아케이드 프로젝트 1』, 851~852쪽.] 또한 앞서 우리가 언급한 바 있는, 벤야민이 바호펜에 관해 쓴 1935년 논문을 보라. Benjamin, "Johann Jakob Bachofen," p.96 sqq.; "Johann Jakob Bachofen," p.220 sqq. [앞의 각주 79번 참조.]

테제 12번

> 우리는 역사를 필요로 한다.
> 그러나 우리는 그것을 지식의 정원에서
> 소일하는 나태한 자가 필요로 하는 방식과는
> 다른 방식으로 필요로 한다.
> **프리드리히 니체, 「삶에 대한 역사의 공과」**

역사적 인식의 주체는 투쟁하는 계급, 억압받는 계급 자신이다. 맑스에게 그 계급은 패배한 세대들의 이름으로 해방의 과업을 마지막까지 수행하는 최후의 억압받은 계급으로서, 복수하는 계급으로서 나타난다. 짧은 기간 스파르타쿠스단 운동에서 다시 한 번 기운을 차렸던 이 의식을 사회민주주의는 늘 못마땅하게 여겼다. 30여 년에 걸쳐, 사회민주주의는 그 쩌렁쩌렁한 목소리가 19세기를 뒤흔들었던 블랑키라는 이름을 거의 말소하는 데 성공했다. 사회민주주의는 노동자 계급에게 **미래** 세대들의 구원자 역할을 부여하는 것을 좋아했다. 이로써 사회민주주의는 노동자 계급이 지닌 가장 강력한 힘에서 그 힘줄을 잘라버렸던 것이다. 노동자 계급은 이 훈련 과정에서 증오와 희생정신을 모두 잊어버렸다. 왜냐하면 그 둘은 해방된 자손들의 이상에서가 아니라 억눌린 선조들의 이미지에서 자양분을 취하기 때문이다.

제사는 이미 수차례 언급한 니체의 텍스트에서 따온 것이다. 인용에는 비판적 부분만 담겼지만, 1873년 시론의 바로 뒷부분에서 니체가 제안한 대안을 고려해보는 것도 재밌겠다. 니체에 따르면, 역사기술의 의미에서 역사는 사치, 한가한 산책, 고고학적 호기심의 문제여서는 안 되고 현재에 쓰임이 있어야 한다. "역사는 삶과 행위에 도움이될 때만 유용하다." 니체는 역사에 대한 자신의 고찰을 "반시대적"이라 지칭한다. 왜냐하면 그 고찰은 "시대와 대립하는, 그럼으로써 시대에 영향을 미치고, 앞으로 도래할 시대를 도와주기 위한" 것이기때문이다.[109] 이런 언급은 벤야민의 의도에 딱 들어맞는다.

[역사적] 인식의 주체를 논하는 첫 번째 문장을 보면, 우리는 룩셈부르크의 중요 저술들을 관통하는 생각을 떠올리지 않을 수 없다. 계급의식(따라서 인식)이 무엇보다 노동자 계급의 투쟁적 실천, 능동적 경험에서 기인한다는 생각 말이다. 이 명제는 카우츠키와 『무엇을 할 것인가?』(1902)의 레닌에 공통된 명제와 뚜렷이 구별된다. 이들은 인식(또는 사회주의적 의식)을, '바깥에서' 지식인들과 이론가들에 의해 계급 안으로 도입되어야 하는 어떤 것으로 여긴다. 벤야민이 룩셈부르크의 저술을 읽었다는 표시는 어디에도 없다. 벤야민은 룩셈부르크의 저술을 어디에서도 인용하지 않는다. 하지만 벤야민은 루카치가 『역사와 계급의식』의 여러 장에서 했던 묘사를 통해 룩셈부르크의 생각을 알고 있었음에 틀림없다.

루카치의 바로 이 책(벤야민이 맑스주의로 '전향'하는 데 이 책이 끼친 중요성을 우리는 알고 있다)에서 우리는 테제 12번의 가능한 두 번

109) Nietzsche, "De l'utilité et des inconvénients de l'histoire pour la vie," pp.93~94; *Vom Nutzen und Nachteil der Historie für das Leben*, pp.3, 54. [「반시대적 고찰 2: 삶에 대한 역사의 공과」, 287, 289쪽.]

째 의미를 발견한다. 그것은 사회민주주의 이론가인 카우츠키와 루돌프 힐퍼딩이 제안한 '중립적인' 과학적 인식으로서의 역사적 유물론이라는 개념에 반대하는 루카치의 논쟁과 관련된다. 『역사와 계급의식』에서 맑스주의는 프롤레타리아 계급의 관점에 위치하기 때문에 상위의 인식 형태를 대표한다. 프롤레타리아 계급은 역사적 행위의 주체인 동시에 인식의 주체인 것이다. 벤야민의 텍스트는 루카치의 구절들을 거의 한 마디 한 마디 다시 취한다. 그래서 우리는, 테제 12번에서 벤야민이 '맑스'라고 쓴 곳을 '루카치'라고 읽어야 하는 것은 아닐까, 하고 자문해볼 만도 하다.110)

억압에 맞서 투쟁하는 최후의 계급, 맑스의 표현대로라면 "해방 작업"을 짊어진 최후의 계급인 프롤레타리아트는 순교한 자신의 선조들을 망각할 경우 이 역할을 완수하지 못한다고 벤야민은 생각한다. 과거에 대한 기억 없이는 미래를 위한 투쟁도 없다. 역사의 희생자들의 구원이라는 신학적이고 정치적인 이중의 사정을 지닌 테마를 우리는 이미 테제 2~4번에서 만난 바 있다.

패배한 선조들에 대한 벤야민의 강조는 놀라워 보일 수도 있다. 억압에 맞서는 투쟁이 과거의 희생자들로부터 영감 받는 만큼이나

---

110) 다음과 같은 구절은 죄르지 루카치의 책이 테제 12번의 주요 이론적 참조점임을 명확히 보여준다. "현실 인식으로서의 유물론적 변증법은 프롤레타리아트의 계급적 관점, 곧 그들의 투쟁의 관점에서만 가능하다. …… 프롤레타리아트의 계급투쟁, 최후의 억압받은 계급의 해방 전쟁은 진리의 폭로 속에서 전쟁의 함성과 가장 효율적인 무기를 발견했다." Georg Lukács, *His -toire et conscience de classe*, Paris: Minuit, 1960, pp.45, 258~ 259. [박정호·조만영 옮김, 『역사와 계급의식』, 거름, 1986, 91, 359쪽.] 루카치의 테제들에 관해서는 다음을 참조하라. Michael Löwy, *Paysages de la vérité: Introduc -tion à une sociologie critique de la connaissance*, Paris: Anthropos, 1985.

이집트의 유대인 노예들 17세기의 하가다[유대교 경전 해설서의 일종]에서 발췌.

미래 세대를 위한 희망, 그리고 특히 현대 세대와의 연대로부터 영감을 받는 한, 그런 강조는 지나치게 일방적일지 모른다. 그런 강조는 유대의 명령어, Zakhor(추억하라)!를 생각나게 한다. 이집트에서 노예 생활을 하고, 아말렉에게 살육되고, 바빌론으로 망명하고, 티투스에게 예속되고, 십자군에게 산 채로 불태워지고, 유대인 박해 속에서 살해당한 네 선조들을 추억하라. 순교자 숭배는 다른 형태지만 그리스도교에도 있다. 그리스도교는 십자가에 못 박힌 선지자를 메시아로 만들었고 고문당한 메시아의 제자들을 성인으로 삼았다. 노동자 운동도 완벽하게 세속적인 형태로 이 패러다임을 따랐다. '시카고의 순교자들'(미 당국의 우스꽝스런 재판을 받고 1887년에 사형당한 조합주의자들과 아나키스트들)을 충실히 기억하는 것은 20세기 내내 노동절에 영감을 주었다. 1919년에 살해당한 칼 리프크네히트와 룩셈부르크에 대한 추모가 초기 공산주의 운동에서 갖는 중요성을 우리는 알고 있다.* 영감을 주는 과거의 희생자들의 역할을 가장 인상적으로 보여주는 예는 아마 라틴아메리카일 것이다. 호세 마르티, 에밀리아노 사파타, 아우구스토 산디노, 파라분도 마르티, 더 최근에는 에르네스토 체 게바라 같은 인물들이 지난 30여 년간 혁명적 상상계에서 차지했던 자리를 생각해보라. 이 모든 예들(더 많은 다른 예를 열거할 수 있을 것이다)을 생각해보면, 투쟁이 미래 세대에 대한 아직 추상적인 기억보다는 예속된 선조에 대한 생생하고 구체적인 기억에 의해 영감을 받는다는 벤야민의 주장은 덜 역설적으로 보인다.

패배자들에 대한 집단적 기억은 영웅들에게 영광을 돌리는 국가의 여러 만신전과 구별된다. 전자는 인물들의 성격, 그들의 메시지, 그들이 사회 갈등의 장에서 점하는 위치에서 후자와 구별될 뿐 아니라, 그것이, 벤야민이 보기에, 임의의 권력을 위해서 도구화되지 않는 한에서만 전복적 영향력을 갖는다는 사실에 의해서도 구별된다.

벤야민에게 희생자들에 대한 회억이 멜랑콜리한 탄식이나 신비주의적 명상이 아님은 분명하다. 오늘 투쟁하고 있는 자들에게 도덕

---

* "비인간적 체계로서의 자본주의에 대한 비판, 군사주의·식민주의·제국주의에 맞선 싸움, 해방된 사회에 대한 전망, 착취·소외·국경 없는 세상에 대한 유도피아 등, [룩셈부르크의] 공산주의적 인간주의는 실마리처럼 그의 정치 저작 전체(그리고 그의 서한, 옥중 편지들)를 가로지르며, 노동자 운동의 후속 세대 청년 투사들은 그것들을 읽고 또 읽었다." Michael Löwy, "Rosa Luxemburg et le communisme," *Actuel Marx*, no.48, 2010, pp.22~32. 특히 22쪽 참조.

적·정신적 에너지원이 되어야만 희생자들에 대한 회억은 의미를 갖는다. 이는 테제 4번에서 이미 시사된, 과거와 현재의 변증법이다. 이는 특히 파시즘에 맞서는 전투, 억압받는 자들의 전통에서 그 힘을 길어 올리는 전투에 적용된다. 1938년 브레히트와 함께 히틀러주의자들의 범죄에 관한 대화를 나누던 중, 벤야민은 이렇게 지적한다. "그는 그렇게 말했지만, 나는 파시즘의 힘과 맞서 싸울 만한 크기의 힘이 나에게 작용하고 있음을 감지했다. 나는 파시즘의 힘만큼이나 역사에 깊이 뿌리박힌 힘에 대해 이야기하고 싶다."111)

오해를 피하기 위해 '증오'와 '복수'라는 용어로 돌아가 보는 것도 쓸모없지는 않겠다. 이 용어를 사용하면서 벤야민은 암묵적으로 니체에게 응답하고 있지 않은가 자문해볼 수 있다. 알다시피 니체는 억압받고, 짓밟혔으며, 예속된 자들의 "복수를 향한 갈증과 증오"를 "원한"이라는 경멸적 용어로 지칭했다. 니체의 귀족주의적 관점에서 볼 때 그것은 유대인들, "저 탁월한 원한을 품은 성직자 민족"에서 기인한 시기, 앙심, 무능에 바탕을 둔 "도덕에서의 노예 반란"이었다.112) 벤야민에게 억압받는 자들의 감정은 시기 섞인 원한과 무능한 앙심

---

111) Walter Benjamin, "Note sur Brecht"(1938/1939), *Écrits autobiographiques*, Paris: Christian Bourgois, 1990, p.364; "Notiz über Brecht," *GS*, VI, p.539.

112) Friedrich Nietzsche, *La généalogie de la morale*, Paris: Gallimard, 1972, pp. 45~46, 58~59, 68. [김정현 옮김, 『선악의 저편/도덕의 계보』, 책세상, 2002, 364, 367, 387쪽.] '부정의'가 아니라 (친구 파트로클로스의 복수를 위해 헥토르와 싸우는 아킬레우스의 경우처럼) 개인적인 적에 맞서 행해지는 한, 니체는 증오와 복수("['꿀보다 달콤한'이라고 이미 호메로스가 말했던] 달콤한 복수에 취하는 것")를 비난하지 않는다. Nietzsche, *La généalogie de la morale*, p.63. [『선악의 저편/도덕의 계보』, 382쪽.] 벤야민은 정반대이다.

의 표현이기는커녕 행위, 능동적 반란, 혁명적 실천의 원천이다. '증오'라는 개념은 무엇보다 과거와 현재의 고통을 목전에 두고 느끼는 분개, 그리고 억압(특히 억압의 마지막 소름끼치는 현시인 파시즘)과 반목하는 적대를 참조한다. 우리는 과거의 투쟁에 뿌리박은 나치즘에 대한 깊은 반감 없이는 제3제국에 맞서 투쟁할 수 없노라고 벤야민은 시사하는 듯하다. 맑스가 『자본』에서 했듯이, 벤야민은 개인들에 대한 증오가 아니라 체계에 대한 증오를 권한다. 과거의 희생자들에 대한 복수로 말할 것 같으면, 그것은 그 희생자들이 겪은 피해를 배상하고[과오를 바로잡고], 희생자들에게 고역을 치르게 한 자들을 도덕적으로 비난하는 것일 수밖에 없다. 『로베르 소小사전』을 보면, 복수란 "모욕자를 처벌함으로써 모욕 받은 자에게 도덕적으로 배상해주는 것"이다. 수세기 전에 혹은 수천 년 전에 가해진 모욕과 관련해서는 도덕적 징벌밖에 가할 수 없다……. 벤야민은 20세기 이탈리아 시민들을 벌함으로써 스파르타쿠스와 그의 동료들의 복수를 하겠다고 생각하지는 않을 것이다! 반대로 로마 제국의 계승자를 자처했던 파시즘을 전복하는 것은 십자가에 매달린 노예들에 대한 "역사의 복수"요, 로마 귀족의 승리에 대한 이의제기**이기도** 할 것이다.

역사철학 테제의 저자가 보기에 예속된 최후의 계급인 프롤레타리아트는 수세기 또는 수천 년의 투쟁들, 즉 노예, 농노, 농민, 장인의 패배한 전투들의 계승자로서 스스로를 지각하는 것이 중요하다. 이런 시도들의 축적된 힘은 현세의 해방 계급이 연속적인 억압을 중단하는 데 필요한 폭발 재료가 된다.

테제 12번은 논변을 뒷받침하기 위해 중요한 역사적 증인 두 명을 내세운다. 첫 번째 증인은 스파르타쿠스, 혹은 오히려 룩셈부르크와 리프크네히트가 창설한 스파르타쿠스단이다. 스파르타쿠스단은 1919년 1월 베를린에서 자생적으로 일어난 노동자 봉기의 선봉에 섰으나 사회민주당의 국방장관이던 구스타프 노스케에 의해 유혈낭자하게 진압됐다. 여기서 벤야민이 강조하는 측면은 그 [스파르타쿠스단이라는] 조직명에서 표명되고 있는 역사적 의식이다. 그 이름은 로마 제국에 맞서 봉기한 노예들을 계승하는 근대 프롤레타리아트를 가리키는 것이다. 이렇게 1919년의 봉기는 수천 년간 지속된 보편적 전투의 한 순간이 된다. 그 봉기는 흔히 묘사되듯이 전후 독일 국내 정치의 우연한 사고가 아니다.

또 한 명의 인물은 "그 쩌렁쩌렁한 목소리가 종처럼 19세기를 뒤흔들었던"(벤야민의 프랑스어 번역) 블랑키이다. 군주정, 공화정, 제국의 지하 독방에 수십 년간 갇혔으나 기존 질서와 가장 반목하는 혁명적 반대파를 구현하기를 그치지 않았던 이 위대한 패배자 블랑키라는 인물에 벤야민은 매료됐다. "쩌렁쩌렁한 목소리"는 필시 이 무장한 예언자가 억압받는 자들에게 임박한 파국을 알리기 위해, 비유적인 의미에서, 울렸던 경종, 청동으로 만든 종을 참조한 것이다.

벤야민은 역사적 인물뿐 아니라 사상가[로서의 블랑키]에게도 관심을 가졌다. 벤야민은 귀스타브 제프루아가 쓴 장엄한 평전 덕분에 블랑키의 생각을 알게 됐다. 블랑키는 프롤레타리아트를 "근대의 노예"로 정의하면서 스파르타쿠스단의 시각과 유사한 역사관을 표시했다. 게다가 블랑키는 실증주의와 진보 이데올로기의 단호한 적수였다. 제프루아는 블랑키가 1862년에 했던 발언을 책에 인용한다. "나는 진보가 자명하다고, 인류가 퇴보할 수 없다고 주장하는 자들의 일원이 아니다. ……. 아니다. 숙명 따위는 없다. 그렇지 않다면 시시각

오귀스트 블랑키의 초상화 1835년 블랑키의 부인(아멜리에-쉬잔 세르)이 그린 이 초상화는 현재 파리의 카르나발레 박물관에 소장되어 있다.

각 쓰이는 인류의 역사가 이미 모두 쓰인 것이 되어버릴 것이다."113)
어쩌면 이런 유의 언급들을 생각하면서 벤야민은 「중앙공원」의 한 구
절에서 다음과 같이 강조했던 것 같다. "직업적 반란 음모가의 활동
은, 블랑키가 그랬던 것처럼, 진보에의 믿음을 전혀 전제로 하지 않는
다. 그것은 우선 현재의 불의를 제거하려는 결심만을 전제로 한다. 항
구적으로 인류를 위협하는 파국으로부터 마지막 순간에 인류를 구출
하려는 이 결심은 …… 블랑키에게 핵심적인 것이었다."114)
"바로 우리 세대는 이 점을 알아야 할 의무가 있다. 왜냐하면 우
리 세대가 남길 유일한 이미지는 패배한 세대의 이미지이기 때문이
다. 그것이 바로 도래할 자들에게 줄 유증품이 될 것이다."115) 벤야
민이 프랑스어로 번역한 테제에는 독일어판에 없는 이 마지막 문장

---

113) Gustave Geffroy, *L'enfermé*, t.2, Paris: Éditions Georges Crès, 1926, pp.19
~20. 미셸 아방수르에 따르면, 벤야민의 역사철학 테제에는 "블랑키의 그
림자가 암암리에 등장한다. 마치 자신의 테제들을 직조하며 블랑키의 수고
들에 대한 비의적 주해를 짠 것 같다. 우리는 거기서 호랑이의 도약을 알아
본다. 콜라주의 실천가 벤야민은 역사주의의 매음굴에서 흘러나오는 자들
을 손수 타격하기 위해 마치 블랑키가 실증주의에 맞서 주조한 무기들을 전
용하는 듯하다." Miguel Abensour, "Libérer l'enfermé," postface à Auguste
Blanqui, *Instructions pour une prise d'armes*, Paris: La Tête des Feuilles, 1972,
p.206; "Walter Benjamin entre mélancolie et révolution: Passages Blanqui,"
Walter Benjamin et Paris, éd. Heinz Wismann, Paris: Cerf, 1986.

114) Benjamin, "Zentralpark," p.247; "Zentralpark," p.687. [「중앙공원」, 298쪽.]
다니엘 벤사이드는 벤야민에 관해 쓴 아름다운 책에서 패배들이 영원히 회
귀한다는 지옥의 시각에 바탕을 둔 멜랑콜리한 역사 개념을 벤야민과 블
랑키가 공유한다고 지적한다. Daniel Bensaïd, *Walter Benjamin: Sentinelle
messianique*, Paris: Plon, 1990, p.43.

115) Benjamin, "Sur le concept d'histoire," *Écrits français*, p.345; "Sur le concept
d'histoire," p.1264.

이 나온다. 이 마지막 문장은 벤야민이 역사의 패배자들에 대해 말할 때 자신과 자신의 세대를 생각하고 있음을 명시적으로 직접 보여준다. 이는 벤야민이 1940년 5월 5일 친구 슈테판 라크너에게 부친 최후의 편지 가운데 한 통에서 암시하고 있듯이 역사철학 테제 전체의 정조Stimmung를 해명해준다. "나는 방금 역사의 개념에 관한 짧막한 시론을 탈고했네. 새로운 전쟁뿐만 아니라 내 세대의 경험 전체에 영감을 받았던 작업이지. 그 경험은 역사가 겪은 가장 가혹한 일들 중 하나임에 틀림없을 걸세."116) 이와 똑같은 의도로 벤야민은 준비 노트 중 하나에서 브레히트의 유명한 시 「후손들에게」(1939)를 언급한다. 거기서 작가는 다음 세대들에게 자신의 세대의 고통을 기억해달라고 요구한다. 벤야민은 다음과 같은 찌르는 듯한 논평을 덧붙인다. "[진정한 역사적 상상의 예: 「후손들에게」.] 우리는 후손들에게 우리의 승리에 대한 감사가 아니라 우리의 패배에 대한 회억을 요구한다. 이것은 위안이다. 즉 오로지 위안에 대한 희망을 더 이상 갖지 않는 자들에게만 있을 수 있는 위안이다."117)

---

116) 크리슐라 캄바스가 자신의 책에서 인용한 문서. Chryssoula Kambas, *Walter Benjamin im Exil: Zum Verhältnis von Literaturpolitik und Ästhetik*, Tübing -en: Max Niemeyer Verlag, 1983, p.218.

117) "Anmerkungen der Herausgeber," p.1240. [「〈역사의 개념에 대하여〉 관련 노트들」, 369쪽.]

테제 13번

> 우리의 대의는 날로 더 분명해지고
> 민중은 날로 현명해진다.
> **요제프 디츠겐, 『사회민주주의 철학』**

사회민주주의는 그 이론에서, 그리고 그 실천에서는 더욱더, 현실에 밀착하지 않고 교조적인 주장을 내뱉는 진보 개념에 따라 규정됐다. 사회민주주의자들이 머릿속에서 그려왔던 진보는 우선 (인류의 능력과 지식의 진보만이 아니라) 인류 자체의 진보였다. 둘째로 그것은 (인류가 무한히 완벽해질 수 있는 가능성에 상응하는) 무제한적인 진보였다. 셋째로 그것은 (자동적으로, 직선 내지 나선을 따르는) 본질적으로 거스를 수 없는 진보였다. 이 속성들은 모두 논란의 여지가 있으며 비판을 가할 수 있을 것이다. 하지만 그 비판이 가차없는 비판이 되려면 이 속성들 너머로 거슬러 올라가고, 그 속성들의 공통점으로 나아가야 한다. 인간종이 역사를 관통해 진보한다는 생각은 역사가 균질하고 공허한 시간을 관통해 진행해나간다는 생각과 분리될 수 없다. 이런 진행에 대한 생각을 겨냥하는 비판은 진보 일반에 대한 생각을 공격하는 비판의 필수적 토대이다.

디츠겐에게서 따온 (밋밋하고 편협한 사회민주주의적 '진보주의'의 이념형에 해당하는 예로서 다시 한 번 선택된) 제사는 계몽^Aufklärung에 대한 표면적 독해('명료함'과 '지성'의 거스를 수 없고 중단되지 않는 비상)에 물든 낙관주의적이고 선형적인 역사관을 예증하고 있다. 파시즘이라는 비극적 현실은 포퓰리즘으로 채색된, 이런 유형의 자기신비화가 거짓임을 보여준다.

[벤야민이] 테제 13번에서 발전시키지 않지만 대안적 역사관에 바탕을 둔 비판 세 가지를 검토해보자.

1/ 지식과 능력^{Fähigkeiten}의 진보와 인류 자체의 진보를 구별해야 한다. 후자는 과학적이고 기술적인 진보로 환원될 수 없는 도덕적, 사회적, 정치적 차원을 내포한다. 역사의 운동은 필연적으로 이질발생적이다. 벤야민이 잘 알고 있던 『러시아 혁명사』(1930)에서 트로츠키라면 역사의 운동이 불균등하며 결합되어 있다고 말할 것이다. 그리고 문명의 한 차원에서 앞서간 자들은 다른 차원에서의 퇴보를 수반할 수 있다(이는 테제 11번에서 이미 확인됐다).

2/ "인류 자체의 진보"를 바란다면 점진적으로 무한히 완벽해지는 과정을 신뢰할 게 아니라 급진적 단절을 위해 투쟁해야 한다. 이 급진적 단절은 천 년 이상 이어온 억압의 역사의 종결이요, 맑스의 말로 하면 전사前史의 종언이다. 벤야민은 '전사의 종언'이라는 표현을 사용하지 않지만 "진정한 예외상태"의 가능한 도래를, 굳이 말하면 다분히 생략적으로, 참조하고 있음을 덧붙일 필요가 있다. 이 문제틀은 '역사의 법칙'의 불가피한 결과가 아니라 투쟁의 목적이자 객관적 가능성인 한, 진화주의와 목적론을 벗어난다. 벤야민이 『파사젠베르크』의 가장 눈길을 끄는 정식들 중 하나에서 적고 있듯이, "우리 세대의 경험: 자본주의는 결코 자연사로 죽지는 않을 것이다."[118]

---

118) Benjamin, *Le livre des passages*, p.681; "Das Passagen-Werk," *GS*, V-2, p.819. [『아케이드 프로젝트 2』, 1533쪽.]

3/ '자동적'이거나 '연속적'인 진보는 없다. 유일한 연속성이 있다면 그것은 지배의 연속성이며, 역사의 자동운동은 그저 그것('규칙')을 재생산할 뿐이다. 자유의 유일한 순간은 중단, 불연속[의 순간], 억압받는 자들이 봉기해 스스로를 해방하려 할 때이다.[119]

진보주의 교의들에 대한 이 비판이 효과를 거두려면 그 교의들의 공통 토대, 그 교의들의 가장 깊은 뿌리, 그 교의들의 은밀한 본질을 공격해야 한다. 즉, 균질하고 공허한 시간성의 교의를 공격해야 한다. 우리는 이어지는 테제들에서 이 개념의 의미를 보게 될 것이다. 벤야민은 대안으로서 질적이고 이질적이며 충만된 시간을 제안한다.

토론의 쟁점은 결코 단순히 이론적이거나 철학적이지 않다. 벤야민이 강조하듯이 진보의 낙관주의와 주도권의 부재, 수동성, 관망주의를 조합하는 모종의 실천적 태도가 문제이다. 테제 11번과 관련해 우리가 살펴봤듯이, 그 태도의 비극적 결말은 1933년에 독일 좌파가 히틀러와 마주해 싸워보지도 않고 항복한 것이었다. 벤야민이 언급하지는 않지만 테제들을 작성하던 순간 그 자신의 머릿속에 적잖이 맴돌았을 예로는, 1940년에 (대다수) 프랑스 좌파가 필리프 페탱에 맞서 항복한 일을 들 수 있다.

---

119) 준비 노트는 **맑스의 것을 포함해** 진보 이론 전체를 비판하는 프로그램을 보여준다. "맑스에서 진보의 이론에 대한 비판. 맑스에서 진보는 생산력의 전개 양상으로 정의되고 있다. 하지만 그 생산력에는 인간, 따라서 프롤레타리아트가 속한다. 그렇게 하여 기준에 대한 물음은 그저 되밀린다." "Anmerkungen der Herausgeber," p.1239. [「〈역사의 개념에 대하여〉 관련 노트들」, 368쪽.] 불행히도 벤야민은 맑스주의 진보 이론의 생산력주의적이고 경제주의적이며 진화주의적인 온갖 이형들에서 중심의 자리를 차지하는 한 개념('생산력')에 대한 이 비판을 발전시키지 못했다.

테제 14번

> 근원이 목표이다.
> 칼 크라우스, 『운문으로 된 말들』, 1권

역사는 어떤 구성의 대상이며, 구성의 장소는 균질하고 공허한 시
간이 아니라 '현재 시간'으로 충만된 시간을 형성한다.[120] 그리하
여 로베스피에르에게 고대 로마는 '현재 시간'으로 충전된, 역사의
연속체에서 불쑥 솟아오른 과거였다. 프랑스 혁명은 스스로를 다
시 시작된 로마로 이해했다. 프랑스 혁명은 마치 유행이 예전의 의
상을 인용하는 것과 똑같이 고대 로마를 인용했다. 유행은 옛날의
밀림을 누비면서 현재적인 것에 대한 낌새를 알아챘다. 유행은 과
거 속으로 뛰어드는 호랑이의 도약이다. 그 도약은 지배 계급이 명
령하는 투기장에서 일어나고 있을 따름이다. 야외에서 실행된 그
와 동일한 도약이 변증법적 도약, 맑스가 파악했던 혁명이다.

역사철학 테제를 한 부 받고 난 직후(1941년) 호르크하이머에게 보
낸 편지에서, 아도르노는 테제 14번의 시간 개념을 파울 틸리히의 카
이로스kairos와 비교했다.[121] 1920~30년대에 프랑크푸르트 사회연구

---

120) 나는 Jetztzeit의 번역어로 "à présent"[지금](강디약)보다는 "temps actuel"[현
재 시간](미삭)이 낫다고 봤다. [Jetztzeit는 '지금시간,' '지금이때,' '지금의 때,'
'지금' 등으로 다양하게 번역될 수 있다.]

121) "Theodor W. Adorno an Max Horkheimer, New York, 12. 6. 1941," GS, VII
-2, p.774. 아도르노는 "벤야민의 어떤 다른 작업도 이만큼 우리의 의도에
가깝지는 않다"고 했음을 지적해야겠다.

소의 가까운 협력자였던 이 그리스도교 사회주의자는 크로노스(형식적 시간)와 카이로스('충만된' 역사적 시간)를 대립시키곤 했다. 카이로스에서는 매 순간이 유일한 기회를, 상대적인 것과 절대적인 것 사이의 독특한 성좌를 포함한다.[122]

칼 크라우스의 제사("Ursprung ist der Ziel")에는 이중의 의미가 있다. 신학적 관점에서 구원은 위에서 살펴봤듯이 잃어버린 낙원으로의 귀환을 가져온다. 즉, 티쿤, 아포카타스타시스, 모든 것의 복구 restitutio omnium이다. 게다가 이는 벤야민 본인이 크라우스에 관한 논문에서 적었던 사항이다. 거기서 벤야민은 이 빈 출신 작가의 표현을 다음의 용어들로 주해한다. 세계는 "낙원으로 되돌아가는 미로, 사로, 우회로"Irrweg, Abweg, Umweg zum Paradiese zurück로 파악된다.[123] 정치적 관점에서, 혁명 역시 본래의 낙원으로의 귀환이다(테제 9번). 하지만 테제 14번에서 벤야민은 과거와 맺는 다른 유형의 관계에 관심을 갖는다. 그 관계를 "혁명적 인용"이라고 부를 수 있을 것이다.

이 맥락에서 놀랍게도 유행과 혁명을 비교한 것을 어떻게 해석해야 할까? 『파사젠베르크』의 한 고찰이 그 둘의 평행 관계를 이해하는데 도움이 된다. 겉보기에 유행과 혁명의 방식은 동일하다. 프랑스 혁명은 고대 로마를 인용하지만, 18세기 말의 유행은 고대 희랍을 인용한다. 유행의 시간성은 지옥의 시간성이다. "새로운 것에 대한 어리

---

122) Ralf Konersmann, *Erstarrte Unruhe: Walter Benjamins Begriff der Geschichte*, Frankfurt am Main: S. Fischer, 1991, pp.44~45.

123) Walter Benjamin, "Karl Kraus"(1931), *Œuvres*, II, p.263. 번역은 다소 수정했다; "Karl Kraus," *GS*, II-1, p.360. [최성만 옮김, 「카를 크라우스」, 『서사(敍事)/기억/비평의 자리』, 도서출판 길, 2012, 335쪽.]

석은 미신"(폴 발레리)을 키우면서도, 유행은 동일한 것의 끝도 틈도 없는 영원한 반복이다. 따라서 유행은 여하한 급진적 변화에 대한 지배 계급의 혐오를 가리기 위해 지배 계급을 위장하는 구실을 한다(브레히트).124) 반대로, 혁명은 영원회귀의 중단이요 가장 심원한 변화의 도래이다. 혁명은 연속체 바깥으로 나와 우선 과거로 뛰어 올랐다가 다음엔 미래로 뛰어 오르는 변증법적 도약이다. "과거 속으로 뛰어드는 호랑이의 도약"은 억압받는 자들의 유산을 구제하고 거기서 영감을 받아 현재의 파국을 중단하는 것으로 이뤄진다.

과거에는 현재가, (강디약처럼 'à présent'로 옮기든 'temps actuel'로 옮기든) Jetztzeit가 포함되어 있다. 테제 14번의 이본에서 Jetztzeit는 "폭발물"Explosivstoff로 정의된다. 역사적 유물론은 거기에 도화선을 덧붙인다. 역사적 시간에 대한 개념에 힘입어 역사의 연속체를 폭파하는 것이 중요하다.125) 그런 시간 개념은 역사의 연속체를 '충만된' 것, '현재의' 폭발적·전복적 순간들로 충전된 것으로 파악한다.

---

124) Benjamin, *Le livre des passages*, pp.92, 97, 98~99; "Das Passagen-Werk," pp.115, 121, 123. [『아케이드 프로젝트 1』, 251, 261~262, 265쪽.]

125) "Anmerkungen der Herausgeber," p.1249. [테제 14번의 이본은 다음과 같다. "역사는 구성의 대상이며, 그 구성의 장소는 균질하고 공허한 시간이 아니라 '현재 시간'으로 충만된 시간이다. 과거가 이 폭발물로 채워진 곳에서, 유물론적 연구는 '역사의 연속체'를 향해 도화선을 당긴다. 이 과정 속에서 유물론적 연구 앞에 떠오르는 것은 역사의 연속체를 폭파해 거기에서 그 시대를 끄집어내는 일이다(그리하여 그 시대에서 하나의 인간의 삶을, 필생의 업적에서 하나의 작품을 끌어내는 일이다). 이 과정에서 얻어지는 수확은 작품 속에 필생의 업적이, 필생의 업적 속에 그 시대가, 그 시대 속에 전체 역사의 흐름이 보존되고 지양되는 것이다. 이런 방법론의 근간을 이루는 법(도식)은 정지 속의 변증법이다. 이처럼 역사적으로 파악된 것의 영양이 풍부한 열매는, 귀중(비옥)하지만 맛이 없는(무미건조한) 씨앗(핵)으로서의 시간을 그 내부에 간직하고 있다."]

막시밀리앵 로베스피에르에게 로마 공화정은 '현재 시간'으로 충전됐다. 1793년의 프랑스 공화정에는 이 Jetztzeit가 필요했다. 원래의 맥락에서 뽑혀 나온 로마 공화정은, 유럽사에서 1천여 년간 이어져온 왕의 연속성을 중단시킴으로써, 군주정에 맞서는 싸움에서 폭발물이 된다. 호랑이가 덤불 속에서 찾아낸 것을 먹듯이, 현재의 혁명은 과거에서 영양을 취한다. 하지만 일시적 연결, 취약한 순간, 순간적인 성좌를 파악할 줄 알아야 한다. 그로부터 시간 속으로 짐승이 '도약'하는 이미지가 나온다. 브루투스 같은 공화정의 영웅들은 과거의 희생자들, 제국사(로마 황제들의 개선 행렬의 계승으로 쓰이는 역사)의 패배자들 속에서 나타난다. 이 자격으로 이 영웅들은 프랑스 혁명가들에 의해 현저하게 현재적인 참조점으로 "인용"될 수 있다.

알다시피 맑스는 『루이 나폴레옹의 브뤼메르 18일』(1852)에서, 로마에 대한 자코뱅들의 착각을 격한 어조로 비판했다. 이 유명한 텍스트를 모를 리 없던 벤야민은 여기서 역사적 유물론 창립자의 대척점에 선다. 벤야민은 틀린 동시에 옳았던 것 같다. 벤야민은 틀렸다. 왜냐하면 노예제와 세습 귀족제에 바탕을 둔 로마 공화정이 1793년의 민주주의적 이상들에 영감을 준 것은 전혀 없었기 때문이다. 게다가 벤야민이 로베스피에르보다 그라쿠스 바뵈프의 예를 인용하지 않은 것이 놀랍다. 바뵈프는 "고대 로마"가 아니라 로마 평민을 대표하는 호민관들을 "인용"하곤 했다. 로마에 대한 자코뱅들의 환등상은 맑스가 잘 보여줬듯이 물론 착각이었다. 하지만 『브뤼메르 18일』의 저자는 부르주아 혁명들과는 반대로 프롤레타리아 혁명들이 과거가 아니라 미래에서만 그들 자신의 시를 끌어낼 수 있다고 섣불리 결론지었다. 현재의 혁명적 문화 속에서 과거의 해방적 순간들이 폭발력을 갖고 현존한다는 벤야민의 심오한 직관은 정당하다. 1871년의 파리 코뮌에서 1793~94년의 코뮌이 그랬고, 1917년 10월 혁명에서 1871년의 파리 코뮌이 그랬다. (유럽뿐만 아니라 라틴아메리카에서 벌어진 예들까지 추가할 수 있을) 이 모든 경우에서 혁명적 봉기는 "현재 시간"으로 충전된 과거의 폭발적 순간을 전유함으로써 "과거 속으로 뛰어드는 호랑이의 도약," 역사의 자유로운 하늘 아래에서 펼쳐질 변증법적 도약을 실행했다. 과거를 인용하는 것이 꼭 구속이나 착각이었던 것은 아니다. 과거의 인용은 기막힌 영감의 원천, 현재의 전투에 쓰일 수 있는 강력한 문화적 무기일 수 있었다.

다른 준비 노트에서 벤야민은 억압하는 자들에게 속하는 역사적 연속체와 그들에게 속하는 전통을 대립시킨다. (테제 8번에서 파시즘을 진정으로 이해하는 데 필요한 원천으로 언급된) 억압받는 자들의 전통은 역사적 시간의 불연속성과 노동자 계급의 파괴력과 더불어, 벤야민이 말하는 역사적 유물론의 세 주요 계기들 가운데 하나이다. 이 전통은 불연속적이다. 이 전통은 종결될 수 없이 잇따르는 억압 형태들 속에서 예외적이고 '폭발적인' 순간들로 이뤄진다.[126] 하지만 변증법적으로, 그 전통은 제 고유한 연속성을 갖는다. 억압의 연속체를 부숴야 하는 폭발의 이미지에, 억압받는 자들의 전통의 영역에서, 직조의 은유가 상응한다. 푹스에 관한 시론에 따르면, 현재라는 씨실에 수 세기 동안 사라졌던 전통의 실을 엮어 넣어야 한다.[127]

---

126) "Anmerkungen der Herausgeber," pp.1246, 1236. [「〈역사의 개념에 대하여〉 관련 노트들」, 379, 363쪽.]

127) Benjamin, "Eduard Fuchs," p.190; "Eduard Fuchs," p.479. [「에두아르트 푹스」, 280쪽.]

테제 15번

역사의 연속체를 폭파하려는 의식은 행동하는 순간에 있는 혁명적 계급들에게 고유한 것이다. 대혁명은 새로운 달력을 도입했다. 새로운 달력이 시작하는 날은 역사적 시간 수집기 같은 기능을 한다. 그리고 회억의 날들인 공휴일의 형태로 늘 다시 돌아오는 날도 근본적으로 그와 똑같은 날이다.128) 따라서 달력들은 시간을 시계처럼 세지 않는다. 달력들은 역사 의식의 기념비들이며, 이 역사 의식은 1백 년 전부터 유럽에서 아주 작은 흔적조차 사라져버린 것 같다. [1830년의] 7월 혁명 시절만 해도 이런 의식이 진가를 발휘하는 사건이 일어났었다. 처음 투쟁이 있던 날 밤에 파리 곳곳에서 서로 독립적으로 동시에 벽시계들을 향해 사람들이 총격을 가했던 것으로 드러났다. 아마 시의 각운*에 자신의 선견지명을 빚지고 있음에 틀림없는 한 목격자는 당시 이렇게 적었다.

누가 그것을 믿을 것인가? 사람들 말로는 시간에 격분해
새로운 여호수아들이, 모든 시계탑 밑에서,
그날을 정지시키기 위해 시계 판에 총을 쏘아댔다고 한다.

혁명 계급(다시 말해, 프롤레타리아트뿐만 아니라 과거의 모든 억압받은 자들)은 행동을 통해 역사적 연속성을 폭파하려는 의식을 갖고 있

---

128) 강디약은 "Eingedenken"[회억]을 "commémoration"[추도]으로 옮겼다.

* 벤야민이 인용한 시의 프랑스어 원문을 보면, 각 행 마지막 단어들("heure"
[시간], "tour"[탑], "jour"[날])이 각운을 이루고 있다.

다. 사실, 혁명적 행동만이 승리자들의 개선 행렬을 (한동안) 중단시킬 수 있다. 이 의식은 [1358년의] 농민 폭동에서, 중세의 이교도 반란에서, 16세기 농민 전쟁에서, '시간의 종언'과 밀레니엄의 도래라는 천년왕국설이나 묵시록의 형태를 띠곤 했다. 벤야민은 블로흐가 쓴 『혁명의 신학자로서의 토마스 뮌처』(1921)를 아마 알고 있었을 것이다.* 프랑스 대혁명(벤야민은 평생 이 모델을 쉼 없이 참조한다) 당시, 그 의식은 공화국을 선포한 날부터 새로운 달력을 도입하는 것으로 표명된다. 1793년은 새 시대의 원년이었다.

벤야민은 새로운 달력이 발효된 날을 historischer Zeitraffer라고 적고 있다. 이것은 번역 불가능한 개념이다. 미삭은 이것을 "역사의 리듬이 가속화된다"라고 잘못 옮겼고,** 강디약은 축자적으로 "역사적 시간 수집기"라고 옮겼다. 자기 자신의 프랑스어 번역에서 벤야민은 "une sorte de raccourci historique"(일종의 역사적 축도)를 제안한다. 벤야민은 이렇게 풀어서 설명한다. 새로운 첫날은 이전의 모든 시간을 통합한다. 왜 그럴까? 아마 이 날에 과거의 모든 반란의 순간들이, 억압받은 자들의 모든 풍부한 전통이 '수집'되기 때문일 것이다. 벤야민이 준비 노트에서 시사한 바가 바로 그것이다. 벤야민은 거기서 역사적 연속성의 단절(혁명)에서는 새 출발과 전통이 동시에

---

* 벤야민은 1921년 11월 27일 숄렘에게 보낸 편지에 추신을 덧붙였다. "매우 신중한 블로흐와의 교제에 관해 재차 기록해두겠네. 타고난 마키아벨리주의자이지. 그는 이곳을 처음 방문했을 때 내게 '뮌처'의 완전한 교정쇄를 주었네, 그리고 나는 그것을 읽기 시작했지." Benjamin, *Briefe*, Bd.1, p.284.
** 미삭의 번역은 다음과 같다. "달력이 발효되는 날, 역사의 리듬이 가속화된다" (Le jour où un calendrier entre en vigueur, le rythme de l'histoire s'accélère).

합치된다고 지적한다.129) 그렇지만 historischer Zeitraffer라는 표현은
여전히 수수께끼이다······.

벤야민에게 달력은 공허한 시간의 반대를 대표한다. 달력은 역사
적이고 이질발생적이며 기억과 현재로 충전된 시간의 표현이다. 공
휴일은 여느 날과 질적으로 구분된다. 공휴일은 진정한 역사적 의식
을 표현하는 추억의 날이요 회억의 날이다. [벤야민이 번역한] 프랑스
어판에 따르면, 공휴일은 "첫날들이면서 추억의 날들이다."130) 여기
서 '첫'[처음]은 해방적이며 구원적인 단절을 가리키는 것이다.

유대 달력은 그 명백한 예이다. 벤야민은 이 문장들을 써내려 가
며 유대 달력을 생각했을 것이다. 거기서 주요 공휴일은 구원의 사건
들을, 예컨대 출애굽(Pessach[유월절]), 마카바이오스 반란(Hanuka[하
누카]), 페르시아 망명자들의 구제(Purim[부림절])를 회억하는 데 바
쳐진다. 추억하라는 명령어(Zakhor!)는 유대인의 유월절 의례의 핵
심 요소들 가운데 하나이기조차 하다. 이집트의 네 선조들을 추억하
라, 마치 너 자신이 그때 노예였던 것처럼.131)

다른 세속적 공휴일들도 예로 들 수 있을 것이다. 프랑스의 7월
14일이나 노동자들의 5월 1일처럼 '첫'날, 민중 축제일, 혁명 기념일

---

129) "Anmerkungen der Herausgeber," p.1242. [「〈역사의 개념에 대하여〉 관련 노
     트들」, 372쪽.]
130) "Anmerkungen der Herausgeber," p.1265.
131) 유대의 의례, 특히 유월절의 하가다(Haggada)를 참조하면서, 요세프 하임
     예루살미는 이렇게 적고 있다. "여기서 기억은 더 이상 추억(그것은 거리감
     을 유지한다)이 아니라 재현실화이다." Yosef Hayim Yerushalmi, *Zakhor:*
     Histoire et mémoire juive, Paris: La Découverte, 1984, p.60.

들 말이다. 그날들은 그날들을 탈취하려고 애쓰는 타협주의에 의해 끊임없이 위협받는다.

테제 15번은 앞선 두 테제들이 균질한 시간 개념에 대해 행한 비판을 계속한다. 하지만 테제 15번은 공허한 시간이 무엇인지 더 명확히 판별한다. 공허한 시간이란 **시계**들의 시간이다. 그저 기계적이고 자동적이며 양적이고 항상 자신과 똑같은 시계추 같은 시간. 즉, 공간으로 환원된 시간인 것이다.

산업적/자본주의적 문명은 19세기 이래로 정확하고 엄격히 양적인 측정을 가능케 하는 회중시계의 시간에 지배됐다. 『자본』의 대목들은 노동자들의 삶에 대한 시계의 폭정을 보여주는 끔찍한 예들로 가득하다. 자본주의 이전 사회에서 시간은 질적인 의미로 충전됐다. [하지만] 그 의미는 산업화 과정에서 회중시계의 유일한 시간으로 점차 대체됐다.132)

벤야민에게 역사적 시간은 시계들의 시간과 동류시될 수는 없다. 이는 벤야민의 청년기 저술들로 거슬러 올라가는 테마이다. 1916년 「비애극과 비극」이라는 논문에서 벤야민은 메시아적 시간성으로 가득 찬 역사의 시간과 기계적이고 공허한 시계의 시간을 맞세운다. 몇 년 뒤 박사학위 논문 『독일 낭만주의의 예술비평 개념』(1919)에서는 낭만적 메시아주의의 "질적 시간의 무한"qualitative zeitliche Unendlichkeit과 진보 이데올로기의 "공허한 시간의 무한"을 대조한다.133)

---

132) 다음을 참조하라. E. P. Thompson, "Time, Work-Discipline and Industrial Capitalism," *Customs in Common*, London: Penguin Books, 1991.

133) Walter Benjamin, "Sur le Trauerspiel et la Tragédie"(1916), *Romantisme et critique de la civilisation*, ibid., p.59; "Trauerspiel und Tragödie," *GS*, II-1,

벤야민이 제시하는 시간 개념의 원천은 유대 메시아 전통에 있다. 헤브라이인들에게 시간은 공허하고 추상적이며 선형적인 범주가 아니라 그 내용과 뗄 수 없는 것이었다.[134] 하지만 전자본주의적이거나 전산업적인 전통 문화 전체는 그것의 달력과 축제 속에 모종의 방식으로 역사적 시간 의식의 흔적을 간직하고 있다.

1830년 7월 혁명 기간에 혁명가들이 시계들에 총격을 가한 행위는 벤야민의 눈에 역사적 시간 의식을 대표하는 것으로 보였다. 하지만 여기서 달력이 회중시계에 대결하는 것이 아니다. 혁명의 역사적 시간이 시계추의 기계적 시간과 대결하는 것이다. 혁명은 질적이고 메시아적인 시간의 난입에 힘입어 공허한 시간을 중지하려는 시도이다. 구약에 따르면 여호수아는 태양의 운동을 멈춤으로써 자신의 승리에 필요한 시간을 벌었다.

벤야민의 「중앙공원」에도 여호수아에 대한 참조, 시간의 진행을 멈추려는 열망이 나온다. "세계의 흐름을 중단시킨다는 것. 이것이

---

p.134; *Der Begriff der Kunstkritik in der deutschen Romantik* (1919), Frank-furt am Main: Suhrkamp, 1973, pp.86~87. [심철민 옮김, 『독일 낭만주의의 예술비평 개념』, 도서출판b, 2013, 148~150쪽.]

134) Sigmund Mowinckel, *He That Cometh: The Messiah Concept in the Old Testament and Later Judaism*, Oxford: Basil Blackwell, 1956, p.106. [제라르 뱅쉬상은 『메시아적 시간: 역사적 시간과 체험된 시간』에서 고대 희랍 이후 공간에 의해 오염된 선형적이거나 순환적인 시간 개념과 메시아주의의 엄격히 시간적인 시간 개념을 구분한다. 특히 후자는 시간을 olam hazé(여기-이-세상)와 olam haba(도래-하는-세상)로 분리하는 '주름'에 따라 분할된다. 여기에는 어떤 선형성도 없고, 매 순간은 영원성을 향해 열릴 수 있다. 물론 미래는 예측 불가능하다. 그렇지만 메시아주의에서 그것은 '어쩌면,' 즉 불확실성과 결정 불가능성으로 표상된다. Michael Löwy, "Gérard Bensussan, *Le Temps messianique: Temps historique et temps vécu,*" *Archives de sciences sociales des religions*, no.122, avril-juin 2003, p.68.]

브라질 발견 500주년의 공식 기념 시계를 향해 화살을 쏘고 있는 브라질의 젊은 원주민들(2000년 4월)
Photo: Carlos Eduardo ⓒ Folha Imagem.

보들레르의 가장 깊은 열망이다. 여호수아의 열망."135) 세계의 파국적 흐름을 메시아적인 동시에 혁명적으로 중단하기. 1830년 7월, 혁명 계급("새로운 여호수아들"인 자들)은 자신들의 행위가 억압의 "역사적 연속체를 폭파"한다는 것을 여전히 의식하고 있었다.

　　최근 라틴아메리카에서 벌어진 예는 놀라운 방식으로, (혁명적이기보다는 반체제적인) 상징적 지형에서 이 열망을 번역한다. 포르투

135) Benjamin, "Zentralpark," p.223; "Zentralpark," p.667. [「중앙공원」, 269쪽.]

갈의 항해가들이 브라질을 '발견'한 1500년으로부터 5백주년이 되는 해를 공식적으로 (정부 차원에서) 기념하는 데 반대하기 위해 열린 민중 항의 집회들(이 집회들은 노동자·농민조합 조직과 흑인·원주민 운동의 주도로 시작됐다)에서, 일군의 원주민들은 5백주년이 되는 날과 시간을 표시하는 시계(텔레비전 방송 네트워크 '글로보'가 후원한 시계)를 향해 화살들을 쏘아 날렸다…….

테제 16번

역사적 유물론자는 경과하는 시간이 아니라 시간의 문턱 위에 멈춰서 붙박인 현재라는 개념을 포기할 수 없다. 이 개념이야말로 역사적 유물론자가 자신의 인격을 걸고 역사를 기술하는 현재를 정의하는 것이다. 역사주의자는 과거에 대한 '영원한' 이미지를 제시하지만, 역사적 유물론자는 이 과거를 유일무이한 경험으로 제시한다. 역사적 유물론자는 역사주의의 유곽에서 '옛날 옛적'이라고 불리는 창녀와 정력을 탕진하는 일을 다른 사람에게 맡긴다. 역사적 유물론자는 자신의 힘을 제어할 줄 알며, 역사의 연속체를 폭파할 만큼 충분히 사내답다.

역사주의에 맞서는 논쟁을 계속하고 있는 벤야민은 야릇한 알레고리를 적고 있다. 우리는 그것을 이렇게 해석할 수 있다. "역사주의"라는 유곽에 자리를 깐 "옛날 옛적"이라고 불리는 매춘부는 승리자들을 차례로 접대한다. 그녀는 한 사람에게 몸을 내주고, 이어서 다음 손님을 위해 자신을 저버리는 데 주저함이 없다. 승리자들의 잇달음이 역사의 연속체를 구성한다. 한때는 율리우스 카이사르였고, 한때는 샤를마뉴였고, 한때는 보르지아 교황이었고, 이하 마찬가지로.

이와 반대로 역사적 유물론자(벤야민이 의도했던 것과는 달리 그는 남성적["사내답다"]일 필요는 없다)는 과거의 이미지와 함께 유일무일한 경험을 한다. 테제 16번의 일종의 이본을 포함하고 있는 푹스 관련 시론에는 다음과 같은 설명이 나온다. 테제 5번에서 적고 있듯이 "불현듯," 어떤 특정한 과거의 단편이 특정한 현재와 함께 형성하는 비판적 성좌를 파악하는 것이 중요하다.[136] 예컨대 1940년에 절체절명의 위기[나치의 탄압을 피해 미국으로 넘어가려 했던 일]에 처했던 벤야민과 유폐된 자이자 잊힌 혁명가인 블랑키 사이의 성좌. 또는 위에 언급한 블로흐의 책에 나오듯이, 1919~21년 독일에서 일어난 혁명적 봉기("인격을 걸고 역사를 기술하는" 현재의 순간)와 뮌처에 영감을 받은 농민 반란 사이의 성좌. 그래도 이 성좌가 형성될 수 있으려면 현재가 잠시 멈춰서야Stillstand 한다. 이는, 역사기술의 수준에서, 역사적 연속성의 혁명적 중단에 상응하는 등가물이다.

푹스에 관한 시론에 따르면, 과거와의 유일무이한 경험은 역사주의의 "옛날 옛적"에 결박되어 있던 강력한 에너지를 해방한다.[137] 달리 말하면, 랑케와 폰 지벨의 타협주의적이고 유사-객관적인 접근이 과거의 이미지를 무력화하는 반면, 역사적 유물론의 방식은 역사의 귀중한 순간 속에 들어 있는 은밀한 폭발적 에너지를 되찾는다. 이 에너지, 곧 현재 시간Jetztzeit의 에너지는 단락에서 터져 나오는 불티로서, 역사적 연속성을 "폭파"할 수 있게 해준다.

라틴아메리카의 맥락에서 끌어내는 현재의 예(1994년 1월 [1일] 치아파스의 사파티스타 봉기)는 벤야민의 생각을 두드러지게 예증한다. "과거 속으로 뛰어드는 호랑이의 도약"을 통해 사파티스타민족해방군의 원주민 병사들은 사파타의 전설에서 폭발적 에너지를 해방시켰다.[138] 사파타의 그 전설을 공식 역사의 타협주의에서 뽑아냄으로

---

136) Benjamin, "Eduard Fuchs," p.175; "Eduard Fuchs," pp.467~468. [「에두아르트 푹스」, 260~262쪽.]

137) Benjamin, "Eduard Fuchs," p.176; "Eduard Fuchs," p.468. [「에두아르트 푹스」, 261~262쪽.]

써, 1911~17년 멕시코 혁명과 '제도혁명당'의 부패한 권위주의 체제
사이에 가정된 역사적 연속성을 폭파함으로써 말이다.[139]

138) 사파티스타민족해방군의 원주민 혁명비밀위원회가 1994년 2월 14일 발
표한 성명서의 한 구절을 여기에 옮겨둔다. "우리 어른들 중에서도 가장
어른들이 쓰던 말 속에 우리 역사에 대한 희망이 있었다. 그들의 말 속에
서 우리와 같은 한 사람인 에밀리아노 사파타의 이미지가 등장했다. 우리
는 그 이미지에서 진실해지기 위해 우리의 발걸음으로 변화시켜야 했던 곳
을 보았다. 투쟁으로 일군 우리의 역사는 우리의 혈관으로 되돌아왔다. 우
리의 손은 우리의 외침으로 채워졌다. 위엄이 우리의 입술에 돌아왔다. 그
리고 우리는 새로운 세계를 보았다." Sous-commandant Marcos, *Ya Basta!*
Les insurgés zapatistes racontent un an de révolte au Chiaps, Paris: Éditions
Dagorno, 1994, p.166.
139) 20세기에 처음 일어난 대규모 사회 혁명인 멕시코 혁명으로 인해 1911년
포르피리오 디아스 장군의 독재가 전복됐다. 남쪽의 사파타와 북쪽의 프란
치스코 '판초' 빌라가 이끄는 농민군은 1914년 수도인 멕시코시티를 장악
했다. 하지만 농민군은 혁명 권력을 창출하거나 급진적인 농지 개혁 프로그
램을 부과하지 못했다. 사파타와 빌라를 무찌르고 숙청한 뒤 혁명 지도부를
장악한 온건파 장군들과 정치인들은 그들의 헤게모니를 나라에 장기적으
로 강제하는 데 성공했다. 1911~17년 혁명의 이상을 계승한 자로 자처하
며 그들은 1940년대에 (라사로 카르데나스 지배/통치의 근본적인 중단 이후
에) '제도혁명당'을 창설했다. 이 정당은 20세기 말까지 권력을 쥐었다.

테제 17번

역사주의가 보편사에서 그 정점을 이루는 것은 당연하다. 유물론
적 역사기술은 방법론적으로 어떤 다른 종류의 역사보다 바로 이
보편사와 아마 더 뚜렷이 구별될 것이다. 역사주의는 이론적 장비
도 갖고 있지 않다. 역사주의의 방식은 가산加算적이다. 역사주의는
균질하고 공허한 시간을 채우기 위해 사실의 더미를 활용한다. 반
대로 유물론적 역사기술은 하나의 구성 원칙에 근거를 둔다. 사유
에는 생각들의 운동만이 아니라 생각들의 정지도 포함된다. 사유
가 긴장들로 가득 찬 성좌 속에서 갑자기 고정될 때, 사유는 그 성
좌에 충격을 가하게 되고, 이 충격으로 인해 그 성좌*는 모나드單子
로 결정結晶된다. 역사적 유물론자가 역사적 대상에 다가갈 때는,
오로지 이 대상이 자신에게 하나의 모나드로서 드러날 때이다. 이
런 구조에서 역사적 유물론자는 생성의 메시아적 정지의 표지, 달

---

* "Wo das Denken in einer von Spannungen gesättigten Konstellation plötzlich ein
-hält, da erteilt es derselben einen Chock, durch den es sich als Monade kristall-
isiert." 여기서 대명사 es가 무엇을 가리키는가가 문제가 된다. 문법상 첫 es와
두 번째 es는 같은 것, 즉 das Denken(사유)을 받는 것이 자연스럽다. 그럴 경
우 위 문장 후반부는 "사유는 그 성좌에 충격을 가하게 되고, 그 충격으로 인
해 사유는 모나드로 결정된다"가 될 것이다. 반성완의 번역(그리고 기존의 영어
판[존])이 이런 해석을 따른다. 하지만 사유가 모나드로 결정된다는 것의 의미
를 알기 어렵다. 문맥상 긴장'들'로 가득 찬 성좌가 하나의 모나드로 결정된다
고 보는 것이 자연스럽다. 이렇게 해석하려면 문법상 어색하지만 두 번째 es가
Konstellation(성좌)을 받는다고 봐야 한다. 최성만의 번역(그리고 프랑스어판[강
디약], 이탈리아어판[에이나우디 전집판], 최신 일본어판[鹿島 徹])은 이런 해석을
따른다. 벤야민 본인도 이 테제를 번역하면서 사유의 활동에 의해 성좌가 모나
드로 결정되는 식으로 새기고 있다. 본서의 부록을 참조하라.

리 말해 억압받은 과거를 위한 전투에서 나타나는 혁명적 기회의 신호를 알아본다. 역사적 유물론자는 균질한 역사의 흐름에 난입해 거기로부터 하나의 특정한 시대를 끌어내는 이 기회를 포착한다. 이런 식으로 역사적 유물론자는 그 시대에서 하나의 특정한 삶을, 필생의 업적으로부터 하나의 특정한 작품을 끌어낸다. 역사적 유물론자의 방법론에서 얻어지는 수확은, 작품 속에 필생의 업적이, 필생의 업적 속에 그 시대가, 그리고 그 시대 속에 전체 역사의 흐름이 보존되고 폐지되는 것이다. 역사적으로 파악된 것의 영양이 풍부한 열매는, 귀중하지만 맛이 없는 씨앗으로서의 시간을 그 내부에 간직하고 있다.

역사적 시간을 축적으로 보는 역사주의의 양적인 개념에 맞서, 벤야민은 역사적 시간에 대한 질적이고 불연속적인 개념을 소묘한다.[140] 벤야민의 생각과 샤를 페기(벤야민은 이 저자에 대해 깊은 '일치감'com-munion을 느꼈다[141])의 생각 사이에 인상적인 친화성이 존재한다. 벤

---

140) 스테판 모제스가 잘 지적하듯이, "벤야민이 …… 종교적 경험에서 차용한 것은, 정확히 말해 시간의 질적 차이에 대한, 매 순간의 비교 불가능한 유일성에 대한 극도의 집중이다. 정치적 경각심이 종교적 감수성과 가장 가깝게 결합되는 지점이 있다면, 그것은 다름 아닌 바로 여기, 시간에 대한 지각 방식에서일 것이다."

141) "나는 페기를 조금 다시 읽었네. 거기서 나는 믿을 수 없을 만큼 동류의 언어 속에 있다고 느꼈네. 이렇게까지 말할 수 있을 게야. 글로 쓰인 어떤 것도 그만큼의 인접성으로, 그만큼의 일치감으로 내게 다가온 적이 없었노라고. …… 억제된 환상적 멜랑콜리"(1919년 9월 15일 숄렘에게 보낸 편지). Benjamin, *Correspondance*, t.1, p.200; *Briefe*, Bd.1, p.217.

야민이 읽었을 수 있는 『클리오』(이 텍스트는 1931년에 출간됐다)에서 페기는 다음과 같이 적고 있다. 진보 이론의 시간은 "아주 정확하게 말하면 저축 금고와 대규모 신용 기관의 시간이다. …… 그것은 자본이 덧붙여준 이자 거래의 시간이다. …… 그것은 실로 균질적인 시간인데, 왜냐하면 균질적인 계산 속에서 변환하고, 이전하기 때문이다. …… 그것은 셀 수 없이 다양한 불안과 운/재산을 균질한 (수학적) 언어로 바꿔놓기 때문이다." "공간의 이미지와 유사성에 맞게 만들어진," "절대적이고, 무한한" 선으로 환원된 이 진보의 시간에 맞서, 페기는 기억의 시간, 균질적이지 않고 "충만과 공허"를 갖는 "유기적인 회억"의 시간을 맞세운다.142)

벤야민에게 회억의 과제는 현재와 과거를 다시 연결하는 성좌의 구축이다. 이 성좌, 공허한 역사적 연속성에서 뽑아낸 이 순간은 모나드, 즉 모든 역사의 집결(페기의 표현으로는 "충만")이다.143) 역사적 유물론자가 그 앞에서 정지해야 하는 과거의 특권적 순간은 사건의 메시아적 정지를 구성하는 순간이다. 예컨대 1830년 7월 반란자들이 시계들을 향해 총격을 가했던 순간처럼 말이다. 이 순간은 억압

---

142) Charles Péguy, "Clio: Dialogue de l'histoire et de l'âme païenne"(1909~12), Œuvres en prose, vol.I, Paris: Bibliothèque de la Pléiade, 1968, pp.127~131, 180~181, 286, 299~300. 또한 다음을 참조하라. Helga Tiedemann-Bartels, "La mémoire est toujours de guerre: Benjamin et Péguy," Walter Benjamin et Paris, éd. Heinz Wismann, Paris: Cerf, pp.133~143; Daniel Bensaïd, Moi la Révolution, Paris: Gallimard, 1989.

143) 『파사젠베르크』에 나오는 이 테제의 첫 번째 판본에는 모나드 대신에 "변증법적 이미지"라는 개념이 등장한다. Benjamin, Le livre des passages, p.491; "Das Passagen-Werk," p.595. [『아케이드 프로젝트 1』, 1081~1082쪽.]

받은 과거를 위한 (오늘날의) 전투에서뿐만 아니라 필시 억압받은 현재를 위한 전투에서 나타나는 혁명적 기회를 구성한다.144)

메시아적 정지는 역사의 단절이지 역사의 종언이 아니다. 이 점은 준비 노트 중 하나에서 명시적으로 단언된다. "메시아는 역사를 중단시킨다. 메시아는 어떤 발전의 종점에 등장하지 않는다."145) 마찬가지로 계급 없는 사회는 역사의 종언이 아니라, 맑스의 말대로, 전사의 종언, 억압 및 인간 소외의 역사의 종언이다.146)

---

144) 사건들의 메시아적 정지에 관한 구절을 논평하면서 헤르베르트 마르쿠제는 1964년에 이렇게 적었다. "비판 이론의 진리가 이렇게 범례적인 형태로 표현된 것도 드문 일이었다. 혁명적 투쟁은, 임의의 실정적 목적을 자신에게 부과하기에 앞서, 일어나는 것과 일어난 것의 정지를 요청한다. 이 부정이 첫 번째 긍정적 행위이다. 인간이 다른 인간과 자연에 했던 것은 중단되어야 한다, 근본적으로 중단되어야 한다. 오직 그 이후에야 자유와 정의는 시작될 수 있다." Herbert Marcuse, "Revolution und Kritik der Gewalt: Zur Geschichtsphilosophie Walter Benjamins," *Materialen zu Benjamins Thesen "Über den Begriff der Geschichte": Beiträge und Interpretationen*, Hrsg. Peter Bulthaup, Frankfurt am Main: Suhrkamp, 1975, pp.25~26.

145) "Anmerkungen der Herausgeber," p.1243. [「〈역사의 개념에 대하여〉 관련 노트들」, 375쪽.]

146) 숄렘은 유대 메시아주의를 맑스주의적으로 변신시킨 것을 이렇게 해석한다. "근대의 '혁명 신학' …… 과 유대주의의 메시아적 이념 사이의 차이는, 상당한 범위에서, 용어들의 치환으로 이뤄진다. 역사는 그 새로운 형태 아래 전사가 된다. …… 이상이 에른스트 블로흐, 발터 벤야민, 테오도르 아도르노, 헤르베르트 마르쿠제 같은 혁명적 메시아주의의 가장 중요한 이데올로기들의 저술에 깔린 태도이다……." Gershom Scholem, *Fidélité et utopie: Essais sur le judaïsme contemporain*, Paris: Calmann-Lévy, 1978, pp.255~256. 볼파르트도 벤야민의 세속화한 메시아주의에서 시간의 종언은 정통 메시아주의에서처럼 모든 역사의 종언이 아니라 맑스가 '전사'라 말한 것의 종언이라고 지적한다. Irving Wohlfarth, "The Measure of the Possible, the Weight of the Real and the Heat of the Moment: Benjamin's Actuality Today,"

준비 노트에 따르면, 에스페란토어가 거짓 보편어이듯이, 역사주의의 보편사는 거짓된, 그저 인위적인 축적일 뿐이다. 하지만 진정한 보편어가 존재하게 될 것처럼, 언젠가 진정한 보편사가 존재하게 될 것이다. "완전하고 다면적인 현재성의 세계"인 메시아적 세계에서라면, 해방된 인류의 메시아적 역사는 도저한 아포카타스타시스 안에 과거를 모두 포함하는 "영원한 등불"처럼 불탈 것이다.[147]

그레텔에게 보낸 편지에서 벤야민은 역사철학 테제의 집필을 알리고 있는데, 특히 테제 17번에 관심을 기울이게 유도한다. 왜냐하면 테제 17번은 그 문서와 자신의 이전 연구들의 방법 사이의 연관을 알아차리게 해주기 때문이다.[148] 보들레르에 관한 벤야민의 작업들은 이 테제에서 제시된 방법론의 훌륭한 예이다. 그 작업들은 『악의 꽃』에서 모나드를, 전 역사를 포함하는 긴장들이 결정된 집합을 발견해낸 것이다. [보들레르가] 역사의 균질적 흐름에서 뽑아낸 이 저술에는 시인의 작품 전체가, 이 작품 전체에는 19세기의 프랑스가, 19세기의 프랑스에는 "전체 역사의 흐름"이 보존되고 결집되어 있다. 보들레르의 "저주받은" 작품은 귀한 씨앗이라도 되는 양 시간을 은닉하고 있다. 이 씨앗은 현재의 계급투쟁 현장에서 열매를 맺음으로써 그것의 모든 풍미를 획득해야 하지 않을까?

The Actuality of Walter Benjamin, ed. Laura Marcus and Lynda Nead, London : Lawrence & Wishart, 1989, p.36. 이 해석들은 흥미롭다. 하지만 벤야민이 "전사의 종언"이라는 표현을 쓰지는 않는다는 사실을 기억하자.

147) "Anmerkungen der Herausgeber," pp.1234, 1239. [「〈역사의 개념에 대하여〉 관련 노트들」, 360, 368~369쪽.]

148) 1940년 4월 [일자 미상] 벤야민이 그레텔에게 보낸 편지. "Anmerkungen der Herausgeber," p.1226. 재인용. [「옮긴이의 말」, 58쪽. 재인용.]

테제 17a번

맑스는 계급 없는 사회의 표상 속에 메시아적 시대의 표상을 세속화했다. 그리고 그것은 잘된 일이었다. 불행은 사회민주주의가 이런 표상을 '이상'으로 만들자 시작됐다. 이 이상은 신칸트주의 교의에서 '무한한 과제'로 정의됐다. 그리고 이 교의는 [로베르트] 슈미트와 슈타들러에서 시작해 나토르프와 포어렌더에 이르기까지 사회민주당의 강단 철학이었다. 계급 없는 사회가 일단 무한한 과제로 정의되자, 공허하고 균질한 시간은 말하자면 사람들이 다소 느긋하게 혁명적 상황이 도래하기를 기다릴 수 있는 대기실로 둔갑했다. 사실상 자신의 혁명적 기회를 그 안에 담고 있지 않은 순간은 단 하나도 없다. 그 기회는 다만 특수한 기회로, 즉 전혀 새로운 과제에 직면해 전혀 새로운 해답을 얻을 기회로 정의될 필요가 있다. 혁명적 사상가에게 각각의 역사적 순간에 고유한 혁명적 기회는 정치적 상황 속에서 확인된다. 하지만 그 기회는 그 순간이 그때까지 닫혀 있던 과거의 어떤 특정한 방을 열어젖히는 힘을 통해서도 그에 못지않게 확인된다. 이 방에 들어서는 일은 정치적 행동과 엄격하게 합치한다. 그리고 그렇게 들어서는 일을 통해 정치적 행동은, 제아무리 파괴적일지언정, 메시아적 행동으로 인정받을 수 있다. (계급 없는 사회는 역사에서 진보가 다다르는 최종 목표가 아니라 그 진보의 중단, 수천 번 실패했지만 끝내 완수해낸 중단이다.)

벤야민이 이 테제에서 사용한 세속화 개념은 필시 [칼] 슈미트의 『정치신학』을 참조한 것이다. 슈미트에 따르면, "현대 국가론의 중요 개념은 모두 세속화된 신학 개념이다."[149] 물론 슈미트는 특히 반혁명적 국가 철학에 관심이 있었다. 하지만 슈미트는 또한 벤야민의 관심을 끌었을 수 있는 더 일반적인 가설들도 정식화했다. 예를 들면 "법학에서 예외상태는 신학에서의 기적과 유사한 의미를 갖는다" 같은 정식.[150] 그렇지만 야콥 타우베스가 대단히 잘 보여주었듯이 슈미트에게 세속화는 긍정적 개념이 아니다. 반대로 "그 개념은 그에게 악마를 대표한다." 슈미트의 목적은 세속화가 국가에 대한 법적 이론을 막다른 골목으로 끌고 감을 보여주는 데 있다. 왜냐하면 법적 국가론은 자기 자신의 개념의 토대, 뿌리를 모르기 때문이다.[151]

이것은 벤야민의 시각이 아니다. 벤야민에게 세속화는 정당한 동시에 필수적이다. 메시아적인 것의 전복적 에너지가 남아 있는 한, 설사 그것이 (유물론자 체스 기사에게 신학이 그랬듯이) 은밀한 힘의 상태에 있을지라도. 비판해야 하는 것은 세속화 자체가 아니라 메시아적 이념을 하나의 이상, 하나의 '무한한 과제'로 만든 사회민주주의적 신칸트주의라는 특정한 형태라고, 벤야민은 주장한다. 신칸트주의는 특히 마르부르크대학교의 철학자 집단을 가리킨다. 그 집단에는 아우구스트 슈타들러나 파울 나토르프 같이 테제에서 언급되는 두 명의 철학자도 들어가고, 헤르만 코헨 같은 철학자도 들어간다.

---

149) 그 개념이 더 넓은 사정을 가지고 베버의 종교사회학에 등장하는 것도 사실이다. 특히 베버의 『프로테스탄티즘의 윤리와 자본주의 정신』(1905)에서 그러하며, 벤야민은 이 책을 잘 알고 있었다.

150) Carl Schmitt, *Théologie politique* (1922), trad. Jean-Louis Schlegel, Paris: Gallimard, 1988, p.46. [김항 옮김, 『정치신학』, 그린비, 2010, 54쪽.]

151) Jacob Taubes, *Die politische Theologie des Paulus*, Münich: Wilhelm Fink, 1993, pp.89~92. [조효원 옮김, 『바울의 정치신학』, 그린비, 2012, 152~156쪽.]

여기서 청년 숄렘이 1918~19년에 쓴 노트에서 발전시킨 생각들과의 놀라운 유사성이 발견된다. 숄렘은 유대 메시아 전통의 초라한 모조품을 엄청 신랄하게 문제 삼는다. 숄렘이 보기에는 마르부르크의 신칸트 학파가 이 모조품에 책임이 있다.

메시아 왕국과 기계적 시간은 계몽의 인간들Aufklärer의 머릿속에 진보의 (조잡하고 저주받아 마땅한) 이념을 만들어냈다. 왜냐하면 누군가 계몽의 인간이라면 …… 메시아적 시간들에 대한 전망은 필연적으로 진보 안에서 왜곡되기 마련이기 때문이다. …… 여기에 마르부르크 학파의 가장 근본적인 오류가 있다. 만물을 진보의 방향으로 나아가는 무한한 과제로 …… 비틀어버린 것이다. 이것은 예언이 결코 용인해서는 안 되는 가장 궁색한 해석이다.152)

1916~19년에 친구와 토론하면서 숄렘이 영감을 받은 것이라면 모를까, 벤야민이 1940년의 '역사철학 테제'를 쓸 때 [숄렘의] 이 생각들을 기억하고 있지는 않았는지 자문해볼 수 있다. 벤야민이 신칸트주의에 영향을 받은 사회민주주의를 비난하는 지점은, 무엇보다

---

152) 이 인용구는 숄렘의 노트에 나온다. Gershom Scholem, *Tagebuchaufzeich-nungen. 1. August 1918-1. August 1919*, Adelboden-Bern, 89p. 예루살렘의 헤브라이대학교 도서관 숄렘 문서고에 소장된 이 자료는, 이 책의 초판이 출간되고 나서, (주어캄프 출판사와 연결된) 쥐디셔 출판사에서 출간됐다. Gershom Scholem, *Tagebücher 1913-1923*, Frankfurt am Main: Jüdischer Verlag, 2000. 숄렘의 수고들을 편집한 책임자들, 칼프리트 그륀더, 프리드리히 니뵈너, 헤르베르트 코프-오스터브린크에게 이 미간행 자료들을 일부 발췌해 출간하게 허락해준 데 감사한다.

그것의 관망주의이다. 즉, 사회민주주의는 올림포스의 평온함을 가지고, 대기실 속 궁정 신하처럼 공허하고 균질한 시간 속에 안락하게 자리 잡고서 "혁명적 상황"의 불가피한(물론 결코 오지 않을) 도래를 기다리는 것이다.

벤야민이 제안하는 대안은 동시에 그리고 분리 불가능하게 역사적이면서 정치적이다. 그 대안은 매 역사적 순간이 혁명적 잠재력을 갖고 있다는 가설에서 출발한다. 이는 (뜻밖의 가능성들을 풍부하게 갖고 있으며, 새로운 것을 산출할 수 있는) 인간 실천으로서의 열린 역사 개념을 ('역사의 법칙'을 신뢰하는, 또는 무한한 진보로 난 확실하고 보장된 길 위에서 이뤄지는 점차적인 개혁물의 축적을 신뢰하는) 여하한 목적론적 교의에 대립시키는 것이다.

(모든 혁명적 실천과 마찬가지로 파괴적인 차원을 포함하는) 이런 정치적 행동은 역사에 대한 메시아적 중단인 동시에 "과거 속으로 뛰어드는 [호랑이의] 도약"이다. 이 정치적 행동은 이제껏 닫혀 있던 verschlossenes 방Gemach을, 이제껏 망각된 사건을 열어젖히는 마법 같은 힘Schlüsselmacht을 갖고 있다. 여기서 우리는 현재 속에서 혁명적 행동을 벌이는 것과 과거의 특정한 순간 속에 기억이 개입하는 것 사이에 심오하고 내밀하며 메시아적인 통일성이 있음을 재발견한다.153) 1970년대에 페미니즘 운동이 비약적으로 발전한 여파로 올랭프 드 구즈의 망각되고 "닫혀 있던" 텍스트들이 재발견된 것은 그 두드러

---

153) 이베르넬이 정말 잘 지적했듯이 "역사철학 테제에서 계급투쟁과 유대 메시아주의는 서로를 중화시키기는커녕 서로를 활성화하거나 재활성화하며, 소위 역사적 필연성에 맞서는 전쟁을 나란히 이끈다." Ivernel, "Paris capitale du Front populaire ou la vie posthume du XIXᵉ siècle," p.271.

지는 예라 하겠다. 드 구즈는 흑인 노예제를 고발하는 팸플릿과 「여성과 시민의 권리에 관한 선언」(1791)을 집필한 저자로서 1793년 공포정치에 의해 교수형을 당했다. 프랑스 혁명의 공식적 역사 기술은 한 세기 반 동안 이 비극적이고 전복적인 인물을 잊어버렸다.

계급 없는 사회라는 개념은 그것이 짊어진 모든 메시아적 짐과 더불어 이 테제에서, 또한 이 문서 전체에서, 중심의 자리를 차지한다. 계급 없는 사회는 결정적인 정치적-역사적 지표로서, 억압받는 자들의 전투에서 목표 구실을 하는 동시에 과거와 현재의 억압 체계를 심판하는 기준 구실을 한다. 준비 노트에 적혀 있듯이, "계급 없는 사회를 어떤 식으로든 시험하지 않고서는 과거에 관해서는 역사의 왜곡만 있을 뿐이다. 그런 점에서 모든 현재의 개념은 최후의 심판일의 개념에 참여하고 있다."154)

---

154) "Anmerkungen der Herausgeber," p.1245. [「〈역사의 개념에 대하여〉 관련 노트들」, 378쪽.]

테제 18번

어떤 현대 생물학자는 이렇게 썼다. "이 지구상의 유기적 생물체의 역사와 비교하면 호모 사피엔스의 보잘것없는 5만 년은 하루 24시간의 마지막 2초와 같은 것이다. 이 척도를 적용해보면, 문명화된 인류의 역사 전체는 마지막 시간의 마지막 초의 5분의 1에 지나지 않을 것이다." 메시아적인 것[시간]의 모델로서 전 인류의 역사를 거대한 축소판으로 요약하는 '현재 시간'은 우주 속에서 인류의 역사가 이루는 모습과 정확하게 일치한다.

Jetztzeit, '현재 시간' 또는 '지금'은 이번에는 메시아적 시간의, "영원한 등불"의, 진정한 보편사의 "모델" 또는 전조로 정의된다. 사건들의 메시아적 중지 개념을 설명하기 위해 벤야민은 "형태들을 완전히 소유하는 짧은 순간"[155]을 말하곤 했던 앙리 포시용을 준비 노트에서 참조한다. 메시아적 모나드는 역사를 완전히 소유하는 짧은 순간이며, 그 순간은 전체, 구제된 총체성, 해방된 인류의 보편사, 요컨대 준비 노트에서 말하는 구원사^{Heilsgeschichte}를 예고한다.[156]

알다시피 라이프니츠에게 모나드(신플라톤주의에서 연원한 개념)는 전 우주의 반영이다. 『파사젠베르크』에서 이 개념을 검토하며 벤야민은 모나드를 "전체 사건의 결정체"로 정의한다.[157]

---

155) "Anmerkungen der Herausgeber," p.1229.
156) "Anmerkungen der Herausgeber," p.1234. [「〈역사의 개념에 대하여〉 관련 노트들」, 360쪽.]

우리는 여기서 '축약'Abbreviatur의 관념, 수수께끼 같은 historischer Zeitraffer를 다시 만난다. 이 주제로 인도하는 흥미로운 실마리를 아감벤이 제안했다. 인류의 모든 역사가 그 안에서 "요약되는"zusammenfasst 메시아적 시간은 문자 그대로 그리스도교의 anakephalaiosis[총괄/요약], 즉 '집약' 개념을 상기시키지 않을 수 없다. 그 개념은 바울로가 에페소인들에게 보낸 편지(1장 10절)에 등장한다. "모든 것이 메시아 안에서 집약될 것입니다." 루터의 번역에 따르면, alle ding zusamen verfasset würde in Christo.158)

Jetztzeit는 과거의 모든 메시아적 순간들을 요약한다. 억압받은 자들의 모든 전통은 구원하는 힘으로서 현재의 순간 속에서, 즉 역사가의 순간 내지 혁명가의 순간 속에서 집결된다.159)

마찬가지로, 1919년 1월 스파르타쿠스단의 반란은 위험의 순간에 노예 반란의 Jetztzeit와 독보적인 성좌를 구성한 것으로 보인다.

---

157) Benjamin, *Le livre des passages*, p.477; "Das Passagen-Werk," p.575. [『아케이드 프로젝트 1』, 1052쪽.]

158) Agamben, *Le temps qui reste*, p.224. [『남은 시간』, 근간.]

159) 아감벤과 반대로, 나는 Jetztzeit가 신약성서에서 바울로의 메시아적 시간을 가리키는 ho nun kairos['현재 시간'에 해당하는 희랍어]라는 표현을 직접 가리킨다고 생각하지 않는다. 더구나 Jetztzeit라는 용어는 루터의 번역(in dieser Zeit[이 때에])에도 안 나온다. 아감벤의 몇몇 제안은 매우 흥미롭다. 하지만 아감벤은 너무 체계화하려는 경향이 있다. 바울로를 벤야민의 "텍스트의 행간에 숨은 신학자"(테제 1번의 자동기계의 승리를 보장하는 신학자)로 지목하려는 아감벤의 시도는 그다지 설득력이 없어 보인다. Agamben, *Le temps qui reste*, p.215. [『남은 시간』, 근간.] 적그리스도의 형상부터 시작해서 그리스도교에 대한 참조가 역사철학 테제에 완전히 부재하는 것은 아니지만, 벤야민이 참조하는 신학이 무엇보다 유대 메시아주의라는 사실에 이의를 제기하기는 좀처럼 어려워 보인다.

하지만 이 모나드, 이 짧은 순간은 억압받은 자들의 투쟁사로서 인류의 전 역사에 대한 하나의 축도이다. 다른 한편, 사건들에 대한 메시아적 중단으로서, 짧은 해방의 순간으로서, 이 봉기 행위는 구제받은 인류의 보편사의 전조가 된다.

우리는 테제 9번을 지금까지의 인류 역사를 거대하게 축도한 빛나는 예로도, 이 역사의 실마리를 구성하는 파국적 사건들 전체의 결정으로도 볼 수 있을 것이다. 하지만 이 이미지에 나타난 구원의 유일한 전조는 부정적이다. 역사의 천사는 "죽은 자들을 깨우고 또 산산이 부서진 것을 모아서 다시 결합"하지 못하는 것이다.

테제 A

역사주의는 역사의 여러 계기들 사이에 인과 관계를 수립하는 데 만족한다. 그러나 어떤 사실 정황도 그것이 원인이라는 이유로 처음부터 이미 역사적 사실이 되는 법은 없다. 그것이 역사적 사실이 되는 것은, 사후의 일로서, 수천 년의 세월에 의해 그로부터 동떨어져 있을 수도 있는 사건들을 통해서이다. 이로부터 출발하는 역사가는 사건들의 추이를 마치 묵주 알을 돌리듯 헤아리기를 멈춘다. 그는 자신의 시대가 과거의 완벽하게 특정한 시대와 함께 들어가는 성좌를 포착한다. 그는 그렇게 해서 메시아적 시간의 파편들이 박혀 있는 현재 시간으로서의 현재라는 개념을 정립한다.

현재 상황과 과거 사건 간의 성좌는 후자를 역사적 사실로 만든다. 벤야민이 잘 쓰던 예, 그러니까 역사가와 문제가 되는 사건이 "수천 년의 세월"을 두고 떨어져 있는 경우를 예로 들어보자. 엥겔스가 루이스 H. 모건에 의거해 원시 공동체를 중요한 역사적 현실로서 발견한 것은 계급 없는 사회라는 새로운 공동체를 위한 근대의 투쟁과 떼려야 뗄 수 없다.

이 방식은 역사주의자들의 편협한 결정론과 단절하며, '사건들의 흐름'에 대한 역사주의자들의 선형적/진화론적 시각과 단절한다. 그 방식은 과거와 현재 사이의 특권적 연결을 발견한다. 이 연결은 인과성의 연결도 아니고 '진보'(진보의 관점에서, 의고적 공동체는 현재적인 이해관계 없는 '시대에 뒤떨어진' 단계에 지나지 않는다)의 연결도 아니다. 그 연결은 "희망의 불씨"가 불타는 "비밀 협약"이다.

"메시아적 시간의 파편들Splitter"이란 봉기의 순간, 그러니까 역사적 연속성에 하루살이 같은 중단을 일으킴으로써 과거의 순간을 구제하는 짧은 순간, 현재 한가운데서 만들어내는 틈이다.160) 단편적이고 부분적인 구원으로서 그 파편은 보편적 구제의 가능성을 예시하고 예고한다.161)

따라서 이 "파편들"은 역사 속에 메시아의 시대가 임박하거나 잠재적으로 현존하고 있음을 가리킨다. 이것은 마지막 테제에서 문제가 될 것이다. 이는 벤야민이 청년 시절부터 간직해온 생각이다. 1917년에 숄렘이 쓴 미출간 노트에 들어 있는 놀라운 구절이 이 점을 증언해준다. 거기서 우리는 유대주의 문제와 관련해서는 제 친구의 스승이라고 여기던 자가 그 친구를 거의 정전이 되는 원천처럼 참조하고 있음을 볼 수 있다.

메시아의 왕국에 대한 사유에서 우리는 역사의 가장 커다란 이미지를 찾을 수 있다. 그 이미지 위에 종교와 윤리 사이의 무한히 심오한 관계들이 서 있다. 발터[벤야민]는 예전에 이렇게 말했다. 메시아의

---

160) 이 주제에 관해서는 프랑수아즈 프루스트의 명쾌한 해석을 보라. 메시아의 개입은 "모든 기대에 어긋나며 때에 맞지 않게, 그리고 역사에 의해 잔해들 아래 묻혔던 소원들의 실현 가능성을 눈 깜짝할 사이에 빛나게 만들면서" 불시에 나타난다. 메시아적 순간은 "이 중지의 순간 혹은 이 시간의 중지이며, 거기서는 마침내 정의가 도래할 수 있다는, 정화되어 불타는 행복한 가능성이 그려진다." Françoise Proust, *L'histoire à contretemps*, Paris: Cerf, 1994, p.178.

161) Wolfarth, "On the Messianic Structure of Walter Benjamin's Last Reflections," pp.157, 171, 180.

왕국은 항상 거기 있다고. 이 통찰(Einsicht)에는 **가장 위대한** 진리가 담겨 있다. 내가 알기로 선지자들 이후 누구도 도달하지 못했던 영역에서의 진리가.162)

메시아적 파편들이 성좌를 이루는 질적 시간은 공허한 붕괴에, 역사주의와 '진보주의'의 순전히 양적인 시간에 철저히 대립한다. 우리는 여기에서, 메시아적 구원과 진보의 이데올로기 사이의 단절에 벤야민, 숄렘, 로젠츠바이크의 역사 개념들로 형성된 성좌 한가운데에 있다. 그들의 역사 개념은 유대 종교 전통에서 영감을 받았으며, 그리스도교의 변신론과 계몽주의와 헤겔의 역사철학에 공통된 사유 모델에 대립한다. 서구의 목적론적 모델을 포기함으로써 우리는 필연의 시간에서 가능성들의 시간으로, 그러니까 매 순간 새로운 것의 예측 불가능한 난입을 향해 열려 있는 우발적 시간으로 넘어간다.163) 하지만 정치적 관점에서, 우리는 또한 벤야민의 맑스주의 재구축 시도의 중심 전략축 위에 있는 것이다.

---

162) Gershom Scholem, *Über Metaphysik, Logik und einige nicht dazu gehörende Gebiete phänomenologische Besinnung. Mir gewidmet. 5. Oktober 1917-30. Dezember 1917*, p.27, note 175.

163) 이것은 모제스가 제출한 생각을 요약한 것이다. Mosès, *L'Ange de l'histoire*, pp.23~24, 195~196.

테제 B

확실히, 시간이 그 품 안에 무엇을 숨기고 있는지를 묻는 점술가들은 시간을 균질하게도 공허하게도 경험하지 않았다. 이런 것들을 염두에 두는 사람은 아마 과거의 시간이 회억164) 속에서 어떻게 경험의 대상이 됐는지 알 수 있을 것이다. 즉, 우리가 말했던 것과 똑같은 방식으로 [경험의 대상이 됐다]. 알다시피 유대인들에게는 미래를 예언하는 일이 금지됐었다. 그와 반대로 토라와 기도는 유대인들에게 회억을 가르친다. 유대인들에게 회억은 점술가들에게 가르침을 구하는 자들이 빠져들었던 미래를 마법에서 구해냈다. 하지만 그래도 유대인들에게 미래는 균질하고 공허한 시간이 되지 않았다. 왜냐하면 미래 속에서 매 초는 메시아가 들어올 수 있는 작은 문이었기 때문이다.

무엇보다 벤야민은 점술가들에게 정보를 구하는 자들의 행보를 거부하는데, 왜냐하면 그런 자들은 미래에 의해 예속되기 때문이다. 미래를 알고 있다고 믿게 되면, 수동성에, 불가피한 것에 대한 기다림에 열중하게 된다. 이 지적은 고대 신탁의 근대적 형상, 곧 "자동기계"로 변신한 역사적 유물론의 '과학적 예견'에도 똑같이 적용된다.165)

---

164) 테제 15번에서처럼 강디약은 "Eingedenken"을 "commémoration"[추도]으로 옮겼다. "Remémoration"[회억]이 더 정확하다.

165) 프루스트가 벤야민에게 "점술가는 마법사가 아니다. …… 점술가는 미래나 과거를 꾸며 보이는 자가 아니라 반대로 마법에서 풀어낸다. 점술가는 미래와 과거를 소환해 그것들을 **마법에서 구해낸다**"라고 적은 것은 틀린 것 같다.

반대로 유대 전통은 과거에 대한 회억(이미 언급한 바 있는 성서의 명령문 Zakhor[추억하라]166))을 요청한다. 하지만 요세프 하임 예루살미의 지적처럼, 유대인들이 "과거에서 구하는 것은 과거의 역사성이 아니라 과거의 영원한 동시대성이다."167) 이와 유사하게, 현재 행동하는 혁명가는 자신의 영감과 싸울 수 있는 힘을 회억 속에서 길어올린다. 그렇게 해서 혁명가는 근대의 "점술가들"이 제안한 보증되고 예견 가능하며 보장된 미래의 불길한 마력에서 벗어난다.

벤야민의 이 테제에서 가장 눈에 띄는 구절, 가장 많은 토론과 논평을 유발한 구절은 물론 결론 부분이다. 먼저 그 부분은 랍비 유대주의의 지배적인 전통에서처럼 메시아를 기다리라는 것이 아니라 메시아의 강림을 유발하라는 뜻임을 강조할 필요가 있다. 준비 노트에

Proust, *L'histoire à contretemps*, p.155. [테제 B에서 대립하는 주체를 점술가 대 유대인으로 볼 것이냐(뢰비), 점술가 대 마법사로 볼 것이냐(프루스트)가 쟁점이 된다. 뢰비는 고대 신탁의 점술가가 미래를 예언하는 자로서 오늘날 과학적 예견을 하는 진보적 역사주의자와 똑같다고 본다. 토라와 기도를 통해 회억을 배우는 유대인은 이런 점술가(내지 점술가에게 미래에 관한 가르침을 구하는 자)와 구별된다. 반면 프루스트는 고래로 점술가는 미래를 예언하려고 한 적이 없고 그럴 수도 없음을 안다고 본다. 따라서 정해진 현재의 이익을 위해 미지의 미래를 꾸며대는 사제나 마법사와 진정한 점술가를 구분해야 하며, 점술가와 점술가에게 가르침을 구하는 자도 구분해야 한다.]

166) "이스라엘에서, 그리고 다른 어디에도 없는, 추억하라는 지령은 민족 전체에 하나의 종교적 명령처럼 새겨진다. 그것의 메아리가 도처에서 들린다. 그 메아리는 신명기와 예언서들에서 점점 세진다. '아득한 옛날을 추억해보라. 선조 대대로 지나온 세월을 더듬어보라'(「신명기」, 32장 7절). …… '아말렉에게 당한 일을 추억하라'(「신명기」, 25장 17절). '내 백성들아, 모압 왕 발락이 꾸민 일을 추억해보라'(「미가」, 6장 5절). 그리고 늘 힘주어 발음해야 하는 '네가 이집트의 노예였음을 추억하라.'" Yerushalmi, *Zakhor*, p.25.

167) Yerushalmi, *Zakhor*, p.113.

예루살렘의 좁은 문 앞에 있는 메시아 16세기의 하가다에서 발췌(여기서 '좁은 문'이란 「마태오 복음」에서 말하는 문을 말한다. "좁은 문으로 들어가거라. 멸망에 이르는 문은 크고, 또 그 길이 넓어서 그리로 가는 사람이 많지만 생명에 이르는 문은 좁고 또 그 길이 험해서 그리로 찾아드는 사람이 적다"[7장 13~14절]).

서 포시용의 몇 가지 생각들과 메시아의 중단을 비교하고 난 뒤 벤야민은 이 프랑스 예술 비평가가 쓴 다음과 같은 구절을 인용한다. "'신기원을 이루다,' 그것은 연대기 속에 수동적으로 개입하는 것이 아니다. 그것은 순간을 앞당기는 것이다."[168] 벤야민은 의견을 달리하는 전통에, dohakei haketz라고 명명된 자들, 즉 "시간의 종언을 재촉하는" 자들의 전통에 속한다.[169]

이 테마와 관련해 확실히 벤야민에게 거의 한 마디 한 마디 영감을 준 것은 로젠츠바이크의 『구원의 별』(1921)이었다. 로젠츠바이크의 이 저작은 1920년대 이래 벤야민이 참조한 유대 관련 자료들 중 하나였다. 벤야민은 맑스주의에 완전히 찬동하던 시기인 1929년에도 이 책을 현존하는 위대한 저서들 중 하나라고 언급하곤 했다. 로젠츠바이크에게 "매 순간은 충만한 영원성을 거둬들일 준비를 해야만 한다." 하지만 그것은 기다림이 아니다. "도래할 순간에 목표에 대한 예상이 없다면 …… 메시아를 제때보다 앞서 불시에 나타나도록 만들겠다는 열망이 없다면 …… 미래는 미래가 아니라 그저 무한한 길이로 잡아 늘인 과거일 뿐이다." 이 개념은 당연히 모든 진보의 교의에 대립된다. "'이상적 목표'가 도래할 순간부터, 심지어 이-순간에 실현될 수 있고 어쩌면 실현될 것이라는 가능성보다 더 진보의 관념과 충돌하는 것은 없다."[170]

---

168) Henri Focillon, *Vie des formes*, Paris: Ernest Leroux, 1934, p.94; "Anmerkung en der Herausgeber," pp.1229~1230. 재인용.

169) 이는 "메시아적 행동주의"의 형태로서, 시간의 "종언을 가속화"할 목적으로 "역사의 구도에 직접 영향을 미치도록" 부추긴다. Yerushalmi, *Zakhor*, p.40.

170) Franz Rosenzweig, *L'Étoile de la Rédemption*, Paris: Seuil, 1982, pp.267~269.

오노레 도미에의 「봉기」(1848) 필립스 컬렉션(워싱턴 D.C.) 소장.

역사적 회억과 전복적 실천, 이교적 메시아주의와 혁명적 주의주의, 로젠츠바이크와 블랑키는 "좁은 문"으로 메시아가 들어온다는 이 **변증법적 이미지** 속에서 결합되어 있다.

티데만에게, 벤야민의 이 명제는 현실 분석이 완전히 추상된 무력한 명령이다. 그 명제는 오히려 소박한 맑스주의보다는 아나키즘과 무장폭동주의에 속할 것이다.[171]

사실 벤야민은, 1929년 초현실주의에 관해 쓴 논문에서부터, 맑스주의의 소박함과 규율에 초현실주의자들이 소지했던 도취 및 아나키스트적 자발성의 원조를 들여오는 것을 자신의 목표로 삼았다. 하지만 벤야민의 목표는 혁명을 '공표'하는 것이라기보다는 미리 결정되지 않은 열린 과정(이 과정에서는 매 순간 놀람, 뜻밖의 운, 예측하지 못한 기회가 발생할 수 있다)으로서의 역사 개념을 위해서 변론하는 것이다. 이는 '무장폭동'이기보다는 혁명적 행동이 가능한 곧 사라지는 순간을 포착할 수 있는 것과 관련된다. 벤야민이 분명히 알고 있었던, 하지만 당시 그 영향력을 모두 포착했던 것 같지는 않은 예를 하나만 들어보자. 1936년 여름 카탈루냐에서 FAI-CNT[이베리아 아나키스트 연맹-전국노동자연맹]의 아나키스트들과 POUM[맑스주의 통일노동자당]의 맑스주의자들은 아주 침착하게 손에 무기를 들고 파시스트 반란에 대항하고, 사회주의적이고 무정부주의적인 진정한 '예외상태'를 수립했다. 아아, 그 예외상태는 단명했다. 하지만 지배의 사슬이 끊어진 드문 순간들의 불연속적 계열에서가 아니라면, 억압받는 자들의 전통은 무엇으로 이뤄지겠는가?

---

171) Tiedemann, *Dialektik im Stillstand*, p.130.

3장
역사의 열림

20세기 사상사에서 발터 벤야민의 '역사철학 테제'는 사상의 커다란 고속도로 곁에 있는 우회로, 곁길로 보인다. 사상의 고속도로들이 잘 관리되고, 표지도 눈에 띄게 설치되어 있으며, 정식으로 열거된 단계들로 인도하는 반면, 벤야민의 작은 샛길은 알려지지 않은 목적지로 끌고 간다. 1940년의 '역사철학 테제'는 **역사의 열림**을 위한 (추상적 삼단논법보다는 알레고리와 변증법적 이미지의 형태를 띤) 일종의 철학 선언이다. 다시 말해 가능태들의 현기증 나는 장, 대안들의 광대한 분기 구조를 향해 열려 있는, 그렇다고 해서 '객관적' 조건이 가능성의 조건이기도 하다는 절대적 자유의 착각에 빠지지는 않으면서 열려 있는, 역사적 과정 개념을 위한 철학 선언이다.

이 개념은 역사적 유물론이라는 맑스주의 전통 지형 위에 명시적으로 위치한다. 벤야민은 역사적 유물론을 적보다 많이는 아니어도 적만큼 위협하는 관료주의적 타협주의에서 구출하고 싶어 한다. 우리가 봤듯이, 벤야민이 칼 맑스의 유산과 맺는 관계는 대단히 선별적이다. 그리고 벤야민은 맑스주의에 대한 실증주의적/진화론적 독해들(저항할 수 없는 진보, '역사의 법칙,' '자연적 숙명')에 참조점 노릇을

한 맑스와 프리드리히 엥겔스의 저작의 모든 계기들을 명시적으로
비판하거나 직접 '결판내기'보다는 포기하는 길을 택한다. 벤야민의
독해는 『공산당 선언』 이후 맑스나 엥겔스의 몇몇 텍스트에 출몰하는
다음의 생각과 직접 모순된다. "부르주아지는 다른 무엇보다도 자기
자신의 무덤을 파는 사람들을 만들어낸다. 부르주아지의 몰락과 프
롤레타리아트의 승리는 똑같이 불가피하다."[1] 『자본』의 몇몇 구절에
서 제안된 "자연적" 유형의 역사적 필연성Naturnotwendigkeit에 대한 믿
음보다 벤야민의 방식에서 더 멀리 떨어진 것은 없다.[2]

맑스와 엥겔스의 저작에는 필시 과학적-자연적 모델에 대한 어
떤 매혹과 변증법적-비판적 방식 사이의 미해결된 긴장들이, 사회 과
정의 유기적이고 거의 자연적인 성숙과 예외적 순간을 포착하는 혁
명적 행동의 전략적 시각 사이의 미해결된 긴장들이 가로지르고 있
다. 이와 같은 긴장은 창립자들이 죽고 나서 유산을 두고 다투게 되
는 맑스주의들이 각양각색인 까닭을 설명해준다.[3] 1940년의 역사철

---

1) Karl Marx et Friedrich Engels, *Manifeste du Parti Communiste*, Paris: 10/18,
1962, p.35. [강유원 옮김, 『공산당 선언』, 이론과 실천, 2008, 26쪽.]

2) "자본주의적 생산은 자연의 변모를 지배하는 숙명과 함께 자기 자신의 부정을
낳는다." Karl Marx, *Le Capital*, Paris: Flammarion, 1969, p.567. 독일어 원문
은 다음과 같다. "자본주의적 생산은 자연 과정의 필연성에 따라 그 자신의 부
정을 낳는다"(Die kapitalistische Produktion erzeugt mit der Notwendigkeit eines
Naturprozesses ihre eigene Negation), "Das Kapital," *Karl Marx-Friedrich Engels
Werke*, Bd.23, Berlin: Dietz Verlag, 1968, p.791. [강신준 옮김, 『자본 I-2』, 도서
출판 길, 2008, 1022쪽.] 『자본』 서문에서 맑스는 자신의 저작의 목적이 "근대
사회의 운동"을 지배하는, "그것의 자연적인 발전 단계들"을 규정하는 "자연
법칙"의 발견이라고 정의한다. Marx, *Le Capital*, p.37; "Das Kapital," pp.15~
16. [『자본 I-1』, 47쪽.]

학 테제에서 벤야민은 맑스의 유령의 첫 번째 축은 무시하고 두 번째 축에서 영감을 받았다.

어째서 벤야민은 그런 해석들을 허용했던 맑스와 엥겔스 본인의 몇몇 텍스트들을 문제 삼지 않고 사회민주주의적 에피고넨들을 노리는 것을 선호할까? 이 태도에 관해 꼭 모순되지는 않을 몇 가지 이유를 가정해볼 수 있다. a) 진정한 맑스는 다른 곳에 있으며 실증주의적 계기들은 부차적이라는 신념. b) 맑스 자신과 맑스의 메시지를 어쨌든 맥 빠지게 하거나 배신한 에피고넨들을 대립시키는 정치적 선택. c) 자신의 스승인 죄르지 루카치와 칼 코르슈의 예를 따라, 창립자들의 저술들을 비판적으로 재론하느니 오히려 긍정적인 방식으로 역사적 유물론에 대한 자신의 독해를 서술하고자 하는 욕망.

역사철학 테제 자체에서는 맑스나 엥겔스에 대한 직접적인 비판을 찾아볼 수 없지만, 부속된 준비 노트 여기저기에는 그런 비판이 등장한다. 예를 들어 혁명이 역사의 기관차라는 말에 붙인 언급을 보자. 그 언급은 이 이미지를 통해 진보를 선형적이고 불가항력적인 과정으로 보는 모든 시각을 문제 삼는다. 더 중요한 것은 생산력을 진보의 주요 기준으로 보는 것에 붙인 언급이다. 그런 생각은 실제로 근대 사회주의의 아버지들이 쓴 저작에서 핵심적인 자리를 차지하며, 제2인터내셔널의 경제주의적 해석과 이오시프 스탈린의 생산력주의를 후하게 먹여 살린 키포인트이다. 하지만 벤야민의 물음은 강령적 제안 수준에 머물 뿐, 심화되지 않는다.

---

3) 다니엘 벤사이드의 분석을 참조했다. Daniel Bensaïd, *Marx l'intempestif: Gran-deurs et misères d'une aventure critique*, Paris: Fayard, 1995, pp.10, 44.

역사철학 테제에서 이뤄진 역사적 유물론의 '재정립'은 물론 벤야민이 자신의 시도에 중요하다고 여긴 맑스의 테마들(예컨대 계급 지배로서의 국가, 계급투쟁, 사회적 혁명, 계급 없는 사회의 유토피아)을 선별적으로(그리고 비정통적으로) 재전유하는 과정을 거친다. 신학에 의해 수정·정정된 유물론이 벤야민의 이론 장치에 통합된다. 벤야민은 『1844년 경제학-철학 수고』, 1848~50년 혁명이나 파리 코뮌에 관한 역사적 저술들, 『자본』의 상품 물신주의에 관한 장, 또는 『고타 강령 비판』 같은 텍스트들에 영감을 받았으며, 『파사젠베르크』에서 이 모든 텍스트들을 대대적으로 인용하고 주해한다.

이 작업의 결과는 맑스주의를 재가공하고 비판적으로 재정식화한 것이며, 이를 위해 역사적 유물론의 더미에 메시아적, 낭만주의적, 블랑키적, 무정부주의적, 푸리에주의적 "파편들"이 통합된다. 혹은 그 결과는 위의 모든 재료들을 융해해 당대의 모든 이형들(정통파나 반대파)과 근본적으로 구분되는 새롭고 이단적인 맑스주의를 제조하는 것이다. 벤야민 자신이 예견했듯이 난처함과 몰이해를 야기할 수밖에 없었던 '메시아적 맑스주의'를. 또한 그리고 무엇보다 **예측 불가능성의 맑스주의**를. 역사가 열려 있고 '새로운 것'이 가능한 까닭은 미래가 사전에 알려져 있지 않기 때문이다. 미래는 주어진 역사적 진화의 불가피한 결과가 아니다. 미래는 사회 변환을 지배하는 '자연' 법칙의 필연적이고 예측 가능한 산물이 아니다. 미래는 경제적, 기술적, 과학적 진보의 피할 수 없는 열매가 아니다. 혹은 미래란 훨씬 더 나쁘게, 동일한 것이, 이미 존재하는 것이, 실제 기성의 근대성이, 현재의 경제적·사회적 구조들이 점점 더 완벽해지는 형태로 연장되는 것은 더더욱 아니다.4)

✤

오늘, 21세기의 벽두이자, 벤야민 사후 77년이 지난 때에, 이 역사의 열림이란 무슨 의미일까?

우선 인지적 구도에서, 역사의 열림은 새로운 성찰의 지평을 조명한다. 균일한 시간성의 매끈한 거울을 깨트리면서, 실증주의 유형의 '과학적 예견'이 친 함정을 거부하고, 새로운 것들의 풍부한 클리나멘clinamen을 고려하고, 전략적 기회들의 거대한 카이로스kairos를 고려하는 변증법적 합리성에 대한 탐구.5)

예측 불가능성은 물론 상대적인 것이다. 20세기에 적잖은 수의 예견들이 대략적으로 실현됐음을 부인하기는 어려워 보인다. 그래도 역사적 사건들의 흐름 속에는 가장 엄밀한 '확률 계산'을 벗어나는 예기치 못한 환원 불가능한 씨앗이 남아 있다. 이는 사회과학의 인식

---

4) 벤야민이 존경한 19세기의 위대한 혁명가가 이 주제에 관해 쓴 것을 보자. "아니다! 누구도 미래의 비밀을 알지도 못하고 소지하지도 못한다. 아무리 통찰력이 있는 자라 하더라도 기껏해야 예감하고 언뜻 보고 잠깐 어렴풋하게 일별할 수 있을 뿐이다. 혁명만이 지형을 정리해 지평선을 밝히고, 장막을 조금씩 걷을 것이며, 새로운 질서로 향하는 도로나 오히려 다수의 샛길들을 낼 것이다. 이 미지의 땅으로 가는 완전한 지도를 호주머니 안에 갖고 있다고 주장하는 자들은 미치광이들이다." Auguste Blanqui, *Critique sociale*, t.2, Paris: Félix Alcan, 1885, pp.115~116. 다음의 책에서 재인용. Walter Benjamin, *Paris, capi-tale du XIXe siècle: Le livre des passages*, trad. Jean Lacoste, Paris: Cerf, 2000, pp.743~744; "Das Passagen-Werk: Aufzeichnungen und Materialien"(1927~40), *Gesammelte Schriften*, Hrsg. Rolf Tiedemann und Hermann Schweppenhäuser, Bd.V-2, Frankfurt am Main: Suhrkamp, 1982, p.894. [조형준 옮김, 『아케이드 프로젝트 2』, 새물결, 2006, 1667쪽. 이하 독일어판 『전집』에서의 인용은 'GS, 권수, 쪽수'만 표기.]

5) 나는 내 나름의 방식대로 벤사이드가 만든 정식을 손질해봤다. Bensaïd, *Marx l'intempestif*, p.305.

방법에 고유한 한정들에서만 오는 것이 아니라 인간 **실천**praxis의 본성으로부터 온다. 월식이 언제 일어나고 핼리혜성이 다음에 언제 통과하는지와 달리, 개인들과 사회 집단들이 펼치는 역사적 행동의 결과는 충분히 예측 불가능하게 남아 있다.

이 조서調書에는 신비주의적이고 '비이성적인' 것 따위는 하나도 없다. 그것은 집단을 이루는 복수의 인간 활동인 정치적인 것의 본싱 자체에서 유래하는 것이다. 인간의 활동은 물론 기존의 사회·경제 구조에 의해 조건 지어지나 그것을 넘어서고 변형하고 뒤엎어 새로운 것을 창조할 수도 있다. 이 환원 불가능한 차원이 '주체적 요인,' '주의주의,' '주체의 자유,' '사회 행위자들의 자율,' '인간의 기획'으로 지칭될지언정, 그래도 정치적 행동은 그것을 구조의 단순한 기능으로 분석하거나 더 심한 경우 역사·경제·사회의 '과학 법칙'의 결과로 분석하려는 일체의 시도를 벗어난다.6) 1789년 6월 바스티유의 붕괴를 예견했던 사람은 아무도 없다. 왕을 처형하고 공화국을 공포하게 되

---

6) "인간은 자신의 기투에 의해 규정된다. 인간이라는 물질적 존재는 자신을 만든 조건을 끊임없이 넘어선다. 인간은 자신의 상황을 초월해 노동, 행동, 제스처를 통해 스스로를 객관화함으로써 자신의 상황을 드러내고 결정한다. …… 객관화를 향한 이 도약은 개인별로 다양한 형태를 취하기 때문에, 이 도약은 우리를 가능성의 장으로, 우리가 그 중 일부는 실현하고 일부는 배제하는 그 장으로 투사하기 때문에, 우리는 이 도약을 또한 선택이나 자유라고 부른다. …… 우리가 자유라고 부르는 것은, 문화적 질서의 자연적 질서로의 환원 불가능성이다." Jean-Paul Sartre, *Questions de méthode* (1960), Paris: Gallimard, 1986, pp.136~138. [박정자 외 옮김, 「방법의 문제」(제1편), 『변증법적 이성비판 1: 실천적 총체들의 이론』, 나남, 2009, 171~173쪽.] 장-폴 사르트르는 벤야민의 저술들을 전혀 몰랐지만 '열린 역사'에 대한 그들의 개념(물론 매우 다르다)을 비교해보는 것은 흥미로운 일이 될 것이다. 사르트르의 실존주의가 벤야민의 유대 메시아주의가 전혀 아니라는 것은 말할 필요도 없다.

리라고 예견한 사람은 더더욱 없다. 이는 동시대인에게 충분한 과학적 인식 도구가 없었기 때문이 아니다. 유달리 교조적인 실증주의에서는 그렇게 주장할 수도 있겠다. 오히려 그것은 그 사건들이 혁신적인 역사적 행위들로서 본질적으로 예측 불가능했기 때문이다.[7]

벤야민의 역사관에 들어 있는 비극적 계기를 심각하게 받아들인다면, 혁신적인 정치 행동에 담긴 이 힘이 반드시 낙관주의를 부추기는 것은 아니다. 그 힘은 20세기의 역사가 풍부하게 보여줬듯이 완벽하게 끔찍한 결과로 이를 수도 있다.[8]

정치적 관점에서 볼 때, 열린 역사란 한편으로 **파국들**의 (불가피성이 아닌) 가능성을 고려하는 것이자, 다른 한편 대대적인 **해방** 운동들을 고려하는 것을 의미한다. 이것은 아주 어려운 일이다. 우리는 평화를 되찾은 시대에 살고 있지 않은가? 우리는 20세기 전반부를 수놓은 전쟁과 혁명의 세월에서 이제 멀리 떨어져 살고 있지 않은가?

---

7) 한나 아렌트는 벤야민적인 제목을 붙인 시론, 「역사 개념」에서 이렇게 적고 있다. "예측 불가능성은 선견지명(foresight)의 결핍이 아니다. 인간사를 제아무리 공학적으로 관리한다 하더라도 절대 예측 불가능성을 제거할 수 없을 것이다. …… 예측 불가능성에 대처하기를 희망한다면 오직 행위를 완전히 조작함으로써만, 다시 말해 행위를 완전히 폐지함으로써만 가능할 것이다." Hannah Arendt, "The Concept of History: Ancient and Modern," *Between Past and Pre-sent* (1953), New York: Penguin Books, 1993, p.60. [서유경 옮김, 「역사 개념: 고대와 근대」, 『과거와 미래 사이』, 푸른숲, 2005, 87쪽.]

8) 아렌트의 동일한 텍스트에서 발췌한 다른 구절을 보라. "행위 능력이 [인간의 모든] 능력이나 가능성 중에 가장 위험하다는 사실에는 의심의 여지가 없다. 인류가 오늘날 맞닥뜨린 자초한 위험들이 이전에는 결코 맞닥뜨려보지 못한 것이라는 사실도 의심할 여지가 없다." Arendt, "The Concept of History," p.63. [「역사 개념」, 90쪽.] 분명 아렌트는 자신이 자주 인용하는 벤야민의 역사철학 테제에 영향을 받았다. 하지만 아렌트의 일반적인 철학적 행보와 그 정치적 결론은 파리로 망명한 자신의 친구의 그것과는 전혀 일치하지 않는다.

벤야민이 말년에 출간한 많은 작업들을 보면, 이 매력적인 저자가 이제는 시대에 뒤쳐진, 비극적인 역사적 정세에 마음이 빠져 있다고 단언하거나 시사할 수 있다. 현재의 사회·역사 현실에 상응하는 철학적 문제틀은 오히려 민주적이고 합리적인 의사소통 행위 절차들을 통해 갈등을 해결하는 것(위르겐 하버마스)이거나 언어 게임에 바탕을 둔 포스트모던한 상대주의(장-프랑수아 리오타르)일 수도 있을 것이다. 우리는 담론적 합리성으로 근대성을 완성할 것이냐, 대서사의 종언에 힘입어 근대성을 포스트모던하게 지양할 것이냐 사이에서 선택해야 할 수도 있다.

그런데 역사가 반복되지 않는 것이 분명하며, 또한 우리의 시대가 1930년대와 별로 닮지 않은 것이 분명하다고 해도 20세기 말의 경험에 비춰볼 때 전쟁, 종족 갈등, 대량 학살이 단지 머나먼 과거의 일이라고 치부하기는 어려워 보인다. 그도 아니라면 인종주의, 외국인 혐오, 파시즘이 민주주의에 더 이상 위험이 되지 않는다고 여기기도 어렵다. [차라리] 우리는 (과거의 파국적 위협들을 상기시키지 않을 수 없는) 이런 파국적 위협들에 더 새로운 다른 위협들을 덧붙여야 할 것이다. 예를 들어 인간이라는 종의 생존 자체를 위험에 빠트리는 중대한 생태적 재난 가능성이 있다. 그것은 벤야민이 자연에 대한 지배/착취를 비판적으로 성찰했음에도 불구하고 예견할 수 없었던 "우리가 진보라고 일컫는 …… 폭풍"에 의해 촉발된 파괴 형태이다. 또는 예측 불가능한, 즉 과거의 야만 형태들을 반복하지 않지만 다음 세기 중에 초래될 수 있는 새로운 야만 형태들의 가능성이 있다. 현대 사회가 불평등과 배제의 관계들을 계속 따르는 한 새로운 야만 형태들은 언제든 출현할 수 있다.

현재의 의견^{doxa}의 마음 놓이는 담론이 주장하는 것과 반대로 벤야민이 울리는 화재경보는 놀라운 시사성을 간직하고 있다. 파국은 ……**을 하지 않는 이상** 개연성이 높지는 않더라도 가능하다. 성서의 예언서 풍으로 정식화된, 벤야민의 비관론적 예견은 조건법으로 이뤄진다. ……**하다면** 그것이 일어날 위험이 있다.

이는 다음과 같은 뜻이다. 최악은 불가피한 것이 아니다. 역사는 여전히 열려 있다. 역사에는 다른 가능성들, 혁명적이고 해방적이고/이거나 유토피아적인 가능성들이 내포되어 있다. 벤야민은 유토피아에 그것의 부정적 힘을 되돌려주도록 도와준다. 일체의 목적론적 결정론과 단절하고, 갈등이 종언을 고하면 역사도 종언을 고한다는 착각을 품게 하는 일체의 이상적 사회 모델과 단절함으로써 말이다. 1940년의 역사철학 테제에서 제안된 유토피아 개념은 특히 부정의 형태로 정식화됐다는 장점이 있다. 계급 없는 사회, Herrschaft의 강한 의미에서 지배 없는 사회. 자신의 규칙을 부과하고 모든 민주주의적 통제를 벗어나는 타율적 권력. 이 혁명적 열망은 계급, 소수집단, 통치 엘리트들의 간계와 폭력을 통한 권위적 권력 행사를 [비판 대상으로] 겨냥할 뿐 아니라, 자본, 상품, 관료 기구의 비인격적이고 추상적이며 사물화된('물신적인') 지배도 겨냥한다.

벤야민은 특히 억압받는 계급의 해방을 참조한다. 그렇지만 억압에 대한 벤야민의 비판 일반과 희생자(모든 희생자)의 관점에서 역사를 인식해야 한다는 그의 호소는 그의 기획에 더욱더 보편적인 사정을 부여한다. 이와 마찬가지로 자연 착취에 대한 벤야민의 비판들은 암시적이고 불완전하기는 해도 좌파의 헤게모니를 장악한 [여타 맑스주의적] 경향들의 실증주의적, 과학주의적, 생산력주의적 문화와 단호하게 절교한다. 벤야민의 그런 비판들은 신자유주의적 세계화에 맞서는 몇몇 새로운 국제주의 운동의 열망들 속에서, 그리고 인간 사회와 자연 사이에 조화로운 평형 관계를 재구축하고자 하는 사회적 생태학의 기획 속에서 놀라운 시사성을 발견한다. 이것들은 전 인류와 관련된 이상 현저하게 보편적인 쟁점들이다.

벤야민은 전혀 '유토피아' 사상가가 아니다. 에른스트 블로흐와 반대로 벤야민은 '희망의 원리'에 몰두한 것이 아니라 **비관론을 조직해야** 할 긴급한 필요성에 몰두했으며, "노래하는 이튿날"*에 관심을 가진 것이 아니라 인류에게 닥쳐올지 모를 임박한 위험들에 관심을 가졌다. 벤야민은 청년 루카치의 시론들이나 블레즈 파스칼의 저작에, 뤼시앵 골드만이 했던 루카치적인 분석에서 발견되는 그런 비극적 세계관을 전혀 갖고 있지 않다. 비극적 세계관은 우리가 믿는 진정한 가치와 경험적 현실 사이에 존재하는 뛰어넘을 수 없는 심연으로부터 느끼는 심오한 감정이다.9)

그렇지만, 우리가 앞선 페이지들에서 계속 살펴봤듯이, (처음부터 끝까지 낭만주의적 멜랑콜리와 비극적 패배감에 의해 관통되기 때문에) 취약한 유토피아의 차원이 벤야민의 저작에 있다. 사회주의를 산업 노동자 계급(그 역시 남성, 백인, '국민,' 정규직을 누리는 소수 분파로 환원된다)에 관련된 경제적 목표로 자주 환원해버린 역사적 좌파 내

---

* François Guéry, *La Société industrielle et ses ennemis*, Paris: Olivier Orban, 1989, p.264; Michael Löwy et Robert Sayre, *Révolte et mélancolie: Le romantisme à contre-courant de la modernité*, Paris: Payot, 1992, p.287. 재인용.

9) Michael Löwy, "Goldmann et Lukács: La vision du monde tragique," *Le structuralisme génétique: Goldmann*, Paris: Denoël/Gonthier, 1977.

의 지배 경향에 역행해, 벤야민의 성찰은 일반적 해방에 적합한 혁명 기획을 사유할 수 있게 해준다.

바로 이런 조건 아래에서만 우리는 우리 시대의 윤리적·정치적 요청들과 대결할 수 있을 것이다. 또한 바로 이런 조건 아래에서만 우리는 한 계급이 다른 계급을 지배하고, 하나의 성이 다른 성을 지배하며, 한 국가가 다른 국가를 지배하고, 인간이 자연을 지배하는 것을 끝장내겠다는 필시 무절제한(하지만 절제되고 온건하며 평범한 유토피아가 인간 행동에 무슨 이득이 되겠는가?) 야망을 고무할 수 있을 것이다. 이것은 자유, 평등, 형제애(혹은 형제자매 모두를 아우르기에 오히려 연대)라는 1789년의 미완의 약속에서 영감을 받는 보편적 목표이다. 자유, 평등, 연대는, 블로흐가 강조하곤 했듯이, 부르주아 사회의 옹졸하고 인색한 한계들을 넘어서는 유토피아적 초과를 포함하는 혁명적 가치들이다. 칼 만하임이 유토피아 개념을 정의할 때 언급한 전복^{umwälzende}에 적합한 유토피아적 보편성은 현재 상태^{statu quo}를 완수된 인간 보편으로 여기는 이데올로기적 유사-보편성에 용어 하나하나 대립된다.[10]

다른 미래의 관점에서 볼 때, 현재의 지배 담론은 절대적으로 **닫힌** 역사 개념을 표현한다. 이 담론에 따르면 '현실 사회주의'의 몰락

---

10) 미겔 아방수르가 정당하게 지적하고 있듯이, 전체주의를 낳은 것은 유토피아가 아니다. 전체주의 사회가 될 위험이 있는 것은 성취의 위험한 착각에 사로잡힌, 유토피아 없는 사회이다. Miguel Abensour, *L'utopie, de Thomas More à Walter Benjamin*, Paris: Sens & Tonka, 2000, p.19. 아방수르에 따르면, 유토피아에 대한 증오는 "타자성에 대한 공포에 사로잡힌 기성 질서의 옹호자들에게 여러 세대에 걸쳐 영향을 미치는 반복적 증상"이다.

과 대서양/서구 체계의 승리 이래로 우리는 대번에 유토피아의 종언, 문명 패러다임을 바꿀 일체의 가능성의 종언을 단언할 수 있다. 우리의 시대는 매우 오래 전부터(19세기 초 이래로?) '역사의 종언'을 감히 아주 간단히 공포해버린 첫 번째 시대이다. 프랜시스 후쿠야마의 유명한 시론은 지배 엘리트들 사이에 깊게 뿌리내린 확신을 유사-헤겔적 언어로 포장한 것에 지나지 않는다. 지배 엘리트들은 자신들이 속한 경제적·사회적 체계의 존속에서 다른 모든 체계보다 무한히 우월한 체계뿐 아니라 유일하게 가능한 체계, 역사의 넘어설 수 없는 지평, 인류의 대장정의 궁극적인 최종 단계를 본다. 그렇다고 현재 헤게모니를 쥔 담론에서 과학적, 기술적, 경제적, 사회적, 문화적 진보가 지속되지 않는다는 말은 아니다. 반대로 그 담론은 어마어마한 진전을 경험할 것이라고 사람들은 말한다. 하지만 결정적으로 고정된 자본주의/산업 경제의 틀 내에서, 그리고 기존의 이른바 '자유-민주주의적' 체계의 틀 내에서 말이다. 오귀스트 콩트가 아주 잘 '예견'했듯이, 한 마디로 **질서 속에서의 진보**인 것이다.

이 문제틀의 경이적인 표현을 루카치의 옛 제자인 아그네스 헬러가 몇 년 전 출간한 아름다운 텍스트에서 찾아볼 수 있다. 헬러는 지적한다. 수세기 동안, 인류의 유토피아 탐색은 행복의 섬을 찾아 배를 타고 떠나는 바다 여행의 형태를 띠었다. 19세기부터 우세해진 것은 기차의 이미지이다. 철로상의 모든 장애물을 제거하면서 점점 더 빠르게 찬란한 미래를 향해, '유토피아'라는 정거장을 향해 전진하는 기관차의 은유인 것이다. 이 헝가리 출신의 철학자는 단언한다. 상상적 장소 내지 미래에 위치한 유토피아를 단념해야 한다고, 약속된 땅으로 떠나는 여행은 착각이라고. 사실, 우리는 여정의 끝에 이미 도달

했다. 그 끝이란 우리가 살고 있는 근대성이다. 이 역사적 현실에 상
응하는 은유는 바로 웅장하고 널찍한 철도역이라는 은유이다. 우리
는 거기에 자리 잡고 있으며, 거기서 떠나지 않을 것이다. **다른 곳**의
혹은 특히 **다르게**의 위험한 신화를 포기해야 한다.11)

앞서 봤듯이, 벤야민도 기차의 알레고리를 사용한다. 하지만 벤야
민은 그 알레고리를 변증법적으로 전도시킨다. 역사의 기차는 심연
을 향해 달린다. 혁명은 파국으로 향하는 이 여행을 중단하는 것이다.
벤야민의 열린 역사 개념에서는 상이한 결말이 가능하다. 그 중에는
혁명적 행동도 있다. 혁명적 행동은 '객관적 조건의 성숙'의 열매라
기보다는 최악을 막고자 하는 필사적인 시도로 등장한다.12)

벤야민은 해방적 실천의 주체로서 억압받는 계급을 자주 참조하
곤 한다. 그런데 기차에 관해 언급한 준비 노트에서는 "비상 브레이

---

11) Ágnes Heller, "Der Bahnhof als Metaphor: Eine Betrachtung über die beschle
-unigte Zeit und die Endstationen der Utopie," *Frankfurter Rundschau*, 26
Oktober 1991, p.ZB3.

12) 우리와 동일한 시대(이 시대에 대한 에드먼드 버크 식의 논리는 진보-성숙을 상
상력 없는 보수주의의 알리바이로 만든다)에, 벤야민의 역사철학 테제는 매리
울스턴크래프트가 『인간의 권리 옹호』에서 이미 표현했던 비정통적 전통을
재활성화한다. 울스턴크래프트에게 진보는 역사적 연속성의 중단이요 관행
과 제도의 진화로부터가 아니라 **관행의 권위를 떠나** 새로운 시작에 눈을 뜨는
인간의 능력에서 부상하는 **가능성**이다. "물려받은 경험"은 "곧은길을 가리키
는 푯말"로서 기능하기는커녕 "오히려 위험한 바위, 암초를 피해 우회하게
해주는 등대의 방식으로" 작동한다. Mary Wollstonecraft, "A Vindication of
the Rights of Men: A Letter to the Right Honourable Edmund Burke"(1790),
The Works of Mary Wollstonecraft, vol.5, ed. Janet Todd and Marilyn Butler,
London: William Pickering, 1989, p.41; Françoise Colin, Éveline Pisier et Eleni
Varikas, *Les femmes, de Platon à Derrida*, Paris: Plon, 2000, p.410.

크를 잡아당기는"전 인류가 문제가 된다. (사회 계급의 결정적 역할에 반드시 대립되지는 않지만, 어떤 정치적-조합적 이데올로기의 특수주의적 조합주의에는 대립되는) 이 보편주의적 접근은 집단적이거나 개인적인 다양한 주체들의 관점에서 사회적 해방과 지배의 철폐를 다시 사유할 수 있게 해준다.

열린 역사 개념에서, 해방적-혁명적 행동은 결국 일종의 **내기**에 속한다. 그 단어는 벤야민에게서 등장하지 않지만 1940년 테제의 정신에 딱 들어맞는다. 벤야민의 저술을 몰랐을 골드만에 따르면, 진정한 인간 공동체를 꿈꾸는 맑스의 유토피아는 파스칼 식 내기에 속한다. 개인들(또는 사회 집단들)은 리스크, 실패 위험, 성공의 희망을 포함하는, 하지만 우리의 생명이 내기로 걸려 있는 행동에 참여하는 것이다. 이런 유의 내기는 모두 관개인적 가치들에 의해 동기가 부여된다. 그 가치들은 사회주의 공동체의 달성에 관한 맑스주의적 내기에서처럼 내재적이고 세속적일 수도 있고, 신의 존재에 관한 파스칼의 내기에서처럼 초월적이고 성스러운 것일 수도 있다. 그런 내기는 과학적 증거나 사실에 근거를 둔 증명의 대상이 될 수 없다.[13]

---

13) 벤야민처럼, 뤼시앵 골드만은 신학에 기원을 둔 개념들의 도움으로 역사적 유물론을 주저하지 않고 재정식화했다. "맑스주의적 믿음은 인간이 스스로 만드는 **역사적 미래**에 대한 믿음, 더 정확히 말하면 **우리**가 우리의 활동을 통해 만들어야 하는 역사적 미래에 대한 믿음이요, 우리의 행동의 성공에 대한 '내기'이다. 이 믿음을 대상으로 삼는 초월성은 초자연적이도 초역사적이지도 않으며, 더도 말고 덜도 말고 초-개인적이다." Lucien Goldmann, *Le Dieu caché*, Paris: Gallimard, 1955, p.99. [송기형·정과리 옮김, 『숨은 신』, 연구사, 1986, 156~157쪽.]; Michael Löwy, "Le pari communautaire de Lucien Goldmann," *Recherche sociale*, no.135, 1995.

물론 내기 규정에 따라 움직이는 해방하는 사회·역사 행위자들
은 객관적인 모든 조건들을 고려하며 자신들의 실천 방향을 사회의
실제 모순들에 따라 정한다. 하지만 그 행위자들은 자신의 싸움이 성
공하리라는 보장이 전혀 없음을 알고 있다. 이 싸움은 윤리적 명령에
의해 고취된다. 청년 맑스는 그 정언 명령을 다음과 같이 정식화한
바 있다. "그 속에서 인간이 천대받고 구속받고 버림받으며 경멸받는
존재로 되어 있는 모든 사회적 관계를 전복시키기" 위해 투쟁하라.[14)]
바로 이 보편적인 도덕적 요청(부정의하고 비인간적인 사회 체계의 폐
지를 위해 싸우라)이, 승리의 기회와 상관없이, 미래에 대한 '과학적'
예견이 어떻든지, 행위자들의 참여를 고취한다.[15)] 이 불확실성은 수
동성이나 포기로 이끌기는커녕 더 큰 활동성, 더 큰 주도권을 위한

---

14) "인간이 천대받고 예속되고 버림받으며 경멸받는 존재로 있는 모든 관계들
을 전복시키라"(alle Verhältnisse umzuwerfen, in denen der Mensch ein erniedri
-gtes, ein geknechtes, ein verlassenes, ein verächtliches Wesen ist), Karl Marx, "Cri
-tique de la philosophie du droit de Hegel"(1844), Œuvres philosophiques,
Paris: Costes, 1952, p.97; "Zur Kritik der Hegelschen Rechtsphilosophie: Ein
-leitung," Karl Marx-Friedrich Engels Werke, Bd.1, Berlin: Dietz Verlag, 1956,
p.385. [강유원 옮김, 『헤겔 법철학 비판』, 이론과 실천, 2011, 20쪽.]

15) "맑스주의자들이 착취, 억압, 반인간적 집단 폭력, 거대한 부정의에 맞서 싸
울 때, 그것은 이런 투쟁이 생산력이나 협소하게 정의된 역사적 진보의 발전
을 촉진시키기 때문에만 그렇게 하는 것이 아니다. …… 맑스주의자들이 그
런 현상들에 맞서 싸울 때, 그것은 이런 투쟁이 사회주의의 승리로 종결될 것
이라는 과학적 증명이 있는 경우에만 그렇게 하는 것은 더더욱 아니다. 맑스
주의자들은 비인간적이고 비천한 조건들로서의 착취, 억압, 부정의, 소외에
맞서 싸우는 것이다. 이것은 충분한 근거이며 이유가 된다." Ernest Mandel,
"Die zukünftige Funktion des Marxismus," Das verspielte 《Kapital》? Die marx
-istische Ideologie nach dem Scheitern des Realen Sozialismus, hrsg. Hans Spat
-zenegger, Salzburg: Verlag Anton Pustet, 1991, p.173.

강력한 동기 부여가 된다. 객관적 조건에 의해 주어진 제한들 속에서 미래는 우리가 행하는 바대로의 것일 테니 말이다.[16]

✤

벤야민의 역사적 유물론 해석에서 열려 있는 것은 미래와 현재만이 아니다. 과거도 열려 있다. 이는 우선 다음을 뜻한다. 승리를 거둔 역사적 이형은 유일하게 가능했던 것이 아니었다. 승리자들의 역사, 기성의 사실에 대한 축하, 일방통행의 역사적 도로, 승리한 자들의 승리의 불가피성에 맞서, 다음의 본질적인 조서를 재론해야 한다. 모든 현재는 다수의 가능한 미래들로 열려 있다.[17] 모든 역사적 정세에는 다른 선택지들이 존재했었다. 실패하도록 선험적으로a priori 운명지워지 않았던 선택지들이 존재했었다. 프랑스 혁명 중에 시민권에서 여성들을 배제한 것은 불가항력적인 것이 아니었다. 스탈린이나 아돌프 히틀러가 권좌에 오른 것은 베르톨트 브레히트가 썼던 아르투로 우이의 출세*처럼 거스를 수 없는 것이 아니었다. 히로시마에 원자

---

16) 다니엘 싱어가 자신의 책에서 제시한 것을 내 나름대로 손질한 것이다. Daniel Singer, *Whose Millenium? Theirs or Ours?*, New York: Monthly Review Press, 2000, pp.272~273.

17) 엘레니 바리카스는 『다른 얼굴과 함께: 젠더, 차이 그리고 보편성』에서 이렇게 지적한다. "우리가 불확실한 현재에 놓여 있다는 사실, 다시 말해 미래에 대한 우리의 행위와 선택이 가져올 귀결을 우리가 예견할 수 없는 위치에 있다는 사실은 모든 역사적 순간을 다수의 미래로 열려 있는 현재로 인식할 수 있게 해준다. 다시 말해 과거를 가능태들의 장으로 접근할 수 있게 해주는 것이다. 다른 모든 가능태들을 제쳐두고 몇몇 가능태들이 실현되도록 해주는 요인들이 무엇인지 탐지하려고 노력해야 한다." Eleni Varikas, *Me diaforetiko prosopo: Filo, Diafora ke Oekumenikotita*, Athènes: Katarti, 2000, p.32.

폭탄을 떨어뜨리기로 결정한 것은 전혀 불가피한 것이 아니었다. 예는 얼마든지 더 늘어날 수 있다.

과거의 열림은 또한 다음의 것을 뜻한다. 그렇게 명명된 '역사의 심판들'에는 결정적이거나 불변하는 것이 하나도 없다. 미래는 '닫힌' 역사적 서류뭉치를 다시 펼칠 수 있다. 중상모략당한 희생자들을 '복권시킬' 수 있다. 꺾였던 희망과 열망을 되살릴 수 있다. 망각된 전투, 혹은 '유토피아적'이고 '시대착오적'이며 '진보에 역행한다'고 판정된 전투를 재발견할 수 있다. 이 전형적인 예에서, 과거의 열림과 미래의 열림은 밀접하게 결합된다.

이 결합의 예들은 전혀 부족하지 않다. 생시몽주의 페미니스트 클레르 데마르의 이단적 사상이 1968년 이후 재발견된 사실을 떠올려보면 족하다. 데마르가 쓴 무시무시하게 전복적인 저작,『나의 미래의 법칙』(1834)은 한 세기 반 동안 거의 완전히 잊혔다. 내가 '거의'라고 말한 까닭은, 이 저술이 벤야민의 주의 깊은 시선을 피할 수 없었기 때문이다. 벤야민은『파사젠베르크』에서 데마르의 '인간학적 유물론'과 가부장제 비판에 격한 공감을 표시한다. 그리고 '부르주아 반동'의 대표자들이 펼친 '졸렬한' 공격에 맞서 데마르를 옹호한다.[18]

역사가 E. P. 톰슨이 영국 노동자 계급의 형성에 관해 쓴 저작은 '과거의 재개'를 보여주는 또 하나의 경이적 표시이다. 서문에서부터 톰슨은 사회사의 새로운 사조를 위한 깃발이자 트레이드마크 구실을

---

* 1941년에 발표된 동명의 희곡을 참조하라. 베르톨트 브레히트, 이원양 옮김,『아르투로 우이의 출세』, 지식을만드는지식, 2011.

18) Benjamin, *Le livre des passages*, pp.807~809; "Das Passagen-Werk," pp.973~975. [『아케이드 프로젝트 2』, 1814~1820쪽.]

하는 문장에서 자신의 의도를 명시한다. "나는 가난한 양말제조공, 러다이트 운동에 가담한 전모공, '시대에 뒤떨어진' 수직공, '유토피아적인' 장인 등과 아울러, 심지어는 꼬임에 빠진 죠우애너 싸우스컷의 추종자까지도 후손들의 지나친 멸시에서 구해내려 한다."

'유토피아적인'과 '시대에 뒤떨어진' 주위에 붙인 아이러니한 따옴표는 하나의 프로그램이다. 그것은 처음부터 끝까지 선형적이고 이로우며 불가피한 진보 이데올로기에 젖어 있는 지배적 역사서술 범주들을 암묵적으로 문제 삼는다.[19] 과거의 인물들을 무비판적으로 '이상화'하지 않고, 그 인물들의 전투가 지닌 인간적·사회적 의미에 강조점을 찍는다면 역사의 '진보주의적'이고 '근대화론적'인 시각들의 한계들을 드러내 보일 수 있다. 진보주의적이고 근대화론적인 역사관은 우세했던 것과 가능한 것을 동일시한다. 그리고 결국 원하든 원하지 않든 산업 혁명의 승리자들의 대서사에 동조하게 된다.

⚜

과거가 됐든 미래가 됐든, 벤야민에게 역사의 열림은 억압의 희생자들을 위한, 그리고 그 억압에 맞서 싸운 자들을 위한 윤리적·사회적·

---

19) "그들의 재주와 전통 기술은 사라져가고 있었을지 모른다. 새로운 공업화에 대한 그들의 적대감은 퇴영적 관점이었을지 모른다. 그들의 공산사회 지향적 이상들은 공상에 불과했을지 모른다. 그들의 폭동 모의들은 무모한 짓이었을지 모른다. …… 그러나 …… 신업혁명기 사람들의 실패한 주의 주장들 가운데 몇 가지에서는 오늘날 여전히 열려 있는 사회악의 본질에 대한 통찰을 찾아낼 수도 있다." E. P. Thompson, *La formation de la classe ouvrière anglaise*, Paris: Gallimard, 1980, p.16. 번역은 영어판을 참조해 수정했다. *The Making of the English Working Class*, Harmonsworth: Penguin, 1981, p.12. [나종일 외 옮김, 『영국 노동계급의 형성』(상), 창작과비평사, 2000, 12쪽.]

정치적 선택과 떼려야 뗄 수 없다. 이 불확실한 싸움의 미래, 그것이 취하게 될 형태는 필시 과거의 시도들에 영감을 받거나 그 시도들에 의해 표시될 것이다. 그 미래, 그 형태는 그렇게 새롭지는 않을 테지만, 완벽하게 예측 불가능할 것이다.

부록

「역사의 개념에 대하여」 프랑스어판

발터 벤야민 번역

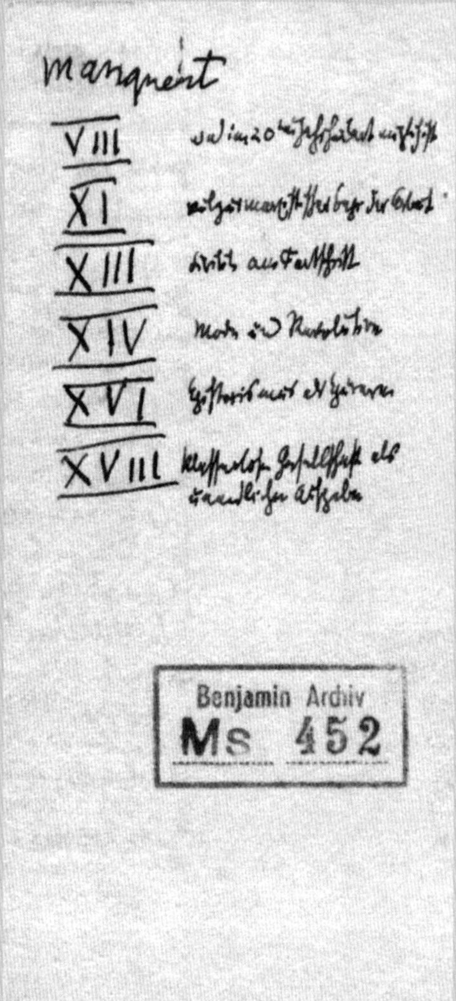
manquent
VIII
XI
XIII
XIV
XVI
XVIII
Benjamin Archiv
Ms 452

[번역에서] 빠진 것*

테제 8번. 20세기에도 가능한 것
테제 11번. 속류 맑스주의적 노동 개념
테제 13번. 진보 비판
테제 14번. 유행과 혁명
테제 16번. 오입질로서의 역사주의
테제 18번. 무한한 과제로서의 무계급 사회

---

* 이 노트는 벤야민이 아직 [프랑스어로] 번역하지 않은 테제들이 무엇인지, 아직
  번역하지 않은 테제들에서 어떤 내용을 다루는지, 그리고 그것들이 다른 이본
  들의 테제 번호와 상응하는지 아닌지를 보여주는 일종의 증거가 된다.

On raconte qu'il y aurait existé un automate
qui, construit de façon à parer n'importe quel
coup d'un joueur d'échecs, devrait nécessairement
gagner chaque partie. Le joueur automatique
aurait été une poupée, affublée d'un habit
turque, installée dans un fauteuil, la bouche
garnie d'un narguileh. L'échiquier occupait
une table dotée d'une installation intérieure
qu'un jeu de miroirs savamment agencé rendait
invisible aux spectateurs. L'intérieur de la table
en vérité, était occupé par un nain bossu
maniant la main de la poupée à l'aide des
fils. Le nain était passé maître au jeu d'échecs.
Rien n'empêche d'imaginer une sorte d'appareil
philosophique semblable. Le joueur devrait
infailliblement gagner sera cette autre poupée
qui porte le nom ~~de~~ de «matérialisme
historique». Elle n'aura aucun adversaire à
craindre si elle s'assure les services de la
théologie, cette vieille ratatinée et mal famée
qui n'a sûrement rien de mieux à faire que de se
nicher où pas une ne la soupçonnera.

테제 1번

한 자동기계가 있었다고 사람들은 이야기하는데, 이 기계는 체스 상대의 어떤 수든 받아칠 수 있게 만들어져서 반드시 모든 시합을 이기도록 되어 있다. 이 자동 선수는 터키풍 옷차림을 하고 입에는 수연통水煙筒을 물고 의자에 앉아 있는 인형이었다. 체스판이 책상 하나를 차지하고 있는데, 그 책상은 교묘하게 배치된 거울 장치 때문에 관객들에게 보이지 않게 된 내부 시설을 갖추고 있다. 책상 내부에는 사실 꼽추 난쟁이가 들어앉아 끈의 도움으로 그 인형의 손을 조종하고 있다. 이 난쟁이는 과거에 체스의 명수였다. 이와 비슷한 일종의 철학적 장치를 상상하지 못할 법도 없다. '역사적 유물론'이라는 이름을 가진 이 다른 인형은 반드시 이기게 되어 있는 선수일 것이다. 그 인형은 신학, 즉 아무도 짐작할 수 없는 곳에 숨는 것보다 확실히 더 잘하는 게 없는 이 쪼글쪼글하고 평판이 나쁜 노파의 시중을 확보한다면 어떤 상대도 두렵지 않을 것이다.

„Il y a, dit Lotze, parmi les traits les plus remarquables de la nature humaine une absence générale d'envie de la part des vivants envers leur postérité. Et cela malgré tant d'égoïsme en chaque être humain." Cette réflexion remarquable fait bien sentir combien l'idée du bonheur ~~que~~ que nous portons en nous est imprégnée par la couleur du temps qui nous est échue pour notre vie à nous. Un bonheur susceptible d'être l'objet de notre envie n'existera que dans un air qui aura été respiré par nous; il n'existera qu'en compagnie de gens qui auraient pu nous adresser la parole ~~il~~ ~~-----~~ ~~-----~~ à nous; il n'existera enfin que grâce à des femmes ~~qui auraient pu combler~~ ~~nous de leurs ---- dont ----~~ dont les faveurs nous auront pu combler, nous. Qu'est-ce à dire? L'idée de bonheur enferme ~~celle de~~ celle de salut, inéluctablement. ~~---------~~ ~~----~~ Il en va de même pour l'idée du passé ~~----~~ d'image du salut en est la clé. N'est ~~-----~~ ~~----- ---- -- ---~~ ~~-- --- --------~~ -- peu autour de nous – mêmes que plane un peu de l'air respiré jadis par les défunts? n'est pas le voix de nos amies que hante parfois un écho des voix de ceux qui nous ont précédés sur terre? Et le beauté des femmes d'un autre âge, est-elle sans ressembler à celle de nos amies? C'est donc à nous de nous rendre compte que le passé réclame une rédemption dont peut-être une toute infime partie se trouve être placé en notre pouvoir. Il y a un rendez-vous mystérieux entre les générations défuntes et celle dont nous faisons partie nous même. Nous avons été attendus sur terre. Car il nous est dévolu = nous comme à chaque équipe humaine qui nous ~~fut~~ précéda, une parcelle du pouvoir messianique que le passé la réclame, a droit sur elle. Des moyens d'éluder la sommation d'historien matérialiste en sait quelque chose,

테제 2번

"인간 본성의 가장 두드러진 특징들 중에는 생명체로서 후대에 대해 아무런 부러움도 갖고 있지 않다는 점이 있다. 각 인간의 숱한 에고이즘에도 불구하고 이러하다"고 로체는 말한다. 이 뛰어난 성찰은 우리가 품고 있는 행복의 관념이 우리를 우리 자신의 삶에 귀착시킨 시간의 색에 얼마나 물들었는지 잘 느끼게 해준다. 우리의 부러움의 대상이 될 수 있는 행복은 우리가 숨 쉴 수 있었을 공기 속에만 존재할 것이다. 행복은 우리에게 말을 건넬 수 있었을 사람들과 함께하는 속에서만 존재할 것이다. 행복은 마지막으로 우리가 그녀에 대한 애정으로 우리를 채울 수 있었을 여인들 덕분에만 존재할 것이다. 이것은 무슨 뜻인가? 행복이라는 관념은 구원이라는 관념을 불가피하게 내포하고 있다는 것이다. '과거'라는 관념도 사정은 마찬가지이다. 구원의 이미지는 행복의 열쇠이다. 우리 주변에는 고인들이 옛날에 숨 쉬었던 약간의 공기가 맴돌고 있는 것은 아닐까? 우리의 벗들의 목소리에는 지상에서 우리보다 앞서간 자들의 목소리들의 메아리가 이따금 울려 퍼지고 있는 것은 아닐까? 그리고 오래 전 여인들의 아름다움은 우리 여자 친구들의 아름다움과 닮은 것은 아닐까? 따라서 어쩌면 그것의 아주 미세한 부분이 우리의 힘 안에 위치한다고 판명된 구원을 과거가 요구하고 있는 것을 깨닫는 것은 우리에게 달려 있다. 고인이 된 세대들과 우리 자신이 속하는 세대 사이에 신비한 약속이 있다. 우리는 지상에서 기다려졌던 사람들이다. 사실은 우리 이전의 모든 인간 무리와 마찬가지로 우리에게 메시아적 힘의 조각이 주어져 있는 것이다. 과거는 이 힘의 조각을 요구하며 그에 대한 권리가 있다. 과거의 독촉을 모면할 방도는 없다. 유물론적 역사가는 그에 대해 알고 있다.

Le chroniqueur qui narre les événements
sans jamais vouloir distinguer les petits des
grands tient compte de cette vérité majeure
que rien de ce qui jamais se sera produit ne
devra être perdu pour l'histoire. Il est vrai que
la possession intégrale du passé est réservée
à une humanité rachetée et sauvée. Seule
cette humanité rétablie pourra évoquer n'importe
quel instant de son passé. Tout instant vécu
lui sera ~~de nous~~ ~~présent~~
présent en une citation à l'ordre du jour —
jour qui n'est autre que le jour du jugement
~~dernier~~.

테제 3번

사건들을 크고 작음을 구별하지 않고 이야기하는 연대기 기술자는 일찍이 일어난 그 어떤 것도 역사에서 상실되어서는 안 된다는 이 중대한 진리를 고려한다. 과거를 완전히 소유하는 것은 복구되고 구제받은 인류에게만 가능하다는 것이 사실이다. 오직 회복된 인류만이 자기 과거의 어느 순간이든 불러들일 수 있을 것이다. 살았던 모든 순간이 그날, 즉 최후의 심판일과 다르지 않은 날의 의사일정에 하나의 인용문으로 그들에게 나타나 있을 것이다.

IV

La lutte de classe, qui ne cesse d'être présente à
l'historien formé par la pensée de Karl Marx, est
une compétition autour des ces choses brutes et
matérielles ~~sans~~ à défaut desquelles les choses
fines et élevées ne subsistent guère. On aurait
tort, cependant de croire que ces dernières ne
seraient ~~autrement~~ (puisque) la lutte des
classes que comme butin qui va au vainqueur.
Il n'en est rien ~~elles~~ puisqu'elles
s'affirment précisément au cœur de cette
~~compétition~~. Elles ~~sont présentes~~ sous forme
de foi, de courage, de ruse, de persévérance
et de décision. Et le rayonnement de ces forces,
loin d'être absorbé par la lutte elle même se
prolonge dans les profondeurs du passé humain.
~~Elles ne font de remettre en question~~ Toute
victoire qui jamais y a été remporté et fêtée par les puissants — elles n'ont pas fini
de la remettre en question. Telles les fleurs
se tournent vers le soleil, les choses révolues se
tournent, mais par un héliotropisme
mystérieux, vers cet autre soleil qui est en
train de surgir à l'horizon historique. Rien de
moins ostensible que ce changement. Mais rien de
plus important non plus.

테제 4번

칼 맑스의 사상에 훈련된 역사가가 늘 염두에 두는 계급투쟁은 투박하고 물질적인 사물들을 둘러싼 경쟁인데, 이런 것들이 없이는 섬세하고 고상한 것들도 남아날 수 없다. 그렇지만 이 후자의 것들이 계급투쟁에서 승리자에게 돌아가는 전리품과 다르게 존재할 수 없다고 여기는 것은 잘못일 것이다. 전혀 그렇지 않은 까닭은 이 후자의 것들이 바로 이 동일한 경쟁 한가운데에 나타나기 때문이다. 이 후자의 것들은 그 경쟁 속에서 신념, 용기, 기지, 투지와 결의의 형태로 뒤섞인다. 그리고 이 힘들의 광휘는 투쟁 자체에 의해 흡수되기는커녕 인간의 과거의 심층에까지 연장된다. 이 후자의 것들은 일찍이 지배자의 수중에 떨어져 축하받은 일체의 승리에 의문을 제시하기를 그치지 않았다. 꽃들이 태양을 향하듯이, 지나간 것들은 신비로운 향일성向日性에 힘입어 역사적 지평선 위에 떠오르고 있는 이 다른 태양을 향한다. 이 변화보다 덜 눈에 띄는 것은 없다. 하지만 그보다 더 중요한 것도 없다.

V

L'image authentique du passé n'apparaît que
dans un éclair. Image qui ne surgit que
pour s'éclipser à jamais dès l'instant suivant.
La vérité immobile qui ne fait qu'attendre le
chercheur ne correspond nullement à ce
concept de la vérité en matière
d'histoire. C'est une image unique, inrempla-
çable du passé qui s'évanouit avec chaque
chaque présent qui n'a pas su se
reconnaître visé par elle.

‡ Il s'appuie bien plutôt sur le vers du
Dante qui dit:

테제 5번

과거의 진정한 이미지는 불현듯 등장할 뿐이다. 불쑥 나타났다가 다음 순간 부터 영영 사라질 뿐인 이미지. 연구자를 기다리게 만들 뿐인 부동의 진리 는 역사에서의 이런 진리 개념에 전혀 상응하지 않는다. 그것은 오히려 다 음과 같이 말하는 단테의 시구에 의거한다. 과거의 유일무이한, 대체할 수 없는 이미지는 그 이미지에 의해 의도된 것으로 인식되지 못했던 매 현재 와 더불어 사라진다.

VI

« Faire revivre le passé tel qu'il a été vraiment », d'après
Ranke la tâche de l'historien. C'est une
définition toute rhétorique. La connaissance
du passé ressemblerait plutôt à l'aide par
laquelle à l'homme au moment d'un danger
soudain se présentera un souvenir qui le sauve.
~~L'historien~~ Le matérialisme historique est
tout attaché à saisir une image du passé comme
elle se présente au sujet à l'improviste et à
l'instant même d'un danger suprême. Danger
qui menace aussi bien les données de la
tradition que les hommes auxquels elles sont
destinées. Il se présente aux deux comme
un seul et même : c'est-à-dire comme danger de
les embrancher au service de l'oppression. Chaque
époque devra, de nouveau s'attaquer à cette
rude tâche : libérer du conformisme une
tradition en passe d'être violée par lui. Rappelons-
nous que le messie ne vient pas seulement comme
rédempteur mais comme le vainqueur de
l'Antéchrist. Seul un historien, pénétré qu'un
ennemi victorieux ne va même pas
s'arrêter devant les morts — seul cet historien-
là saura attiser au cœur même des
événements révolus l'étincelle d'un espoir.
En attendant, et à l'heure qu'il est, l'ennemi
n'a pas encore fini de triompher.

테제 6번

"과거를 그러했던 바대로 서술하기," 이것이 랑케가 주장하는 역사가의 과제이다. 이것은 완전히 가공架空의 정의이다. 과거에 대한 인식은 갑작스런 위험의 순간에 인간에게 자신을 구제하는 추억이 나타나게 되는 행위와 오히려 비슷할 것이다. 역사적 유물론은 과거의 이미지를 그것이 극도의 위험의 순간에 느닷없이 주체에게 나타나는 것처럼 포착하는 데 온통 매달린다. 전통의 자료들뿐 아니라 그 자료들을 수용하는 인간들도 위협하는 위험. 그 위험은 둘 모두에게 하나의 동일한 것으로 나타난다. 다시 말해 둘 모두를 억압에 봉사하도록 끌어들이는 위험으로서 말이다. 각각의 시대는 이 고된 과제(타협주의에 능욕당하는 상황에 있는 어떤 전통을 타협주의에서 해방시키기)에 다시 덤벼들어야 한다. 메시아는 구원자로서만 오는 것이 아니라 적그리스도를 극복하는 자로서 온다는 것을 상기하자. 승리한 적도 망자들 앞에서는 멈춰서고 싶어 하지 않는다는 사실을 투철하게 확신하는 역사가만이, 오직 그 역사가만이 지난 사건들 속에서 희망의 불꽃을 당길 수 있을 것이다. 어쨌든 지금 당장은, 이 적은 아직 승리하기를 멈추지 않았다.

Aux historiens désireux de pénétrer un événe-
ment d'une époque révolue Fustel de Coulanges
recommanda de, jour de faire semblant de ne
rien, et savoir de tout ce qui se serait passé
après elle. C'est là très exactement la procédure qui
se trouve à l'opposé du matérialisme historique.
Elle équivaut à une identification affective [...]
avec une époque donnée. Elle a comme condition
la paresse d'un cœur renonçant à capter
l'image authentique du passé — [...] [...] [...]
[...] image fugitive et
passant comme un éclair. Cette paresse du
cœur a longuement retenu les théologies du
moyen-âge qui, la traitant sous le nom
d'acedia comme un des sept péchés capitaux;
y [...] reconnurent le fin-fond
de la tristesse mortelle. Flaubert semble bien
l'avoir éprouvé, lui, qui devait écrire un jour
de gens devinerant combien il a fallu être triste
pour ressusciter Carthage. Cette tristesse nous
cédera, peut-être, son secret à la lumière de la
question suivante: Qui est-ce, en fin de compte,
à qui [...] [...] [...] [...] devront
s'identifier les maîtres de l'historisme. La réponse
sera, inéluctablement: le vainqueur. Or, ceux qui,
à un moment donné, détiennent le pouvoir sont les
héritiers de tous ceux qui jamais, quand que ce
soit, ont cueilli la victoire. L'historien, s'identifiant
au vainqueur servira donc immédiablement les
détenteurs du pouvoir actuel. Voilà qui dira assez à
l'historien matérialiste. Aan conque, jusqu'à ce jour,
aura remporté la victoire fera partie du grand
cortège triomphal qui passe au-dessus de ceux qui
jonchent le sol. Le butin, exposé comme de juste,
dans ce cortège a le nom d'héritage culturel
de l'humanité. Cet héritage trouvera en la personne
de l'historien matérialiste un expert quelque peu
distant, lui; car surgeant à la provenance de cet
héritage ne pourra pas se défendra d'un frisson. Car
tout cela est dû ou, seulement au labeur des génies et des
grands chercheurs mais aussi au servage obscur de leurs
contemporains. Tout cela ne témoigne de la culture dans lesquels
gnar en même temps, de la barbarie. Cette barbarie est
même déclaré jusqu'à dans la façon dont, au cours des
âges, cet héritage devait tomber des mains d'un vainqueur
entre celles d'un autre. L'historien matérialiste sera donc
plutôt porté à s'en détacher. Il est tenu à brosser à contre-sens
le poil trop luisant de l'histoire.

테제 7번

지난 시대 한복판을 꿰뚫고 싶어 하는 역사들에게 퓌스텔 드 쿨랑주는 그 시대 이후에 일어난 일체의 것을 모르는 체하라고 언젠가 권한 적이 있다. 정확히 바로 이것이 역사적 유물론의 대척점에 있는 방법이다. 그 방법은 주어진 시대와의 감정적 동일시Einfühlung와 마찬가지이다. 그 방법은 과거의 진정한 이미지(일시적이며 불현듯 스쳐지나가는 이미지)를 붙잡기를 단념한 마음의 나태함에서 기원한다. 이 마음의 나태함은 중세의 신학자들을 오랫동안 사로잡았고, 이 신학자들은 그것을 태만acedia이라는 이름으로 일곱 가지 대죄 중 하나로 취급하며 거기서 극심한 슬픔의 가장 깊숙한 부분을 알아봤다. 플로베르는 이를 충분히 겪어봤기에 이렇게 쓸 수 있었던 것 같다. "카르타고를 소생시키기 위해 얼마나 많은 슬픔이 필요했는지를 짐작할 수 있는 사람은 극소수에 불과할 것이다." 이 슬픔은 어쩌면 다음의 물음에 비추어 자신의 비밀을 털어놓을 것이다. 역사주의의 대가들은 도대체 누구와 동일시를 하겠는가? 대답은 두말할 나위 없이 승리자일 것이다. 그런데 어떤 순간에 권력을 쥔 자들은 언제가 됐든 예전에 승리를 거머쥐었던 자들의 후예들이다. 그러므로 승리자와 동일시하는 역사가는 어쩔 수 없이 현재 권력을 쥔 자들을 섬기게 된다. 유물론적 역사가에게는 충분히 말한 셈이다. 이날까지 승리를 거뒀던 자라면 누구든 바닥에 널브러진 자들 위로 지나가는 거대한 개선 행렬의 일부를 이룰 것이다. 당연히 이 행렬에 진열된 전리품은 인류의 문화 유산이라는 이름을 얻는다. 이 유산은, 유물론적 역사가라는 인물에게서, 약간 거리를 둔 전문가를 발견하게 될 것이다. 유물론적 역사가가 이 유산의 내력을 생각해본다면 전율을 금할 수 없을 것이다. 왜냐하면 그 모든 것은 천재와 위대한 연구자들의 노고에뿐만 아니라 그들의 동족들의 무명의 예속에도 힘입고 있기 때문이다. 그 모든 것은 문화를 증언하자면 동시에 야만을 증언하지 않을 수 없다. 이 야만은 세월이 흐르면서 이 유산이 한 승리자의 손에서 다른 승리자의 손에 떨어지는 방식에서까지 적발된다. 유물론적 역사가는 오히려 그 방식에서 떨어져 나가는 경향이 있다. 유물론적 역사가는 역사의 윤기가 잘잘 흐르는 털을 [결의] 반대 방향으로 솔질한다.

Il y a un tableau de Klee dénommé Angelus
Novus. Il y est fait un ange qui a l'air
de s'éloigner de quelque chose à quoi son regard
semble rester rivé. Ses yeux sont écarquillés,
sa bouche est ouverte et ses ailes sont
déployées. Tel devra être l'aspect que présente
l'Ange de l'Histoire. Son visage est tourné vers
le passé. Là où à notre regard à nous semble
s'échelonner une suite d'événements, il n'y a
qu'un seul qui s'offre à ses regards à lui :
une catastrophe sans modulation ni trêve,
amoncelant les décombres ~~et projetant~~ ~~et les~~
~~~~ projetttant ~~inlassablement~~ ~~~~
~~~~ devant ses pieds. L'~~~~ Ange voudrait
bien se pencher sur ce désastre, panser les
blessures et ressusciter les morts. Mais une
tempête s'est levée, venant du Paradis; elle a
gonflé les ailes déployées de l'Ange; et il
n'arrive plus à les replier. Cette tempête
l'emporte vers ~~l'~~ l'avenir auquel l'Ange
ne cesse de tourner le ~~~~ dos tandis que
~~~~ ~~~~ que les décombres, en face de
lui, montent au ciel. Nous donnons nom de
Progrès à cette tempête.

테제 9번

「새로운 천사」라고 불리는 클레의 그림이 하나 있다. 이 그림의 천사는 자기가 꼼짝 않고 응시하던 어떤 것에서 멀어지는 듯 보인다. 그 천사는 눈을 부릅뜨고 있고, 입은 벌어져 있으며, 날개는 펼쳐져 있다. 역사의 천사가 보여주는 모습도 이럴 것임에 틀림없다. 이 천사의 얼굴은 과거를 향하고 있다. 우리의 시선 앞에 사건들이 연이어 늘어선 곳에서, 하나만이 천사의 시선에 잡힌다. 잔해들을 쌓아올리고 그 잔해들을 영원히 자기 발 앞에 던지는, 조정도 중단도 없는 파국이. 천사는 이 재난에 관심을 가지고, 부상자들을 치료하며 죽은 자들을 되살리고 싶어 한다. 하지만 낙원에서 폭풍이 불어왔다. 폭풍은 천사의 펼쳐진 날개를 부풀게 만들었다. 그리고 천사는 날개를 다시 접을 수 없게 된다. 이 폭풍은 천사가 계속 등을 돌리고 있는 미래 쪽을 향하여 천사를 떠밀고 있지만 천사의 앞에 쌓이는 잔해들은 하늘까지 치솟는다. 우리는 이 폭풍을 진보라고 일컫는다.

on propose à l'attention des forces novices dans
les cloîtres des sujets à méditer qui devront les
détourner du siècle et de ses tentations. Les
réflexions qu'ici nous proposons ont été fixées
dans un but semblable. Les politiciens qui
faisaient l'espoir des adversaires du fascisme
gisent par terre et confirmant la défaite en
trahissant la cause qui naguère était la leur —
ces réflexions s'adressent aux enfants du
siècle qui ont été circonvenus par les promesses
que prodiguaient ces hommes de bonne
volonté. Nous parlons, quant à nous, de la
conviction que les vices foncières de la politique de
gauche se tiennent. Et de ces vices nous dénonçons
avant tout trois: la confiance aveugle dans le
progrès. une confiance aveugle dans la force
et dans la justesse et dans la promptitude des
réactions qui se forment au sein des masses. une
confiance aveugle dans le parti. Il faudra
d'en ranger se renoncent les habitudes les plus chères à
nos esprits. C'est à ce prix seulement qu'on
concevra un concept de l'histoire qui ne se prête
à aucune complicité avec les idées de ceux qui,
même à l'heure qu'il est, n'ont rien appris.

테제 10번

수도원에서 수도사들에게 명상하라고 제시되는 주제는 그들을 속세와 속세의 유혹들에서 떼어놓을 게 틀림없는 것들이다. 여기서 우리가 제시하는 성찰들도 그와 비슷한 목적 속에서 정해졌다. 파시즘의 반대자들이 희망을 걸었던 정치가들이 무릎을 꿇고 좀 전까지 자신들의 것이었던 대의를 배신하면서 패배를 시인하는 와중에, 이 성찰들은 이 선의의 인간들이 남발했던 약속들에 농락당한 세기의 아이들에게 보내진다. 우리에 대해 말하자면, 우리는 좌파 정치의 타고난 결함이 견지하는 확신에서 출발한다. 그리고 이 결함 중에서 우리는 무엇보다 세 가지를 규탄한다. 진보에 대한 맹목적 신뢰, 대중 속에서 형성되는 정확하고 민첩한 반응들에 들어 있는 힘에 대한 맹목적 신뢰, 당에 대한 맹목적 신뢰. 우리의 사고에 가장 친숙한 습관들을 진지하게 뒤틀어야 할 것이다. 이를 대가로 해서만 우리는 지금 이 순간에도 하등 배운 것이 없는 자들의 생각과 맺는 그 어떤 공모에도 가담하지 않는 역사 개념을 고안할 수 있을 것이다.

« Il nous faut l'histoire; mais il nous la faut
autrement qu'à celui qui, désœuvré,
flâne dans les jardins de l'érudition. »
Nietzsche : Du profit à tirer de l'étude
de l'histoire et des dangers qu'elle
comporte.

L'artisan de la connaissance historique est, à
l'exclusion de toute autre, la classe opprimée qui
lutte. Chez Marx elle figure comme la dernière
des opprimées, comme la classe vengeresse qui, au
nom de combien de générations vaincues, mènera
à bien la grande œuvre de Libération. Cette
conception qui, pour un moment, devait revivre
dans les mouvements ~~si elles~~ allemand du Spartacus,
n'avait jamais été vu d'un bon œil par
le parti socialiste. Il réussit en quelques
dizaines d'années d'étouffer le nom d'un Blanqui
dont le son d'airain avait, telle une cloche, ébranlé
le dix-neuvième siècle. Il plut au parti
socialiste de décerner au prolétariat le rôle d'un
libérateur des générations ~~futures~~. Il devait ainsi
priver cette classe de son ressort le plus précieux.
C'est par lui que dans cette classe se sont
émoussés, ~~vraisemblablement~~
~~tels~~ invraisemblablement bien qu'avec lenteur, tant
sa force de haine que sa promptitude au sacrifice.
Car ce qui ~~nourrit~~ cette force, ce qui
entretiendra cette promptitude, est l'image
des ancêtres enchaînés, non d'une postérité
affranchie. Notre génération à nous est payée
pour le savoir, puisque le seul image qu'elle va
laisser est celui d'une génération vaincue. Ce
sera là son legs à ceux qui viennent.

테제 12번

우리는 역사를 필요로 한다. 그러나 우리는
박식의 정원에서 일 없이 배회하는 자가
필요로 하는 방식과는 다른 방식으로 필요로 한다.
니체, 「역사 연구에서 끌어내야 할 이점과 그것에 내포된 위험」

역사적 인식의 장인은, 다른 모든 것을 떠나서, 투쟁하는 억압받는 계급이
다. 맑스에게 그 계급은 패배한 여러 세대들의 이름으로 해방의 대업을 성
공적으로 수행할 억압받는 최후의 계급으로서, 복수하는 계급으로서 나타난
다. 짧은 기간 '스파르타쿠스' 반란에서 되살아났던 이 개념을 사회주의 정
당은 호의적인 시선으로 바라본 적이 없었다. 사회주의 정당은 그 쩌렁쩌렁
한 목소리가 종鐘처럼 19세기를 뒤흔들었던 블랑키라는 이름을 질식시키는
데 수십 년 만에 성공한다. 사회주의 정당은 프롤레타리아트에게 미래 세대
들의 구원자 역할을 부여하는 것을 좋아했다. 사회주의 정당은 그런 식으로
이 계급에게서 그들이 지닌 가장 귀중한 힘을 박탈했음에 틀림없다. 바로 그
사회주의 정당에 의해 이 계급이 지닌 증오의 힘과 희생의 민첩함이 복구할
수 없을 정도로, 그리고 천천히 무뎌졌다. 실제로 이 힘을 배양할 것은, 이
민첩함을 부양할 것은 해방된 후대의 이미지가 아니라 사슬에 묶인 선조들
의 이미지이다. 바로 우리 세대는 이 점을 알아야 할 의무가 있다. 왜냐하면
우리 세대가 남길 유일한 이미지는 패배한 세대의 이미지이기 때문이다. 그
것이 바로 도래할 자들에게 줄 유증품이 될 것이다.

Les classes révolutionnaires ont, au moment de leur entrée en scène, une conscience plus ou moins nette de saper par leur action le temps homogène de l'histoire. La Révolution Française décréta un nouveau calendrier. Le jour qui inaugure une chronologie nouvelle a la don d'irriguer le temps qu'il l'a précédé. Il constitue une sorte de raccourci historique [~~une est l'histoire fondateur~~]. C'est en gros ce jour, le premier d'une chronologie, qui est figuré, ~~~~ par les jours fériés qui eux tous, sont aussi bien des jours intitulés que des jours de convenance. Les calendriers ne comptent donc point du tout le temps à la façon des horloges. Ils sont les monuments d'une conscience historique ~~~~ qui, depuis environ un siècle, ~~~~ devenu complètement étranger à l'Europe, où dernière, la Révolution de Juillet était connu un accident où semble avoir posé une telle conscience. La première journée de combat passée, ~~~~ il advint qu'à l'obscurité tombante, la foule, en différents quartiers de la ville et en même temps, ~~~~ ils commença à s'en prendre aux horloges. Un témoins dont la clairvoyance pouvait être dit au hasard des rimes, écrivit: Qui le croirait On dit qu'irrités contre l'heure/ De nouveaux Josués, au pied de chaque tour/ tiraient sur les cadrans pour arrêter le jour."

테제 15번

혁명적 계급들은 무대에 들어서는 순간 역사의 균질한 시간을 자신들의 행동으로 무너뜨려야 한다는 다소 분명한 의식을 갖는다. 프랑스 혁명은 새로운 달력을 공포했다. 새로운 연보가 시작하는 날은 그에 앞선 시간을 통합하는 데 능하다. 그날은 일종의 역사적 축도eine Art historichen Zeitraffer를 이룬다. 또한 그날, 연보의 첫날은 공휴일로 환기되고 심지어 표시되며, 이 공휴일은 모두 첫날들이면서 추억의 날들이다. 따라서 달력들은 전혀 시계의 방식으로 시간을 세지 않는다. 달력들은 역사적 의식의 기념비들인데, 이 역사의식은 대략 한 세기 이래 유럽에서 완전히 낯선 것이 되어버렸다. 그런 의식이 꿰뚫었던 것으로 보이는 사건이 벌어진 것은 7월 혁명, 그것이 마지막이었다. 전투가 벌어진 첫날, 어둠이 내려앉자, 군중은 시내 여러 구역에서 동시 다발적으로 시계들을 겨냥하기 시작했다. 우연히 맞아떨어진 각운에 자신의 선견지명을 빚진 한 목격자는 이렇게 적었다. "누가 그것을 믿을 것인가. 사람들 말로는 시간에 격분해/ 새 여호수아들이, 모든 시계탑 밑에서,/ 그날을 정지시키기 위해 시계 판에 총을 쏘아댔다고 한다."

C'est dans l'histoire universelle que l'historisme
trouve sa réalisation accomplie. Rien de plus
opposé au concept de l'histoire qui appartient
au matérialisme historique. L'histoire
universelle manque d'armature théorique. Elle
procède par voie d'addition. En mobilisant
la foule innombrable des choses qui se sont
passées, elle tâche à remplir le vide de
ce récipient qui est constitué par
le temps homogène. Tout autre le matérialisme
historique. Il dispose, lui, d'un principe de
construction. L'acte de penser ne se fonde pas
seulement sur le mouvement des pensées mais
aussi sur leur blocage. Supposons
soudainement bloqué le mouvement de la
pensée — il se produira alors dans une
constellation surchargée de tensions une sorte de
choc en retour; une secousse qui vaudra
à l'image, à la constellation qu'elle
subira de s'organiser à l'improviste, de se
cristalliser en monade en soi-même. L'historien
matérialiste ne s'approche d'une quelconque
réalité historique qu'à condition qu'elle se
présente à lui sous l'aspect de la monade.
Cette structure se présente à lui comme signe
d'un blocage messianique des choses révolues;
autrement dit comme une situation révolution-
naire dans la lutte pour la libération du passé
opprimé. L'historien matérialiste, en
se saisissant de cette chance, va faire éclater le
continuum historique pour en dégager une époque
donnée; il va de même éclater pareillement la
continuité d'une époque pour en dégager une
vie individuelle, enfin il va faire éclater
cette vie individuelle pour en dégager un fait
ou une œuvre donnée. Il réussira à faire
façon voir comment la vie entière d'un
individu tient dans une de ses œuvres, ou de
ses faits; comment dans cette vie se tient une
époque entière, et comment dans une époque se
tient l'ensemble de l'histoire humaine. Les
fruits nourrissants de l'arbre de la connaissance
sont donc ceux qui portent enfermé dans leur
pulpe, telle une semence précieuse mais privée
de goût, le temps historique.

테제 17번

역사주의는 보편사에서 그것의 완수된 실현을 발견한다. 역사적 유물론에 속하는 역사 개념에 이보다 더 반대되는 것은 없다. 보편사는 이론적 기반도 갖고 있지 않다. 보편사는 덧셈을 통해 나아간다. 보편사는 균질한 시간으로 구성된 이 빈 그릇을 셀 수 없이 많은 지나가버린 것들을 동원해 채우려고 애쓴다. 역사적 유물론은 딴판이다. 역사적 유물론은 하나의 구성 원칙을 갖고 있다. 사유 행위는 사유의 운동만이 아니라 사유의 정지에도 바탕을 둔다. 사유의 운동이 갑자기 정지됐다고 가정해보자. 긴장들로 가득 찬 성좌 속에 일종의 반발이 일어날 것이다. 어떤 진동이 이미지에, 그 진동을 겪을 성좌에 적용될 것이며, 그 성좌는 불시에 조직되어 그 자신 안에서 모나드로 구성될 것이다. 유물론적 역사가가 임의의 역사적 현실에 다가가는 것은, 그 현실이 그에게 일종의 모나드로서 나타날 때뿐이다. 유물론적 역사가에게 이런 구조는 지나간 것들의 메시아적 정지의 표지로, 달리 말해 억압받은 과거를 해방하기 위한 투쟁에서의 혁명적 상황으로 나타난다. 유물론적 역사가는 이 기회를 붙잡음으로써 역사적 연속성을 폭발시키고 거기서 하나의 특정한 시대를 끌어낸다. 그는 마찬가지로 시대의 연속성을 폭발시킴으로써 거기서 어떤 개인의 삶을 끌어낼 것이다. 마지막으로 그는 이 개인의 삶을 폭발시킴으로써 거기서 어떤 행적이나 작품을 끌어낼 것이다. 이런 식으로 유물론적 역사가는 어떻게 한 개인의 삶 전체가 그의 작품들 중 하나에, 그의 행적들 중 하나에 집약되어 있고, 어떻게 이 삶에 한 시대 전체가 집약되어 있으며, 어떻게 한 시대에 인간사 전체가 집약되어 있는지를 보여주는 데 성공할 것이다. 따라서 인식의 나무에 열리는 영양가 높은 열매들은 과육 안에 갇혀 있는 것들, 맛은 없지만 귀중한 씨앗 같은 역사적 시간이다.

« Les pauvres cinq cents siècles de l'Homo sapiens, nous a ~~dit~~ récemment dit en biologue, représentent ~~~~ dans l'ensemble des périodes terrestres quelque chose comme deux secondes au bout d'une journée de vingt-quatre heures. Quant à l'histoire proprement dite de l'homme civilisé, elle tiendrait toute entière dans le cinquième de la dernière seconde de la dernière heure. » Le « présent », modèle des temps messianiques, ramassant, tel un raccourci formidable, en soi l'histoire de l'humanité entière, correspond très exactement à la place qu'occupe cette histoire au sein de l'univers.

테제 19번

어떤 생물학자는 최근 우리에게 이렇게 말했다. "호모 사피엔스의 보잘것없
는 5만 년의 역사는 지구상의 기간 전체에서 하루 24시간의 마지막 2초 정
도에 해당한다. 엄밀한 의미에서 문명화된 인류의 역사로 말할 것 같으면 다
합쳐봐야 마지막 시간의 마지막 초의 5분의 1에 집약될 것이다." 메시아적
시간들의 모델인 '현재'는 기막힌 축도처럼 그 안에 전 인류의 역사를 결집
하며 우주 속에서 이 역사가 차지하는 자리에 매우 정확히 상응한다.

옮긴이 후기

발터 벤야민이 1939년 느베르 근처의 수용소에서 풀려난 뒤 위기의
순간에 작성하기 시작한 텍스트.[1] 엄청난 오해를 예견하며 출판을
의도하지 않았으나, 그의 죽음으로 인해 하나의 철학적 유언Vermächtnis
이 되어버린 텍스트.[2] 우리가 할 일은 테오도르 W. 아도르노의 말마
따나 그 유언에, 그 "사유의 진리에 충실해지는 것"이다.[3]

---

1) 비평판 신(新)전집 편집자인 제라르 롤레에 따르면, 발터 벤야민이 역사철학
  테제를 집필하려 한 구상 자체는 에두아르트 푹스에 관한 에세이를 탈고한 뒤
  인 1937년까지 거슬러 올라간다. 벤야민은 1937년 3월부터 헤르만 로체를 읽
  기 시작했으며, 당시 막스 호르크하이머에게 보낸 편지들에서 행복이라는 관
  념, 역사에서의 진보 등에 관해 언급하고 있기 때문이다. *Werke und Nachlaß:
  Kritische Gesamtausgabe*, Bd.19, Hrsg. Gérard Raulet, Frankfurt am Main/
  Berlin: Suhrkamp, 2010, p.186. [이하 'WuN, 권수, 쪽수'만 병기한다.]
2) 벤야민이 피레네 산맥을 넘을 때 간직했으며 "제 목숨보다 소중하다"고 했던
  원고가 「역사의 개념에 대하여」 최종판이었을 것이라는 주장도 있다. Howard
  Eiland and Michael W. Jennings, *Walter Benjamin: A Critical Life*, Massachu-
  setts: The Belknap Press of Harvard University Press, 2014, p.673. 벤야민이
  파리를 떠날 때 별로 중요하지 않은 글들은 자신의 아파트에 남겨뒀고, 『파사
  젠베르크』 관련 중요 문서들은 조르주 바타이유에게 맡겼으며, 나머지 것들은
  본인이 갈색 슈트케이스에 짊어지고 다녔던 만큼, 그 안에 「역사의 개념에 대
  하여」가 없으리라고 단정 짓기는 어렵다.
3) 테오도르 W. 아도르노는 1942년에 이 텍스트를 출판하면서 이렇게 말했다.
  "벤야민이 죽음으로써 출판은 의무가 됐다. 이 텍스트는 그의 유언이 됐다. 그

벤야민의 「역사의 개념에 대하여」에는 진보사관·역사주의·승자에 감정이입하는 역사를 비판하는 새로운 역사 개념, 선형적이고 인과론적인 시간관이 아니라 성좌(과거와 현재의 구성적 배치/배열), 과거(억압받은 자들의 전통)의 회억을 통한 현재의 변화 가능성, 과거에 일어나지 못했으나 회억을 통해 나중에 그렇게 되어 있을/도래해 있을 전미래적 시간 개념 등, 발전 가능성이 풍부한 구상들이 담겨 있다. 벤야민의 관념들은 친숙한 사고와 단절할 것을 요구하는 만큼 우리의 입에는 쓰지만 영양가는 높은 인식의 열매를 안겨줄 씨앗과 다름없다.

우리가 소개하는 미카엘 뢰비의 이 책은 벤야민의 역사철학 테제들을 읽으며 우리 자신의 사고를 촉발하기 위한 도약대이다. 이 책의 장점을 꼽아보면 이렇다. 첫째, 뢰비는 "크고 작음을 구별하지 않고" 테제들 모두를 한 줄 한 줄 곱씹으면서 우리가 그 테제들을 이해하고 "인용 가능하게" 만들어준다. '비상사태,' '현재 시간(지금시간),' '파국과 메시아주의,' '성좌,' '변증법적 이미지,' '회억' 등은 국내 학계에서 개별 연구논문의 대상이 되어왔다. 하지만 모든 테제를 빠짐없이 소개하는 연구서는 없었다. 뢰비는 하나의 테제를 다른 테제와의 논리적 연관성 아래에서 내적으로 읽는 동시에, 하나의 테제를 벤야민의 여타 저작들과 연결하거나 당대의 정세와 결부시킨다. 벤야민의 수수께끼 같은 구절을 그에 못지않은 비의적 표현들로 바

것의 단편적 형태는 사유를 통해 이 사유의 진리를 충실히 유지해야 한다는 주문을 포함한다." Walter Benjamin, *Gesammelte Schriften*, Bd.I-3, Hrsg. Rolf Tiedemann und Hermann Schweppenhäuser, Frankfurt am Main: Suhrkamp, 1982, pp.1223~1224.

꿰 쑮으로써 나무들 사이에서 헤매게 만드는 연구들과 달리, 뢰비는 우리에게 벤야민의 텍스트=숲을 위에서 내려다 볼 수 있는 조망의 시각을 제공해준다.

ℵ 「역사의 개념에 대하여」에 관한 탁월한 논문들을 모두 나열할 수는 없고[4] 그 텍스트를 전체적으로 주해한 문헌만 추리면 다음과 같은 것들이 있다.

—Timothy Bahti, "History as Rhetorical Enactment: Walter Benjamin's Theses 'On the Concept of History'," *Diacritics*, vol.9, no.3, September 1979, pp.2~17.

—Paolo Pullega, *Commento alle Tesi di filosofia della storia di Walter Benjamin*, Bologna: Cappelli, 1980.

---

4) 출발점으로 삼을 만한 기본 연구만 언급하면 이렇다. Jürgen Habermas, "Consciousness-Raising or Redemptive Criticism," *New German Critique*, no.17, Spring 1979, pp.30~59; Gershom Scholem, "Walter Benjamin"; "Walter Benjamin and His Angel," *Scholem, On Jews and Judaism in Crisis*, ed. Werner J. Dannhauser, New York: Schocken, 1976, pp.172~197, 198~236; Peter Szondi, "Hope in the Past: On Walter Benjamin," *Critical Inquiry*, vol.4, no.3, Spring 1978, pp.491~506; Rolf Tiedemann, "Historical Materialism or Political Messianism?" *The Philosophical Forum*, vol.15, no.1/2, Fall/Winter 1983/1984, pp.71~104; Irving Wohlfarth, "On the Messianic Structure of Walter Benjamin's Last Reflections," *Glyph*, no.3, 1978, pp.148~212; Richard Wolin, *Walter Benjamin: An Aesthetic of Redemption*, New York: Columbia University Press, 1982; Mark Lilla, "Walter Benjamin"(Ch.3), *The Reckless Mind: Intellectuals in Politics*, rev. ed., New York: New York Review Books, 2016; Howard Caygill, "Non-Messianic Political Theology in Benjamin's 'On the Concept of History'," *Walter Benjamin and History*, ed. Andrew Benjamin, London/New York: Continuum, 2005, pp.215~226.

───Daniel Bensaïd, "L'espérance au fond du puits," *Walter Benjamin: Sentinelle messianique*, Paris: Plon, 1990, pp.27~74. 벤사이드의 미완성 수고도 참조하라. "Walter Benjamin, thèses sur le concept d'histoire" (2009년 9월?).

───鹿島徹 訳(新訳/評注), 『歴史の概念について』, 東京: 未來社, 2015.

───Jacob Taubes, "Notizen zum seminar Walter Benjamin-Geschichtsphilosophiche Thesen," *Der Preis des Messianismus: Briefe von Jacob Taubes an Gershom Scholem und andere Materialien*, Hrsg. Elettra Stimilli, Würzburg: Königshausen und Neumann, 2006, pp.67~92.[5]

둘째, 뢰비의 역사철학 테제 독법은 명쾌하고 설득력 있다. 뢰비는 벤야민을 맑스주의자로 볼 것인가 유대 메시아주의자로 볼 것인가라는 지난한 논쟁의 경계를 뛰어 넘으며, 벤야민을 낭만주의+유대 메시아주의+(비정통) 맑스주의라는 다면적 면모를 지닌 사상가로 규정하면서 글을 풀어나간다. 물론 레온 트로츠키에의 경도, 초현실주의와의 관계, 라틴아메리카의 혁명적 운동과 벤야민의 연관성을 부각한 것은 뢰비 본인의 지적 이력과 무관하지 않겠으나, 본문에서 충분히 납득할 수 있게 증명되고 있다.[6] 이 모든 것은 이 책이

---

5) 야콥 타우베스의 이 미완성 원고는 테제 1번부터 7번까지 신학과 정치의 관계, 역사주의에 대한 벤야민의 비판을 주로 다뤘다. 영어판도 참조하라. Jacob Taubes, "Seminar Notes on Walter Benjamin's 《Theses on the Philosophy of History》," *Walter Benjamin and Theology*, ed. Colby Dickinson and Stéphane Symons, New York: Fordham University Press, 2016, pp.179~214.

6) 미카엘 뢰비의 이 책을 근대 자본주의 문명에 대한 '생태사회주의적 비판'이라고 규정한 다음의 글도 참조하라. Fabio Mascaro Querido, "'Alarme de incêndio': Michael Löwy e a crítica ecossocialista da civilização capitalista moderna,"

겉보기 분량과 달리 수십 년에 걸친 사색, 강연, 발표 등의 집약임을 여실히 보여준다.

셋째, 이 책에서 우리는 프랑스의 벤야민 연구의 수준을 가늠할 수 있다. 벤야민이 파리에서 초현실주의자들, 조르주 바타이유, 피에르 클로소프스키, 아드리엔 모니에, 지젤 프로인트 등과 지적 교류를 했다는 사실은 물론이거니와 벤야민이 19세기의 흔적이 남아 있는 파리의 거리에서, 프랑스 국립도서관에서 길어낸 연구들, 그리고 생전에는 미처 출간하지 못했던 그 풍성한 연구들을 우리는 알고 있다. 프랑스, 그리고 파리는 벤야민의 사유의 아틀리에였다. 벤야민 사후 피에르 미삭은 1947년 잡지 『현대』에 「역사의 개념에 대하여」를 번역해 소개했고, 모리스 드 강디약은 1959년에, 그러니까 아도르노가 편집한 『저작집』 출간 이후 4년 만에, 『선집』을 출간했다.[7] 다시 말하면, 프랑스의 벤야민 연구는 독일에서의 연구와 거의 동시대적으로 이뤄졌을 정도로 그 역사가 깊다. 프리드리히 니체, 마르틴 하이데거, 현상학 등에 대한 프랑스의 독자적 수용은 충분히 알려져 있으나, 그동안 벤야민에 대한 프랑스 연구자들의 독해는 그에 걸맞은 관심을 받지 못해왔다.[8] 뢰비의 이 책이 번역된 것을 기점으로 다른 프랑스어권 연구서들도 번역되어 국내 벤야민 연구에 활력을 불어 넣을 수 있기를 바란다.

Trabalho, Educação e Saúde, vol.11, no.1, Janeiro 2013, pp.11~26.

7) Walter Benjamin, *Œuvres choisies*, trad. Maurice de Gandillac, Paris: R. Julliard, 1959.

8) 〈발터 벤야민 아카이브〉(walterbenjaminarchives.mahj.org/bibliographie.php)의 "Ouvrages de référence sur Walter Benjamin"에 열거된 연구들을 참조하라.

✤

「역사의 개념에 대하여」는 '초안'에 불과한 것일까, 아니면 온전한 의미의 '테제'일까, 심지어 '완결된 텍스트'일까? 「역사의 개념에 대하여」를 「수집가이자 역사가 에두아르트 푹스」, 그리고 샤를 보들레르에 관한 두 번째 시론과 연결해 마치 다른 저작을 위한 초안으로 읽는 방법도 있겠지만, 이 텍스트를 온전한 논리를 지닌 테제들로 읽을 수도 있을 것이다.[9] 「역사의 개념에 대하여」를 주해하는 대부분의 연구는 후자의 길을 따르기 마련이며, 뢰비 역시 예외는 아니다.

하지만 우리는 한 가지 더 물어야 한다. 「역사의 개념에 대하여」는 하나의 텍스트일까, 아니면 텍스트들일까?[10]

---

9) 새로운 일본어판 역자인 카시마 토오루는 테제들의 구성을 이렇게 설명한다. 鹿島徹 訳(新訳/評注), 『歷史の概念について』, 東京: 未來社, 2015, p.74.
  • 테제 1번: 알레고리적 표현의 도입.
  • 테제 2~4번: 역사적 유물론의 과제 — 과거의 구제=해방(기성의 역사 서술의 인과연쇄가 초래하는 평판화와 은폐로부터의 해방).
  • 테제 5~7번: 과제의 구체화 — 두 가지 대립 국면 ① 역사주의와 손을 끊고, 과거의 진정한 이미지를 확보하기.
  • 테제 8~12번: 과제의 구체화 — 두 가지 대립 국면 ② 반파시즘 투쟁의 추락과 기술지상주의에 이르는 '진보' 개념을 비판할 필요성.
  • 테제 13~15번: 이상의 과제에 부응하는 길 ① 진보 개념이 전제하는 균질하고 공허한 시간과는 다른 '현재 시간(지금시간)'의 시간론.
  • 테제 16~19번: 이상의 과제에 부응하는 길 ② (인과적) 사고를 정지함으로써 현재와 결합된 과거의 '모나드'론, 그리고 그것을 서술하는 논리.
10) 신전집에서 「역사의 개념에 대하여」를 편집한 롤레는 해당 텍스드의 여러 판본들을 병렬하고 종합하지 않음으로써, 역사철학 테제를 복수의 텍스트로 간주해야 할 필요성/가능성을 열었다. 혹자에게는 그것이 "성스러운 철학 텍스트를 토막글 꾸러미로 해체"한 듯 보이더라도 말이다. Gérard Raulet, "Archéo-logie d'un mythe: Les thèses 《Sur le concept d'histoire》," *L'Herne Benjamin*, Paris: Éditions de L'Herne, 2013, p.253.

「역사의 개념에 대하여」라는 비판적 성좌를 구성하는 여러 진동하는 단편들이 존재한다.

—— M^HA: 벤야민이 죽기 얼마 전, 즉 피레네 산맥을 넘기 전에 미국 입국 비자를 받으러 마르세이유에 갔던 1940년 9월 한나 아렌트에게 맡긴 자필 원고. 아렌트는 이 원고를 받아 개인적으로 보관하다가 1967년에야 아도르노에게 복사본을 보냈다.[11] 남아 있는 판본들 가운데 가장 초기의 잠정적 판본으로 간주되며, 1940년 2월 9일 이후에 작성된 것으로 추정된다. M^HA의 테제 번호 수정 흔적들이 T^1에 반영된 것으로 보아, T^1을 위한 출발점 노릇을 한 판본이다. 이 판본의 테제 15번 후반부가 T^4와 T^5의 부기 A, [11번]이 부기 B에 해당하는 내용을 담고 있다.

—— T^1(Handexemplar): 벤야민이 저자 보관용으로 삼고서 계속 붙들고 손봤던 중요한 판본. 1940년 3월경 작성하고 5~6월에 가필했을 가능성이 있다. 벤야민이 프랑스 국립도서관에서 근무하던 바타

---

11) 한나 아렌트는 자신이 편집한 영어판 벤야민 선집에 아도르노가 펴낸 「역사의 개념에 대하여」를 번역해 수록하면서 편집자 노트에 덧붙인다. 자신이 비교한 원본(본인이 벤야민에게 받은 판본, 즉 M^HA)과 아도르노의 편집본 사이에 상이한 구절들이 다수 발견된다고 말이다. Hannah Arendt, "Editor's Note," in Walter Benjamin, *Illuminations: Essays and Reflections*, trans. Harry Zohn, New York: Schocken, 1968, pp.255~256. 「역사의 개념에 대하여」(또는 「역사철학 테제」)의 (지적) 상속인 자리를 두고 아렌트와 아도르노는 개인 서한이나 공개 지면을 통해 계속 충돌했다. 결국 1967년 2월 17일 아도르노에게 보낸 편지에서 아렌트는 "만일 벤야민의 자필 원고 대부분이 당신에게 있다면, 벤야민이 내게 준 수고의 복사본을 넘기겠다"고 하고는 M^HA의 사본을 아도르노에게 보내게 된다. *WuN*, 19, p.164.

이유에게 맡겼으나 행방이 묘연했는데, 조르조 아감벤이 1981년 바타이유의 문서고에서 찾아냈다. 다른 판본에 없는 테제 18번(이후 벤야민 전집에서는 테제 17a번으로 표시되곤 한다)이 들어 있다.

── **벤야민의 프랑스어판**: 벤야민이 자신의 원고를 프랑스어로 '의역'한 원고. 벤야민의 의도를 더 잘 알 수 있는 장점이 있다. 몇몇 테제가 누락된 초안 상태이지만, 다른 원고에는 없는 독자적 표현들이 들어 있다. 정확한 작성 시기는 알기 어렵지만 T^1의 작성 시기와 가까운 것으로 추정된다.

──T^2: 1941년 사회연구소에 전달된 수고들에 포함된 복사본. 이 판본은 구舊전집의 정본이 됐다. 구전집 편집자들은 이 판본이 벤야민의 의도에 가장 부합할 뿐 아니라 루르드나 마르세이유에서 작성된 최종본일 가능성이 높다고 여겼기 때문이다. 하지만 신전집 편집자에 따르면, 이 판본은 독일어 철자 ß가 없는 것으로 보아 프랑스 타자기(아마도 벤야민의 여동생 도라의 타자기?)로 친 원고의 사본으로 추정된다. 역시 정확한 작성 시기는 알 수 없으나 T^1의 수정 흔적들이 T^2에 반영되어 있고, T^2에서 손으로 고친 부분("우리 주변에도 옛날에 고인들이 숨 쉬었던 약간의 공기가 맴돌고 있는 것은 아닐까? 우리 벗들의 목소리에는 지상에서 우리보다 앞서간 자들의 목소리가 이따금 메아리 쳐 울려 퍼지고 있는 것은 아닐까? 오래 전 여인들의 아름다움은 우리 여자 친구들의 아름다움과 닮은 것은 아닐까?")[테제 2번]이 T^3에 반영되어 있는 것으로 보아 T^2는 T^1보다는 나중에, T^3보다는 먼저 작성된 것으로 보인다.

──T^3: 도라 벤야민이 타자로 친 판본으로,「역사의 개념에 대하여」라는 제목이 붙어 있는 유일한 판본. 1940년 5월경 작성된 것으로

추정된다. 벤야민의 유언에 따라, 1941년 8월 변호사 마르틴 돔케가 이 원고(그리고 T²를 포함한 여타의 문서들과 책들)를 챙겨서 당시 미국에 있던 아도르노, 막스 호르크하이머, 레오 뢰벤탈에게 전달했다. 도라의 증언에 따르면, 외국에 우편으로 보낼 때 검열당할 위험을 피하고자 '역사적 유물론' 같은 정치적 표현을 '역사적 변증법'으로 순화했다. 테제 7번의 제사로서 베르톨트 브레히트가 아니라 (다른 판본의 테제 12번에 제사로 쓰인) 니체가 인용되어 있는 점이 특징이다. 그리고 테제 12, 14, 18번이 없다.

── T⁴: 벤야민 사후, 미국에서 그레텔 아도르노가 타자로 친 판본. 이 판본의 저본이 무엇인지는 계속 의문으로 남아 있다. 그레텔이 참조한 저본 가운데 하나(아렌트가 벤야민에게 받아서 1941년 아도르노에게 넘겨준 타자본[12]))는 이미 1941년에 유실됐다고 한다. 테제 2번에서 '은밀한 색인'을 '시간의 색인'으로 새겼으며, "우리 주변에도 옛날에 고인들이 숨 쉬었던 약간의 공기가 맴돌고 있는 것은 아닐까? …… 오래 전 여인들의 아름다움은 우리 여자 친구들의 아름다

---

12) 아렌트는 벤야민에게서 자필 원고인 M^HA 말고도 다른 판본(타자본)까지 받은 듯하다. 1941년 당시 아렌트가 아도르노에게 보냈고 곧 유실됐다고 하는 판본이 바로 이 '다른 판본'이다. 앞의 각주 11번도 참조하라. 게르숌 숄렘은 "[사회]연구소는 1941년에 가서야 한나 아렌트(M^HA)와 마르틴 돔케(T³)로부터 각각 다른 판본의 텍스트를 받았고, 그 가운데 후자의 텍스트가 1942년 등사물로 인쇄되어 벤야민을 위한 연구소의 추념호로 출판됐다"고 적었다. 반면, 문광훈은 벤야민이 아렌트에게 맡긴 원고(M^HA)를 아도르노가 벤야민 사후인 "1942년『사회연구지』특별판에 게재한다"고 적었다. 양측 모두 문헌학적 사실과 다른 정보를 제공한 것이다. 게르숌 숄렘, 최성만 옮김,『한 우정의 역사: 발터 벤야민을 추억하며』, 한길사, 2002, 379쪽; 문광훈,『가면들의 병기창: 발터 벤야민의 문제의식』, 한길사, 2014, 12쪽.

움과 닮은 것은 아닐까?"라는 구절(T²에서 고치고 T³에서 반영된 구절)이 없다. 테제 5번의 괄호 친 마지막 구절("과거를 기록하는 역사가가 헐떡이며 가져다주는 희소식은, 어쩌면 입을 여는 순간 이미 허공에 대고 말하는 입에서 나오는 것이다")은 T¹에서 [ ] 안에 표시됐으나 T²와 T³에서는 없던 것인데 T⁴에서 발견된다. 따라서 신전집 편집자는 T⁴가 T²~T³보다 앞서는 T¹만큼 오래된 어떤 (다른?) 판본에 바탕을 둔 것일 가능성이 있다고 본다. T⁴는 T⁵(1942년), 그리고 아도르노가 펴낸 『저작집』(1955)에 수록된 텍스트의 저본으로 사용됐디(후자에는 「역사철학 테제」라는 제목으로 수록됨).

── T⁵: 1942년 『발터 벤야민 회고집』에 최초로 인쇄된 판본.13) 하지만 벤야민이 이 텍스트를 '출간'하지 않았던 유지를 받들어 소량만 찍어 회람됐다. T⁵가 최초로 '정식' 출간된 것은 1950년 잡지 『신평론』을 통해서이다.14) 여기서도 검열을 피하기 위해 테제 12번의 "짧은 기간 스파르타쿠스단 운동에서 다시 한 번 기운을 차렸던"이라는 구절은 삭제됐다.

우리는 이 텍스트들을 이미 결정화된 하나의 '모나드'처럼 간주해 왔다. 즉, 구전집에 수록된 판본만을 정본으로 삼아왔다. 국내에 「역사의 개념에 대하여」의 이본들을 본격적으로 비교·검토하는 연구는 아직 없다. 뢰비가 택한 방법론의 특징 중 하나는 벤야민이 손수 번역

---

13) Walter Benjamin, *Walter Benjamin zum Gedächtnis*, Frankfurt am Main: Institut für Sozialforschung, 1942.

14) Walter Benjamin, "Über den Begriff der Geschichte," *Die Neue Rundschau*, no.61, Heft 4, 1950, pp.560~570.

한 테제의 프랑스어판을 꾸준히 참조함으로써 텍스트의 이해 가능성을 높인 데 있다. 우리 역시 이 책에 벤야민이 '손수 번역한' 프랑스어판을 부록으로 수록함으로써 뢰비의 관점에 부응하고자 했다. 자신이 쓴 글을 외국어로 옮겨 본 경험이 있는 사람이라면 그런 '번역'이 텍스트에 어떤 변화를 가져오는지 짐작할 수 있을 것이다. 프랑스어판 역사철학 테제는 벤야민이 말하는 벤야민이나 다름없다.

물론 이 책에 번역된 테제는 국내에 이미 소개된 번역들(반성완, 최성만)을 대체할 수 없다. 우리의 테제 번역의 저본은 결국 강디약이 번역하고 뢰비가 손질한 텍스트인 만큼, 이는 필연적으로 중역의 위험을 안고 있기 때문이다. 뢰비는 강디약의 번역을 바탕에 두고 몇몇 구절을 벤야민 자신의 표현을 참조해 수정했다. 따라서 뢰비가 읽기의 대상으로 삼고 있는 텍스트는 벤야민이 독일어로 작성한 테제와 완벽히 일치하지는 않는다. 하지만 우리는 위에 열거한 판본들 곁에 뢰비의 판본(어쩌면 벤야민이 쓸 수도 있었지만 쓰지 않았던 판본, 뢰비가 '은밀한 색인'을 참조해 완수한 판본)을 덧붙일 수도 있을 것이다. 벤야민 자신이 이 텍스트를 출간하고자 하지 않았고, 어떤 의미에서도 벤야민 자신에 의해 '권위를 부여받은' 정본이란 존재하지 않기에, 끊임없이 증식하는 이런 판본들의 존재야말로 우리의 '사유'를 통해 무수한 방식으로 결정되기를 기다리는 이 「역사의 개념에 대하여」라는 텍스트(들)의 운명에 더 부합하는 읽기 방식이 아닐까?

❧

역자는 2003년 가을 파리8대학교 철학과에 다닐 때 (그 역시 뛰어난 벤야민 연구자였던) 다니엘 벤사이드의 수업에서 이 책을 소개받았다. 칼 슈미트, 벤야민, 아감벤의 예외상태에 관한 리포트를 준비하며 이 책에서 많은 시사를 얻었던 기억이 난다. 10여 년이 지나 다시 읽었으나 이 책의 미덕은 사라지지 않았으니, 이 책을 읽는 즐거움을 독자들과 공유하고자 우리말로 번역해 삼가 드린다.

2017년 3월

찾아보기

발터 벤야민: 화재경보
「역사의 개념에 대하여」 읽기

초판 1쇄 인쇄 | 2017년 3월 2일
초판 1쇄 발행 | 2017년 3월 9일
초판 2쇄 발행 | 2024년 1월 15일

지은이 | 미카엘 뢰비
옮긴이 | 양창렬
펴낸곳 | 도서출판 난장·등록번호 제307-2007-34호
펴낸이 | 이재원
주   소 | (04380) 서울시 용산구 이촌로 105(한강로 3가 40-879) 이촌빌딩 401호
연락처 | (전화) 02-334-7485 (팩스) 02-334-7486
블로그 | blog.naver.com/virilio73
이메일 | nanjang07@naver.com

책값은 뒤표지에 있습니다.
잘못 만들어진 책은 구입한 서점에서 바꿔드립니다.
ISBN 978-89-94769-20-2 03160

이 도서의 국립중앙도서관 출판예정도서목록(CIP)은
서지정보유통지원시스템 홈페이지(http://seoji.nl.go.kr)와
국가자료공동목록시스템(http://www.nl.go.kr/kolisnet)에서 이용하실 수 있습니다.
(CIP제어번호: CIP2017003975)